JN234731

これが漢語だ
王希傑言語文化随筆集

王希傑　著
加藤阿幸・許山秀樹　訳

白帝社

目　次

最も刺激的な言語文化エッセイ──『これが漢語だ』刊行によせて … i
日本語版への序 …………………………………………………… iii

这就是汉语

名実伴わない名前から「名＋名」構造の語義関係を論ず…… 12
神秘的な漢字 ………………………………………………… 21
数詞のタブーと崇拝 ………………………………………… 30
中国語の中の動物の世界 …………………………………… 42
"大"の字と"小"の字 ……………………………………… 55
目と眼，およびその働き …………………………………… 64
切り分けてはいけない梨の話 ……………………………… 79
具体的かつ奇妙な量詞 ……………………………………… 86
十年来の新造語ラッシュ衝撃 ……………………………… 97
　●新語一覧 ………………………………………………… 112
二八佳人と三五の夜 ………………………………………… 121
家本位と家庭本位 …………………………………………… 125
やっかいな嫌われたイヌ，怠けブタ，間抜けなロバ ……… 133
"肥"や"痩"のよもやま話 ………………………………… 142
「南来北往」のなぞ ………………………………………… 149
"慢"の話 …………………………………………………… 153

语林漫步

略称の笑い話と現実 ………………………………………… 160
"牛话"──牛の話 ………………………………………… 163
"我"を論ず ………………………………………………… 171
"和"という字と修辞 ……………………………………… 181
名前のあれこれ ……………………………………………… 186
『儒林外史』の言葉遣いこぼれ話 ………………………… 195

说话的情理法

"Y"歌体と"386061部隊" ………………………………… 210

言語の中の空符号 ………………………………………… 216

名称の芸術 ………………………………………………… 221

不朽の名句 ………………………………………………… 226

语言随笔精品

猿と猴（さる）について
——申年の読者に献ず ……………………………… 238

图书评论选

中国語観と中国語の諸相
——試みに王希傑著『これが漢語だ』を評す ……… （施関淦）248

新たな世界　科学的な足跡 …………………… （鄭栄馨）254

翻訳後記 ……………………………………………………… 269

最も刺激的な言語文化エッセイ
―― 『これが漢語だ』刊行に寄せて

　人との付き合いが甚だ苦手なわたくしにとって，王希傑先生は数少ない中国の友人（と気安く呼んでよいかどうか，付き合いこそ長いが，会ったことは一度もないのだから）の一人である。

　かれこれ四半世紀近い昔のことになるが，わたくしが編んだ魯迅小説の語彙索引を，更に何年か前から書信のやりとりのあった常熟の朱泳燚氏に差し上げたところ，南京の王希傑氏にも献呈するようにとのことであった。

　早速お送りしたところ，折り返し何冊かの著書と論文が届いた。以来，わたくしが1冊差し上げる間に，氏からは5冊ぐらいが届くといったペースで今日に至っている。

　手紙のほうは，暇はあっても，怠惰なうえに中国語で書くのがなんとも億劫なわたくしが，せいぜい印刷した賀状の脇に近況を一二行書き添えるだけである。こちらは，勤勉ではあっても多忙極まりない氏のほうも，わたくしと似たり寄ったりというところであろうか。ただわたくしのが稚拙な楷書で一字一字ゆっくりていねいに書いてあるのに対し，氏のはものすごいスピードで流れるように書かれていて，しばしば判読に苦しめられたという違いはあったが……。

　氏の仕事と私の仕事との接点は，共にことばをことばとしてだけ捉えるのではなく，背景にある文化との関わりにおいて考察していこうとする点であるかと思われる。とは言っても，母語である漢語の中からわが嚢中の物を探るようにさまざまの言語事象を取り出してくる氏と，限られた読書の中から得た乏しい材料しか持たないわたくしとでは，とうてい同じ土俵にのぼれない。……加えてワープロならぬセンテンスプロセッサーでも組み込まれているのではないかと疑われる氏の頭の中から驚異的な速さで迸り出てくる諧謔と幽黙に満ちた文章の数々は，ただわたくしを驚倒させるだけである。

　何年か前，これまた数少ないわたくしの作品の読者である加藤阿幸さんが，同じく王氏と親交があることを知った時，氏の作品の中から何篇かを選んで紹介してみませんかとお勧めした。わたくしの文章でさえ読んでく

ださる加藤さんに，王氏の文章が面白くなかろうはずがない。しかも加藤さんは聞こえた文筆家で，日本語と中国語をともによくされる。

　早速話がまとまり，王氏の許諾も得，出版社も決まった。慎重で謙虚な加藤さんは，全文についてわたくしの監修を求め，また，古典からの引用部分については，この方面の専家である許山秀樹氏の助力を求められた。許山氏は忠実にその任務を全うされたが，わたくしのほうは，とうてい人様の文章を監修できるような器ではないことを自覚しているので，この任は免除していただき，ただ作品の選定と訳文の体裁につて若干の私見を述べたに過ぎない。

　そのようなわけで，もしこの本にとりえがあるとすれば(ないはずがないが)，すべて原著者の提供された材料の面白さと訳者お二人の努力のたまものであって(当然ながら編集を担当された白帝社編集長佐藤多賀子さんの尽力も忘れることができない)，わたくしは原著者が誤解して序文に記しておられるような尽力はなにもしていないのである。

　ともあれ，今日の中国で最も多産で，最も面白い言語学者(このように分類されることを著者はあまり好まれないようであるが)である王希傑先生の作品の，最も刺激的な部分が加藤阿幸さんの努力で日本の読者に提供されるのは，なんとも喜ばしいことである。しかも，著者，訳者ともに数少ない友人の一人であるとすれば……。喜びのあまり，この本には甚だふさわしくない幽黙感を欠いた一文を草させていただいた次第である。

2002年9月10日
上野恵司

日本語版への序文

　私の本がもうすぐ日本の読者と対面できることを知り，大変嬉しく思う。

　2002年は，日本で言えば，平成14年であるということを，古き友人である上野恵司先生から送られてきたカレンダーによって知った。ここ数年前から，ずっと毎年私は上野先生からカレンダーをいただく──詩人の言葉を借りれば，それは酒より濃い友情である──。みな「浮世絵名作選」である。今年のは，1ページ目に「法橋月岡雪鼎図」がある。私はこれをたいへん気に入っている。

　私は深く上野恵司先生に感謝している。この本の出版計画から，編集，翻訳監修及び出版に関わることを，すべて先生が執り行われたのである。私と上野先生には，長年にわたる交友があるが，しかし未だにお会いしたことはない。中国の古人曰く「君子の交わりは，水より淡い」と。私は，これに「しかし，酒より濃い」と付け加えたい。先生と私の心は相通ずるものがあるのである。実に奇妙だが，「俺とお前の仲じゃないか，親友だろう」と，口癖のように唱える人の方が，往往にして，いや，実際は，本当に知っているとは言えない人である──これこそ熟知の人の"他人化"である。それなのに，広い世の中には，偶然にも一回か二回ぐらいしか会ったことのない人の方が，或いは，まったく会っていない人，手紙でさえもあまりもらわない，いや，まったくと言ってよいほど文通していない人の方が，却って，本当に李商隠の詩にあるような「心有霊犀一点通」(「無題二首，その一」)，心が通じ合うものである。

　私は若いときに李白の詩をこよなく愛誦していた。あの「哭晁卿衡」もよく朗読したものだ。

　　　日本晁卿辭帝都　　日本の晁卿　帝都を辞し
　　　征帆一片遶蓬壺　　征帆一片　蓬壺を遶る
　　　明月不歸沈碧海　　明月帰らず　碧海に沈み
　　　白雲愁色滿蒼梧　　白雲愁色　蒼梧に満つ

李白がこのような「日本朋友」（どうして日本人の学生がいつも「日本人的朋友」と書くのか，不思議であるが）を持っていたことは実に喜ばしい。また，この李白の日本人の友人である晁衡——日本名は阿部仲麻呂といい，彼は海難には遭わなかった。この詩を書いた時点ではこのように誤聞があっただけである——がこのような中国の友人を得たこともまた大変喜ばしい。李白は大詩人である——唐の時代においても，現代においても，依然として世界の大詩人である。これは真の友情である。李白としては，日本人は裕福であるから，晁衡を通して日本へ行って俄か成り金になろうなどは断じて思っていなかったに違いない。若いとき私は空想が好きで，ものの本で楊貴妃は日本へ逃げていったなどという文を読んだことがあったので，なぜ李白は晁衡と一緒に日本へ行かなかったのかとよく思ったものであった。鑑真和上も日本へ渡ったのに，李白の性格上，行こうと思えば行けただろうし，行くべきとも思った。孔子はつとに言ったではないか，「国内で真理や正義が通用しなければ，船でも乗って他国へ行く」と。この他国には，当然日本を含むであろう，いや，それどころか，他国といえば，真っ先に挙げられるのは，日本ではないかとさえ思うのである。しかし，もし李白が本当に日本へ行ったら，歴史は変わっただろう。それは，上野先生を思うと，李白と晁衡との友情を連想するからである。

　私は清和大学の加藤阿幸先生に感謝したい。加藤先生はまさに日中文化交流の架け橋を担っている方である。例えば松浦友久先生の『リズムの美学——日中詩歌論』や，身障者の方の伝記『1リットルの涙』，『のぎくの家』などを中国語に翻訳し，台湾や中国の人々に紹介している。このたびは，私の語学随筆集を日本語に翻訳してくださることになった。加藤先生の仕事は意義のある仕事である。我々が21世紀に邁進するとき，高く上げたい旗は，「各民族の友好，協力，仲良く助け合い，互いに学び合い，ともに繁栄し，発展し，進歩すること」である。故に，加藤先生のように異なった民族の相互理解と交流を自分の目標とする人は，まさに人類が進むべき方向に向かっている人である。無論古き友人の上野先生や本書のもう一人の翻訳者である許山秀樹先生もまたこの範疇の人物である。

　本書はタイトルを『王希傑言語文化随筆集』というが，そこで，是非申し上げたいことがある。

まず第一に，実は私は若いとき，言語学は好きではなかった。私は生まれつき無味乾燥なものは嫌いである。しかし，言語学に従事しなければならなかったので，言語学の中から，「面白さ」を見つけるように努力した。やがて，他人が単調であると思う言語や言語学の中から，無限なる"情趣と風味"を発見した。私は文学的な文章を通じて，私のこの発見を少しずつ表現していった。文学のような書き方で言語学の問題を表現する——これがこの『言語文化随筆集』である。

　私は，言語学を専門としない人もこの本を理解し，楽しく読んでいただけたら嬉しいと思う。私にしてみれば，言語はすべての人の財産であって，言語学者の私有財産ではないと思う。言語学者はあたかも貴族のような優越感に浸って気取ってはいけない。一般市民のように親しみ易く，普通の人のよき友達でなければならない。言語を使用するすべての人々と友人となり，彼らと対等に論議をしなければならない。これが私の理想である。もし私が言語学者であると知らずに読者が読んでいたら，或いは，他人が無味乾燥であると思う言語と言語学の中から，少しずつその面白味，醍醐味を発見できたら，これ以上の喜びはない。これこそ私の勝利である。言語学の論文は，ただ厳粛な学究者のような顔で論文を書くのでなく，もう少し気楽に，生き生きと楽しく書いてもよいのではないかと思う。文学的な雰囲気でさえよいと思う。職業に相応しく，そして名声のために無用な言語学の知識を積みたてる機器は，私の理想とする言語学者ではない。

　第二に申し上げたいことは，1980年代に，私が新しい文体——即ち言語学随筆風な文体を作り上げたのだと人々に言われた。一部の人がこのような文体を模倣しているとも聞いた。しかしこのような言語学随筆は私がはじめて作り上げた文体ではないことを，ここで申し上げておく。今から二十数年前にもうすでにこのような文体で言語について書く人がいた。周作人がその人である。彼は日本に留学していた。もっとも日中戦争中，彼は日本に投降したが。彼は，春の小川のほとりの草の上に寝転がって，恋人と『紅楼夢』を読む合間に読める，そのような軽いタッチの言語エッセイがあってもよいと提唱したのである。そして王力も，そして詩人であり，散文家でもある朱自清も，みな精彩を放つ言語学随筆を書いていた。

第三に申し上げたいことは，私は80年代には，特に言語学の中の"情趣"を心に掛けて研究してきたのだが，今はもうそれほどの関心はないと告白しなければならない，ということである。というのも，近頃は，言語や言語学にとって一番重要なのは"知恵"ではないかと思うようになったからである。「先賢の学」の直伝も，教学も，ともに社会にとって大切なことである。そして，学者は知識を追求し，知識を創造する人であり，あるいは"道具"とも言えるだろう。しかしタコ壺に入った者は，知識を弄するピエロのような存在であろう。学者の人生は悲劇である。なぜならば，知識は無限であるから，絶えず超越され，絶えず取って代わられていく。一つの新しい知識を発見したということは、10個の新しい未知の問題を発見したのと同じことである。しかし人生は有限である。これは学者の悲劇だ。知識とは異なり，知恵は超越され得ないのである。誰が自分は老子，孔子，荘子よりも知恵があると言えるだろうか。80年代に，私は言語に，特に「知識と面白味」を追求したかもしれない。しかし，90年代において，私は言語の中から追い求めたいものは「知恵」である。言語学こそが知恵の学ではないだろうか。読者に知恵の言語学を提供することこそが，読者に好かれ，読者にとって有益であると信じる。

　私は書斎の中で泳ぐ人間である。そして，人生に対する一種の悟りが私にあるとすれば，それは言語から得たものである。言語が私に，世界を多角度に，全方位に，互いに関連し合い，互いに転化し得るように把握するのだと教えてくれた。1980年以降，私は特に蘇東坡の次の詩が好きである。「題西林壁」というこの詩はこうである。

　　　　　横看成嶺側成峰　横に看れば嶺を成し側には峰を成す
　　　　　遠近高低無一同　遠近　高低　一も同じきは無し
　　　　　不識廬山真面目　廬山の真面目を識らざるは
　　　　　只縁身在此山中　只だ身の此の山中に在るに縁る

　我々の言語は，まさに一つの廬山である。伝統的な言語学者たちは，もしかすると，真の言語を把握しきれないために，言語を眼の前にして，手のひらの間から漏らして逃げられてしまっているのではないかと現代言語学者のソシュールはいう。しかしソシュール本人自身，本当に言語というものを把握し得たのだろうか。1960年代，私は大学生だった頃，ソビエ

トの言語学者チェコバワの書いたロシア語の本『言語学の対象としての言語』を読んだ。しかし，80年代になってから，はじめて，それは，蘇東坡が廬山を見るように「前から横から，遠くから近くから，下から上から……」と，あらゆる角度から言語を眺め，言語と取り組まなければならないことが分かったのである。

　私は，宇宙は元々簡単なものであると思う。想像する以上に簡単であると思う。このように宇宙を考える人はことのほかに気楽で，楽しく生きられるとも思う。私は簡単なものが好きである。複雑なものを簡略化するのも好きである。人が複雑で仕方がないと思うものを，努めてごく簡単なものにするのが好きである。私は複雑なものが嫌いだ。実に簡単なものを非常に繁雑化して，人を恐れさせるのが嫌いである。私はいつもこう言う。簡単なものを複雑極まりないように見せかけ，誰にも分からなくしてしまうのは，愚かなことである，と。複雑なもの，専門的なもの，無味乾燥なものを簡単にし，素人でも分かるようにする方が，実は極めて困難な行為である。簡単なものを複雑にしてしまう人の方が，生活を知らない人で，人生を辛く，くたびれさせる人である。多くの人は，なぜこうも私が気楽に，愉快に暮らせるのかと聞く。私の答えはこうだ。それは私が言語の中から会得した賜りものであり，言語が私に与えてくれた知恵である，と。ここに収録されたのは，ほとんど80年代に書いた文章である。今見ても面白味はあるが，しかし，知恵とは程遠い。読者の方に，是非この中から自分で言語と言語学の知恵を見出して欲しいと思う。

　私は日本に行ったことがないので，日本に対する理解も曖昧なものしか持っていない。

　今，私は，自分の日本とアジアへの無知を恥じている。

　日本と中国は「一衣帯水」である！――"一衣帯／水"であり，"一衣／帯水"ではない！"一衣"が"帯水"したら，何やら，"溶泥帯水"，泥塗れになるようでいただけない――しかし，この帯ほどの"幅"（"那么寛"であって，決して"那么窄"とはしないこと！）の水でさえ，私は跨いだことがない。私は本当に日本を理解していないと思う。中国人は一般に，日本を本当の意味で理解していないと思う。欧米に対する理解の度合いと

比べたらはるかに足りないであろう。しかし，日本の方が大変良く中国を理解しているように思える。中国人はあまり日本のことを理解しようとしない。先の戦争のためであろう。しかし中国がこれを理由に日本のことを研究しないのは，これまた大きな間違いである。中国人は西洋を崇拝しすぎ，反対に，アジアの隣国に対する勉強が足りない。こういう姿勢はよくないと思う。中国はアジアに対してもっと研究をし，もっと学ばなければいけないと思う。そして，実は，日本に対しても同じことが言えるのではないか。一部の人は，もっぱら「脱亜入欧」を考えているようだが，これもやはりよくないと思う。日本もアジアの隣国をもっと研究し，もっと学ばなければならないところがあろう。

　日本の読者が私の随筆を読んで下さっている間に，私はきっとちょうど日本の学者の著作を閲読していることだろう。というのも，私はこの頃，日本に対する関心が非常に強くなってきているからである。この日本語版への序文を書いている間中，私はちょうど，松浦友久先生の『李白研究——抒情の構造』（三省堂）（中国語版『李白詩歌叙情芸術研究』上海古籍出版社1996年）を読んでいる。日本はアジアの唯一の先進国である。日本と日本人がもし他のアジアの国々に学ばせる長所と優れるところがなければ，このような先進国にはなれないはずである。日本の読者には私の文章を通して，中国語と中国文化を理解してもらえるように切望する。ちょうど私が日本の学者の著作を通して，日本の言語と文化を学ぶのと同じように。日中両国の民族が相互理解の上に，ともに21世紀に向けて歩むことは，日中両国のみならず，世界全体にとっても意義のあることであると思う。

　私は静岡大学の若い中国文学者である許山秀樹先生に深く感謝する。あまり翻訳しやすいとも言えない私の本を加藤先生とともに翻訳していただいて，きっと大変な目に色々と遭われたことであろう。

　また，私は清和大学の学生たちを褒め称えてあげたい。加藤先生の教えの下で，本書の翻訳を数篇手がけたと聞く。私はずっと進化論を信じている。次の世代は必ず前の世代より優れるようになる，と。希望は永遠に青年の頭上に輝くものである。若者はどんなに未成熟で，幼稚で，欠点だらけで，間違いを絶えず犯そうとも，しかし，最大の長所を，素晴らしいも

のを持っている。それは，彼らは常に成長し続けていることである。未来は彼らのものである——日本の，中国の，そして全世界の若者のものである。

　本書が出版できることをとても嬉しく思う。日本の若き読者たちがこの本を楽しく読んで下さることを望む。もし日本の読者が，この本はまさに自分のために書いたようで，自分とお話をしているようだと感じてもらえれば，こんなに嬉しいことはない。私は心から，ありがとう，と言おう。そして，喜んでこれからもこのような言語学随筆文を書き続けよう。

2002 年 1 月 18 日
中国 南京大学 中文系
王希傑

这就是汉语

这就是汉语

名実伴わない名前から 「名＋名」構造の語義関係を論ず

1. 生物のなぞなぞ

中国には以下のような生物のなぞなぞがある。
 （1）虫というが虫ではない，虫と呼ばない虫。
 （2）魚というが魚ではない，魚と呼ばない魚。
 （3）馬というが馬ではない，馬と呼ばない馬。
 （4）鼠というが鼠ではない，鼠と呼ばない鼠。
 （5）狗というが狗ではない，狗と呼ばない狗。

なぞなぞの答え
 虫というが虫ではない──鼻涕虫（洟垂れ小僧）
 虫と呼ばない虫　　　　──蚕
 魚というが魚ではない──鱿魚（するめいか）
 魚と呼ばない魚　　　　──泥鰍（どじょう）
 馬というが馬ではない──海馬（たつのおとしご）
 馬と呼ばない馬　　　　──騏驥（昔時の良馬の名）
 鼠というが鼠ではない──海老鼠（ビーバー）
 鼠と呼ばない鼠　　　　──耗子（ねずみ）
 狗というが狗ではない──魚狗（かわせみ）
 狗と呼ばない狗　　　　──犬

これらのなぞなぞの面白い点は，名と実の矛盾をうまく利用したところにある。

2.「蹴れない球」ってなんだ？

中国の子供は，互いにおもしろい話をするのが好きで，このように問題を出して答えてあそぶ。

　　蹴れない「球」は何？　　　　　　地球
　　乗って走れない「馬」は何？　　　木马

食べられない「餅」は何？	铁饼（円盤）
米を量れない「斗」は何？	熨斗（アイロン）
聞くことができない「耳」は何？	木耳（木くらげ）
米ではない「米」は何？	虾米（干したむきえび）
山でない「山」は何？	人山（人の山）
水のない「海」はどんな海？	火海（火の海，大火）
実を結ばない「花」は何？	灯花（灯心の先にできる燃えかすが花のような形になったもの）
歩くことができない「腿」は何？	床腿（寝台の脚）

　見たところでは，"地球，木马，铁饼，熨斗，木耳，虾米，人山，火海，灯花，床腿"すべて，名と実が一致しない言葉である。

3. "人山"は山のような多くの人

　中国語の中には多くの形象的な表現がある。たとえば，

　　云海（雲海）

　　烟海（霧や靄の立ちこめた海）

　　苦海（苦しい世の中，悲惨な状況）

　　血海（深い恨み）

　　心潮（気持ち）

　　心扉（心の扉）

　　眼波（視線）

　　瀑布（滝）

　　月牙（三日月）

　　辞海（辞典名）

　　语林（辞典名）

　　言语链（言連鎖，一連の音声事象を指す）

　　方言岛（異なる言語地域の中に孤立している一小言語地域）

　　信息波（情報の波）

　　意识流（意識の流れ）

　　情天恨海（男女間の愛情）

　　文山会海（文書の山と会議の海）

人山人海（黒山のような人の群れ）
　　心猿意马（心が乱れ落ち着かない）
　　唇枪舌剑（弁舌の鋭いこと）
　これらの表現は，比喩造語法によって構成されたものである。最初の名詞はこの比喩の本体で，続く名詞は比喩の状態であり，その語意は，
　　"N_2"と同じような（相似点）"N_1"
　だから，"人山"は，つまり山のような多くの人。英語圏の人は，"a mountain of people"とはいわない。"a mountain of people"は，山のような大きい人，即ち「巨人」を表す。中国語の"人海"は英語で言うと"a sea of people"，中国語の"人山人海"は，英語で言うとやはり"a sea of people"。なぜなら，"人山人海"，この成語の中には，前後二つの言葉の語意は同等で，同じ意味で，重複している。
　このように言うと，中国語の"情天恨海"を英語に直訳すると，"a sea of love and hate"となるのだろうか。

4.「愛情の火焔」は"情火"？

　「複合語」"人海"を，もし「連語」（フレーズ）に拡大した場合，"人的海洋"や"人的大海"となる。例えば，
　　为什么
　　　我的语言
　　　　　这样拙笨？
　　给我呵——
　　　语言的
　　　　大海！
　　声音的
　　　风云！（贺敬之《十年颂歌》）
　　（どうして私の言葉は　　こんなにもどかしいのか　私におくれ
　　　言葉の海を！　　声の風を！）
　"语言的大海"（言葉の海），"声音的风云"（声の風）のようなこの種の比喩の方式は，「本体＋"的"＋比喩体」の構造を持つ。もし，"的"の字を削除し，本体と比喩体を単音節に縮めれば，「比喩式複合語」となる。

"語言的大海——→語海"！

中国人はこのような比喩方式を非常に好む。

　　愛情的火焔（愛情の火焔）
　　記憶的沙灘（記憶の砂州）
　　歴史的潮水（歴史のうしお）
　　感情的債主（感情の債権者）
　　思想的刀鋒（思想の剣）
　　時代的列車（時代の列車）
　　人生的年輪（人生の年輪）
　　人情的風風雨雨（人生の艱難辛苦）

このような方式は長く使われると，複合語として縮小され易い。例えば，愛情の火炎は——→"情火"（？），性欲の火焔は——→"欲火"。"欲火"は前から流行している言葉だが，"情火"はまだあまり通用していない。

5."狼心"は狼のような心

"人山"は山ではない。このような表現と類似しているのは"狼心"である。"狼心"は狼の心ではなく，人の心であり，狼の心のような残虐な人のことである。中国語の"狼心狗肺"を英語に訳すと，

　　rapacious as a wolf and savage as a cur

である。

　　heart of a wolf and lungs of a dog

ではない。

中国語では，このような類の語句も比喩表現である。最初の名詞が比喩の状態で，後ろの名詞がこの比喩の本体である。この意味は，"N₁"のような（相似点）"N₂"である。

"狼心"の意味は，狼のように凶悪で，残忍極まる心。だから，"人面獣心"の意味は，

　　have the face of a man but heart of a beast

　　（表面は善良そうに見えて，内心は邪悪である）

この類の「比喩式複合語」も，よく見られる。例えば，

蝴蝶结——蝶結び
　　鸡心领——Vネック
　　羊肠道——曲がりくねった道
　　象鼻山——山の名
　　牛头山——山の名
　　月牙湖——三日月湖
　　杨柳腰——柳腰
　　樱桃口——美しい女性の唇
　　虎背熊腰——非常に屈強である
　　虎头蛇尾——はじめは盛んで終わりがふるわない
この類の複合語は，連語（フレーズ）に拡大して言うこともできる。
　"N₁"のような"N₂"
例えば，
　　蝴蝶结——像花蝴蝶一样的结（蝶のような結び）
　　鸡心领——像鸡心一样的领子（鶏の心臓のようなえり，Vネック）

6. "鸟岛"（鳥の島）と"猴山"（猿の山）

　中国浙江省の千島湖の中に，"猴岛""鹿岛""蛇岛"という名の島がある。これらの島にはそれぞれ，猿，鹿，蛇などが放し飼いにされている。動物園の中の猴山という山では，猿が生活している。広州は，"羊城"ともいう。なぜこのように言うかというと，昔，伝説の中で，「五人の仙人が五色の羊に乗り，手に六本の稲穂をもって，ここへやってきた」と伝えられており，またの名を"穂城"という。わが国の大海や湖にも，多くの"鸟岛"や"蛇岛"があるが，これは，その島に鳥や蛇がたくさんいたために，その名がついたのである。
　これらの地名の中で，二つの名詞の間には「相関関係」があり，"借代式名名结构"（換喩式名詞＋名詞的構造）となる。
　老舎の小説『駱駝祥子』の主人公は"骆驼祥子"と呼ばれている。これは，あの車引きの祥子の運命と駱駝との間に関係があるからである。彼は自分の一番大切な車をなくしてしまった（兵隊に奪われてしまった）が，その後，意外にも駱駝を得ることになってしまった。魯迅の小説『明天』

の中に，"红鼻子老拱"という人がいるが，"红鼻子"と"老拱"（曲がった背）は「相関関係」があって，彼の特徴を言ったものである。魯迅の小説『薬』の中の人物"红眼睛阿义"は，"红眼睛"(赤目)が"阿义"(阿義)の特徴で，阿義と「相関関係」があり，すべて"借代式名名结构"（換喩式名詞＋名詞的構造）である。

7. "施事"、それとも"受事"？

（"施事"は，文法用語で，文中の動作の主体をいう。例えば，「作家が本を書いた」の「作家」をさす。ただし，文の主語であるとは限らない。「花瓶が彼によって壊された」では，「彼」が施事である。"受事"は，動作の対象，支配を受ける人，事物をいう。例えば，「私は本を読む」の「本」，「問題は解決された」の「問題」をさす。——訳注）

中国の町の中で，よく"三八理发店"が見られる。この"三八"は，"三八国际妇女节"（3月8日の国際婦人デー）で，つまり"妇女"（婦人）"小姐"（お嬢さん）"女士"（女性）を指している。この"三八"は施事であり，この店は女性が営む理髪店であることを意味する。この理髪店を利用できる対象は女性だけとは限らず，男性も理髪を受けることができる。この構造は，前の名詞（三八）が施事となり，中国語の中でよく見られる構造である。

　　猫食（猫に食べさせるえさ）

　　狗食（犬に食べさせるえさ）

　　猫鱼（猫にやる魚）

　　鱼虫（魚のえさ）

　　鱼饵（魚のえさ、つりえ）

前の名詞（猫，狗など）は施事者である。映画《女子相思客店》の，"女子"は，これも施事者である。つまり，この旅館の経営者は女性である。

ただし，"兽医"（獣医）の"兽"は，施事ではなく，受事である。治療を受ける対象である。前の名詞が受事になることも，中国語の中ではよく見られる。

　　牙医（歯医者）　　　　　　儿童医院（小児科病院）

　　汽车修配厂（車の整備工場）　女子美发厅（女子美容室）

妇女商店（女性用品を専門に売る店）　百货批发站（百貨卸売販売所）
前の名詞（"牙"（歯），"儿童"（児童），"汽车"（車）など）は，すべて「受事」である。中国語の中には，"儒医"（学者出身の医者），"军医"（医師として軍に服務する将校）のほかに，"蛇医"（蛇にかまれた傷を治療する医者）というのもある。この"蛇"は「施事」ではなく，「受事」でもない。「施事」は医者で，「受事」は病人，毒蛇にかまれた病人である。この"蛇"は，「受事」の情報（事件）の焦点で，造語するとき，受け手の情報の焦点だけを残し，その他のことは省略してしまったのである。だから，二つの名詞の間にある語意の関係をただ表面上だけで判断するのは非常に難しい。

8. 豊富で複雑な語意関係

中国語は形体変化がなく，中国語の名詞は直接名を修飾することができるため，二つの名詞を組み合わせると，豊富で複雑な語義関係を作ることができてしまう。例えば，次のようなものがある。

<u>連合関係にあるもの</u>
　　工农（労働者と農民）　城乡（都市と農村）
　　男女　　夫妻　　师生（先生と生徒）
<u>所属関係にあるもの</u>
　　虎肉　　兔毛　　唐诗　　宋词　　元曲
<u>前の名詞は後ろの名詞の素材</u>
　　皮鞋（皮靴）　　　　　　棉衣（綿入れ）
　　玻璃杯（ガラスコップ）　尼龙伞（ナイロン傘）
<u>前の名詞が器具を表す</u>
　　大碗茶（大きな碗に入れられているお茶）　瓶酒（瓶に入れられた酒）
　　钢笔画（ペンで描いた絵）
　　小笼包（小さなセイロで蒸した饅頭）
<u>前の名詞が後ろの名詞の事物の産地を表す</u>
　　茅台酒（マオタイ酒）　　龙井茶（竜井茶）
　　藏红花（チベットの紅花）　川贝（四川産の貝母）[1]
<u>前の名詞が後ろの名詞の付随物を表す</u>
　　葱油饼[2]　　　　　　米粉肉[3]

前の名詞が後ろの名詞の事物の出所を表す
波斯猫（ペルシャ猫）　波斯菊（コスモス）
矿泉水（ミネラルウォーター）
前の名詞が後ろの名詞の用途を表す
奶牛（乳牛）　　蛋鸡（産卵鶏）
瘦肉猪（赤身豚）　菜牛（肉牛）

このように多種多様な語義関係は，いちいち列挙するのは難しく，類似点を見てほかを推量することも難しいので，特に注意する必要がある。

9. 名詞の連用

中国語の中で，時にいくつもの名詞が連続して使われる現象がある。例えば，最近よくコネが横行しているが，その場合，たいていあらゆる縁故関係を利用してやるわけである。「張三あるいは李四の父親の同級生の息子の祖父の学生の女友だちのとなりの人にたずねるがいい！」80年代の文学作品の中にこのような用法が多い。二つの例をみてみよう。

（1）我富喝过老板的小姨子的姑妈的媳妇的表妹的小弟弟的喜酒，就安步当车，大概三分钟的时间，进入了那间中上规模的保龄球场。(唐人《赎身记》)
（我富は……店の主人の，妻の妹の，父方の叔母の，息子の妻の，いとこの，一番下の弟の結婚式に出たあと，ゆっくりと，3分間もかけて，あの結構立派なボーリング場へ入っていった。）
（2）后来又托了他儿子的女朋友的一位同学的姨父，只等了一星期就把煤气罐弄回。(王蒙《高原的风》)
（後にまた，彼の息子の，ガールフレンドのある同級生の，母の姉妹の夫に頼んで，たった一週間でガスボンベを持って帰ることができた。）

上の二つの例の中に，いくつかの名詞によって構成された名詞性フレーズ（文節）があり，一つは，「店の主人の，妻の妹の，父方の叔母の，息子の妻の，いとこの，一番下の弟の結婚」である。その内部の構成順序は，次の通りである。

老板的小姨子的姑妈的媳妇的表妹的小弟弟的喜酒

もう一つは「彼の息子の，ガールフレンドの，ある同級生の，母の姉妹の夫」である。

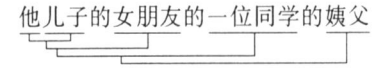

　　他儿子的女朋友的一位同学的姨父

しかし，次のように反対にすることはできない。

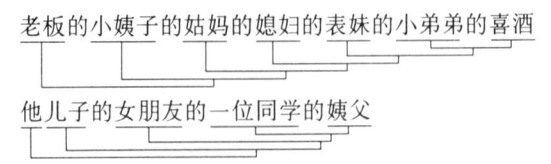

　　老板的小姨子的姑妈的媳妇的表妹的小弟弟的喜酒

　　他儿子的女朋友的一位同学的姨父

　中国では，いくつかの地名を連用するとき，いつも大きい地名から小さい地名をいう。

　　中国江苏南京鼓楼渊声巷3幢303室……

小さい地名から大きい地名をいうことはできない。

　　303室3幢渊声巷鼓楼南京江苏中国……

構成順序は次のようである。

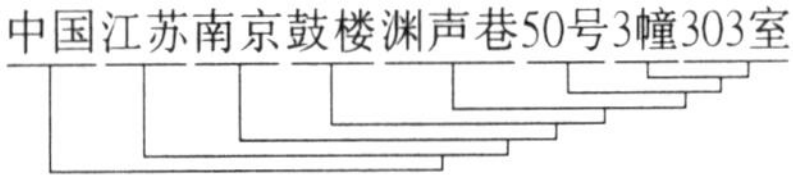

　　中国江苏南京鼓楼渊声巷50号3幢303室

訳注
1) "贝母"は和名「バイモ」，「アミガサユリ」と言う。中国では止痰，鎮咳の薬として知られている。
2) 小麦粉をこね，あぶら・塩・きざんだ葱をねりこんで円板状に焼いた食品。
3) 厚く切った豚肉を調味料をといた醤油に浸し米の粉をのせて蒸した食品。

这就是汉语
神秘的な漢字

1. ある姓名論争

　　唐代の女帝武則天の時代，狄仁傑という名の宰相がいた。彼はすばらしい才能の持主であった。あるとき，彼は同僚の盧献をからかってこう言った。「あなたに，もし馬を加えれば，ロバになってしまいますね」。今の簡体字の"卢"は，本来の繁体字で書くと"盧"である。

　　　　　盧＋馬＝驢

　　この"驢"の字は，現在は簡略化されて"驴"になった。

　　狄仁傑のこの話は，とても口の悪い双関語(かけことば)である。表面上の意味は，盧の字に馬を加えると，驢の字が構成される。実際は暗に盧と馬をかけ合わすと雑種の「ロバ」が生まれるのだとからかったのである。この盧は，つまりウマ，ロバ，ラクダ類の動物である。この世に盧と呼ばれる動物は，もともといないのではあるが。

　　盧献は無論バカでもなく，すぐれた知恵も身につけていたから，すぐにやり返して言った。「あなたを真ん中で二つに分けると，二匹の犬になりますね。」実際は，

　　　　　狄→犭＋火

　　ただし，盧献は故意に解釈を曲げて言ったのだ。

　　　　　狄→犭＋犬→両条狗（二匹の犬）

　　狄仁傑は，すぐさま反論して言った。

　　「この"狄"という字は，"犬"に"火"を加えるのであって，"犬"に"犬"を加えるのではありませんよ！」

　　盧献はすぐに言った。

　　「そうですとも。"犬"に"犬"を加えるのではなく，「犬」に「火」を加えるのですね。それはなおさら都合がいい。火の上で犬をあぶり焼く！つまり，犬の肉を焼いて食うことになりますか，それは愉快だ。」

2. 夢言葉を解く

明代の文人凌濛初の『初刻拍案驚奇』第十九巻のタイトルは"李公佐巧解夢中言，謝小娥智擒船上盗"である。謝小娥の父親と夫は強盗に殺されてしまった。小説は次のように書かれている。

> ある晩，夢の中で父謝翁が，彼女に，「私を殺した人の姓名を知りたいなら，二つのなぞなぞを言うので，良く頭にいれておきなさい。つまり，"車中猴，門東草"だ」と言った。詳しく尋ねようとすると，父親は手を放して去っていった。大きな声で泣き叫んだ時，突然目が覚めた。夢の中の言葉ははっきりと憶えていたが，意味が分からなかった。

その後，謝小娥は役人の李公佐に出会ったので，夢の話をした。

> 父が夢の中でこう言うんです。「私を殺した者は，"車中猴，門東草"であると言いました」。また，夫も夢の中で「私を殺したものは，"禾中走，一日夫"である」と言いました。私は，おろかでその意がわかりません。囲りの人にも聞きましたが，だれも分かる人がいません。長年、名前もわからず，恨みを晴らすすべもなく，ひとりで恨みを抱きつづけています！

李公佐はとても頭の切れる人で，すぐ夢の話を解き明かした。

> 「車の中の猿」については，「車」の上下から一画ずつ取ると，「申」の字になる。申は猿である，故に，「車」という字の中の「申」と言うわけである。また，「門東草」について言えば，「草」の下に門があり，「門」の中に「東」があるのは，即ち「蘭」の字である。また，「禾中走」については，田をつき抜けること，「田」に二ヵ所の頭を出すとこれも「申」の字となる。「一日夫」については，「夫」の上にさらに一画加え，下に「日」をつけると，「春」の字となる。あなたの父親を殺したのは「申蘭」で，あなたの夫を殺したのは「申春」である。十分明らかで，疑う余地がない。

これは中国人がもっとも好きな，文字を分解して組み立てるという遊びである。

> 車の2本の横棒を減らす→申
>
> 田の中の縦棒を長く引く→申

草（艹）＋門＋東→蘭

実際は、「蘭」の字の「門」の中は「柬」であり「東」ではないが、「東」と似ている。では、「申は猿年」というのは何のことか？

中国人は「子、丑、寅、卯、辰、巳、午、未、申、酉、戌、亥」を用いて、年と時を記し、また十二種の動物をもって、それらと対応させる。この十二種の動物とは、鼠、牛、虎、兎、竜、蛇、馬、羊、猿、鶏、狗、猪である。両者の対応関係は

子	丑	寅	卯	辰	巳	午	未	申	酉	戌	亥
│	│	│	│	│	│	│	│	│	│	│	│
鼠	牛	虎	兎	竜	蛇	馬	羊	猿	鶏	狗	猪

というわけで、申年生まれは猿に属する。だから、李公佐は「申は猿年」と言ったのである。謝小娥の父は娘が「車」から「申」を分解して取り出すことができないのを心配して、もう一字"猴"（申）」を重複させ、「車」を転化して「申」になすヒントを与えたのである。

3. 拆字造語法

中国語の中に特殊な造語法があり、これを「拆字造語法」と言う。例えば：

胡——古 月

唐代の詩人李白の詩に、「西風吹古月」というものがある。この「古月」は決して古代の月を言うのではなく、「胡」のことである。これは、胡人のことを指す婉曲的な言い方で、おそらく叛乱を起こした安禄山たちを言うのであろう。

字を分解して使うことは、小説の中でも、話し言葉の中でも広く普及している。例えば：

兵车煞是有趣味的，拥塞着一些丘八我觉得怎么好象些猪。

（茅盾《故乡杂记》）

（兵車というものは、実に面白いもので、「丘八」（兵隊）がいっぱい詰め込まれている。私には、どうしても豚に思えてしまうのだ。）

张俊民道："胡子老倌，这事在你作法便了。做成了，少不得言身寸。"（吴敬梓《儒林外史》）

(張俊民は「ひげの爺さんや,この件はもう爺さんにまかせた。事が成就した暁には,"言身寸"(謝)がちゃんと付くともよ。」と言った。)

この中の、「丘八」と「言身寸」は分解字である。

兵＝丘＋八

謝＝言＋身＋寸

中国の明清の小説の中で,よく「做一个'呂'字儿」という。これは「呂」の字を二つの「口」に分解し,二つの相連なった口,つまり接吻の意味を表す。

唐詩宋詞の中でよく見られる"田下心"は,相思の「思」を表し,"心上秋"は「愁」を表す言葉である。

4. 分解字の修辞意義

拆字(たくじ)も,中国の文人がきわめて好んだ修辞手法の一つである。例えば:

第一我得发个声明,我叫熊丙岚,不是兰花的兰,是山上吹下来的风,上边一个"山"字,底下一个"风"字。(蒋子龙《燕赵悲歌》)
(まず,僕に名前のことをはっきりさせてもらいます。僕の名は,「熊丙岚(xióng bǐnglán)」。蘭の花の「蘭 lán」ではなく,山の上から吹き下ろしてくる風,上が「山」で,下が「風」という字の「嵐 lán」です。)

飚是三条狗的风,在秋高草枯的旷野上,天上是一片青,地上是一片赭;中蛊的猎犬风一般地驶过,嗅着受伤之兽在草中滴下的血腥,顺了方向追去,听到枯草飒索的响,有如秋风卷过去一般。(朱湘《书》)
(「飚 biāo」は三匹の犬の風であり,秋の広い枯野を吹き荒れている。空は真っ青,大地は一面の褐色の枯れ草;疫病にかかった猟犬は風のように,ダッーと駆け抜けていく,傷を負った獣が草に滴れた血の生臭い匂いを嗅ぎながら,犬は獣の去って往く方向を追う。枯れ草のかさかさという音が聞こえてくる。あたかも秋風が巻ながら吹き去ったようだ。)

旧军队中的士兵不满他们的军官吃空额和说空话,这样发泄他们的愤慨道:"你'官'字两个'口',吃空额,我们'兵'字两只脚,开小差"。(秦牧《语林采英》)
(昔の軍隊の兵隊さん達は,長官が欠員分を横領することと,口先ばっか

りで，約束を守らないことに煮えくりかえって，憤慨してこう言うのであった。「あいつら"官"どもは，"口"を二つ持っているから，いくらでも欠員分を食うが，俺たち"兵"には，足が二本付いているから，いつでも脱走してやるのさ」と。）

「嵐」は「山」の下に「風」を加えるので，「山の上から吹いてきた風」と言ったのである。「飆」という字を分解すると，三つの「犬」の字に風が加わる，つまり，三匹の犬の風というわけである。「官」の中の「呂」を二つの「口」に分解し，口先ばかりで，空論だけを吐き，欠員分を"食べる"（横領する"吃空額"）ことを暗喩するのである。「兵」の字の下の「八」は二本の足で，駆けることができ，脱走することもできる。これらの拆字は，いずれもわきおこった感慨を分解字を利用してのべており，なかなか味わいがある言い方である。

拆字の修辞法を使用するのは，ほとんど婉曲的な言い回しをして，意味を表面に出さないためである。例：

"这两年赚得不少了吧。"

"不多，几个草字头。"（陆文夫《清高》）

（「この二，三年結構儲かったでしょう。」

「大したことないよ，"草字頭"がなんぼか入った位なものさ」）

你道韩师愈的名字却在哪里？　正似："似'王'无一竖，如'川'却又眠"（凌濛初《初刻拍案惊奇》卷十）

（韓師愈の名前はどこにあるかと思いきや，まさに，「"王"に似ているが，縦一本が無く，"川"の如くであるが，横たわっている。」）

「草字頭」は，繁体字の「万」の字「萬」，すなわち，「何万かは儲かった」ということである。なぜなら，いくら儲かったかを明らかにするのは都合がよくないからである。

「王に似て，縦の棒がない」のは「三」の字。「川の如く，横たわっている」のも「三」である。この韓師愈は試験の成績が三番目であった。一番と二番だけが官吏になれるので，彼は試験に失敗したのである。はっきり言うのは忍びないので，拆字法を用いたわけである。

5. 分解字の対句

中国人は「対偶」がすきで，中国の至る所に対聯がある。対聯の中でもとりわけ拆字対聯が人の目を引く。例えば：

  品泉茶三口白水，

  竺仙庵二个山人。（杭州西湖竺仙庵の対聯）

三つの「口」は「品」である。口＋口＋口＝品。「白水」は「泉」のことである。白＋水＝泉。「二个」は「竹」。个＝竹で，「竺」の上には二つの「ケ」，下にはさらに「二」。「山人」は「仙」で，山＋人＝仙（人＝イ）。上下二つの句は分解すると「品泉竺仙」の四つの漢字でできている。また，例えば：

  一明分日月（一明日月を分け）

  五岳各山丘（五岳各々山丘あり）

一つの「明」の字を「日」と「月」の二つの字に分けることができる。「岳」の字も「山」と「丘」の二つに分けることができる。

  閒（閑）看門中月（閑にして看る　門中の月）

  思耕心上田（思いて耕す　心上の田）

門＋月＝閒（閑）。田＋心＝思。

  鴻是江边鸟（鴻は是れ江辺の鳥）

  蚕是天下虫（蚕は是れ天下の虫）

鴻＝江＋鳥。蚕＝天＋虫。

  二人土上坐（二人して土上に坐し）

  一月日边明（一月，日辺に明らかなり）

人＋人＋土＝坐。日＋月＝明。

  十口为古，白水为泉，进古泉连饮十口白水。

  （十口，古と為り，白水，泉と為る。古泉に進み，十口の白水を連飲す。）

  千里成重，丘山成岳，登重岳一览千里丘山。

  （千里，重と成り，丘山，岳と成る。重岳に登り，千里の丘山を一覧す。）

十＋口＝古。白＋水＝泉。千＋里＝重。丘＋山＝岳。

  唱本两个曰曰今曰古借口为唱表今古

  （唱，もとは二つの曰、今を曰い，古を曰う。口を借りて唱い，古今を表す）

戯乃半边虚虚事虚战持戈作戏演战争

（戯，乃ち半分の虚，虚事、虚戦、戈で劇を作り，戦を演ず）（劇場舞台の対聯より）

唱＝日＋日＋口。戯＝虚＋戈。

因火生烟，若不撇出终是苦，

（火に因り，煙を生じ，"若"出でずんば，終には是れ苦なり）

水酉为酒，人能回头便成人。

（水酉，酒と為し，"入"能く頭を回らせば，便ち人と成る。）（清の紀昀の対聯）

因＋火＝烟。「若」の、はらい「ノ」が，もし外に出ていなかったら，「苦」の字になる。水＋酉＝酒。「入」の字が，もし方向を変えれば「人」の字となる。

6. 拆字隠語

中国の民間には多くの隠語が広く伝わっている。拆字は隠語の中で特によく使われる手法である。例えば：

坦底 ── 一　「坦」の字の下のほうは「一」
抽工 ── 二　「工」の字から「｜」を取り去ると「二」
眠川 ── 三　「川」の字を寝かせると「三」
杀西 ── 四　「西」の字の頭を切り落とすと「四」
缺丑 ── 五　「丑」の字から少し削り取ると「五」
劈大 ── 六　「大」の字を分けると「六」
毛根 ── 七　「毛」の字の基部は「七」
入开 ── 八　「入」の字を開くと「八」
未丸 ── 九　「丸」の字から点を取り去れば「九」
约花 ── 十　「花」の上の「艹」（二十）を「二」で割ると「十」。

金融業界での例：

十具 ── 真
西贝 ── 賈（假）（贋作の意）

「十」に「具」を加えると「真」である。「西」に「貝」を加えると「賈」で，「賈」と「假」は同音，そこで「西貝」は，つまり「假」（ニセモノ）のこと。これが即ち拆字と諧音（同音の字を用いる）の組み合わせである。

7. 漢字の詩

みなさま，ごらんください：

　　　　　⊙　　⛰　　路
　　　　 ☁　 雨　 度　 㫈
　　　　　 ⛵　 渡　 過
　　　　　 風　 花　 香

これは何であろうか？
これは詩なのである。
以下のような詩である。

　　　圓日高山路口长，（円日高山，路口長く）
　　　横云细雨度斜阳。（横雲細雨，斜陽を渡る）
　　　扁舟横渡无人过，（扁舟，横に渡るも人の過る無し）
　　　风卷残花半日香。（風は残花を巻きて，半日香ばし）

何を言っているのだろう。
つまり，こういうことである。

⊙ ——「日」の字は円い。
⛰ ——「山」は高い。
路 ——「路」の字の「口」の字が特別長い。
☁ ——「雲」は横に寝かせて書かれている。
雨 ——「雨」の字は細くて長い。
㫈 ——「陽」の字は斜めに書かれている。
⛵ ——「舟」の字は平らに書かれている。
渡 ——「渡」の字は横に書かれている。
過 ——「過」の中の「人」という部分をけずった。
風 ——「風」の字の両横を巻き上げた。
花 ——「花」の字の「十」の部分を一個少なくしたので，残花（欠
　　　けた花）となった。
香 ——「香」の字の下の「日」の字を半分だけ書いたので，「半日」
　　　である。

この詩人は漢字の形体を巧みに利用し，このような不思議な詩を書いた。
　アメリカの詩人C．C．カミンスは，「中国の詩人は画家である」と言っている。
　パウンドは「世界で一番容易に詩が作れるのは中国語である」と言った。上記の詩を読んでみると，この二人のアメリカの詩人が言ったことがさらによく理解できるのである。

这就是汉语

数詞のタブーと崇拝

1. 二百五と二十五

《热也好冷也好活着就好》(『暑くても寒くても生きていればいい』)という小説がある。その中に，1989年夏，武漢の人たちが冗談を言い合っている場面が描かれている。

  猫子说："我和他们去聊天。"
  嫂子说："天有么事聊头？二百五！没听人说的么：十一亿人民八亿赌，还有两亿在跳舞，剩下的都是二百五。"
  猫子说："二百五就二百五。现在的人不怕戴帽子。"
            （《小说月报》1991年，2期29页）

(猫八：「ちょいと，彼らと世間話をしてくるよ」
かみさん：「世間話をするほどのことがあるの？ 阿呆かいな（二百五）。11億人のうち，8億までが賭事に熱中し，あとの2億が踊っていて，残りはアホか，バカ（二百五）ばかりだよ」
猫八：「二百五で大変結構。アホでも，バカでも結構さ。いまどき，もうだれもレッテルなんか怖くないんだよ。」)

"二百五"は本来数字であり，イコール「250」，我々は計算のとき，"一百"，"一百五"，"二百"，"二百五"，つまり，100、150、200、250と数えるが，猫八とおかみさんの会話の中では，「250」の意味ではない。この場合は，"二百五"は数詞ではなく，人をののしる言葉である。その意味は：

  二百五①〈方〉讥称有些傻气，做事莽撞的人。②〈方〉半瓶醋。
              （《现代汉语词典》）

(二百五①（方言）まぬけで，そこつな人をあざ笑う言葉。②（方言）なまかじり，半可通)

なぜ"二百五"だけ（"二百四"でも"三百六"でも"四百八"でもない）が「まぬけで，そこつな人」の意味を持つのだろうか。

それは，こんなことによる：清代の末期，銀元が銀両や元宝に代わっ

て，人々は「五百銀元」を"一封"（一包み）とした。「二百五十銀元」はちょうどその"半封"（半包み）となる。現代中国語では，"封"と"疯（瘋）"は同音で，"半封"と"半疯"は同音。そこで，

　"二百五"＝"半封"＝"半疯"（うすのろ）！　よって，「"二百五"＝まぬけで，そこつな人」となるわけである。

　"二百五"を使って人をののしるのは，中国ではよくあること。もう少し聞いていただこう。

> 高声嫂俨然象个演说家，操着高门大嗓，发表着具有煽动性的演说："……这些年，咱们尽让这帮二百五的干部折腾稀了。"
>
> （王金力《发生在春天里》《小说月报》1981年8期55页）
> （デカ声ばあさんは，まるで演説家のように，耳が破れそうな大声で，煽動的な演説をしていた。「ここ何年間，我々はあの「二百五」の頭のおかしい幹部連中に苦労をさせられてきた！」）

この意味の"二百五"は，時には"二十五"と縮めていうこともできる。つまり，二百五＝二十五！

2.十三点と三八および三八三八

　中国人は，西洋人と違って十三という数字を忌み嫌うことをしない。ただし，上海，蘇州，無錫などの呉方言の中では，"十三点"を使って人をののしることがある。

　この"十三点"は言動が変であったり，道理にあっていない人を形容していう。例えば，

> 大清早哗啦哗啦吵，这不是十三点吗？（滑稽戏《三毛学生意》）
> （あさっぱらから，ギャースカ，ピースカやかましくて，これが「十三点」でなければなんだね。）

中国語では，一つの言葉を時に応じて名詞としても，動詞としても，形容詞としても使うことがある。この"十三点"も，名詞としても用いられ，間が抜けている人，行動が情理にあっていない人を指す。例えば，

> 我八千块勿坐，出侬一万块，我是十三点哦？（独脚戏《拉黄包车》）
> （八千元でさえ（高くて）乗らないというのに，あんたとこに一万元なんかも出すやつがいるか。「十三点」（バカ）じゃあるまいし。）

"二百五"や"十三点"とよく似た言い方で，台湾の中国語の中に，"三八""三八三八"というのがある。やはり形容詞で，バカを形容する。例えば，

"你这个老胡涂，你要叫女儿出嫁几次呀？真三八。"舅父提高声音。（吕赫若《庙庭》）
（「この老いぼれが。娘を何回嫁にやるつもりなんだ？ 本当に三八（バカ）だね。」おじは声を張り上げた。）

三八女孩，从这里到高雄要花多少车钱？你们要吃粽子不会自己去买，还要我从台湾头带到台湾尾。（杨青矗《婉睛的失眠症》）
（バカな娘だね！ ここから高雄までいくら汽車賃がかかると思っているのよ。ちまきを食べたいなら，自分で買いに行きゃいいのに。人に台湾の北の果てから南の果てまでわざわざ持って来てもらうのかい？）

この"三八"も，また名詞として，バカな人を指す。例：

我才看出原来是林玫君，并听到林玫君笑着在骂："三八，要跌倒也不会选个没人的地方。"（李昂《她们的眼泪》）
（私はやっとその人が林玫君であることが分かった。そして林玫君が笑いながらばかにして言ったのが聞こえた。「三八（バカ）だねえ。ころぶなら人のいない所でころべよ。」）

台湾語の中の"三八三八"は，中国語の普通語（標準語）の"傻里傻气"（ひどく間が抜けている）に相当する。例えば，

"她这里有问题。"林玫君指指头说："又大肚子，三八三八的还要出去参加演唱会，所长不让她出去，她就一直闹。"（李昂《她们的眼泪》）
（「彼女はここがちょっと弱いのよ。」林玫君は頭を指して言った。「しかも，あんなに大きなおなかを抱えて，のど自慢に出るなんてアホな（三八三八的）ことを言い出して，所長は彼女を行かせないというので，ずっと大騒ぎしているのさ」。）

香港の中国語の中の"八"も貶義語である。だれかを指して"很八"と言えば，「彼は余計なことをする人」という意味で，"八卦"は，余計なことをする男，また，"八婆"と言えば，要らぬおせっかいをする女に対する軽蔑の言葉である。

3. "五官"，"五穀"とは？

中国人は人の容貌を評するとき，よく"五官端正（目鼻立ちが整っている）"という。

もし，大変几帳面で融通の利かない人に出会って，そして，不運にも，どうしても「五官とは，どの五官のことですか？」と聞かれたら，どんなに博学な人でも，はっきり答えることはできないであろう。辞典でさえ，それぞれ矛盾しているのであるから。

《現代漢語詞典》では，"五官"とは，耳，目，口，鼻，舌を指すとし，通常は顔の中の器官である，と補足している。

《中文大辞典》では，"五官"とは，耳，目，口，鼻，形。あるいは，耳，目，口，鼻，心を指す，といっている。

《辞源》では，"五官"とは，両手，口，耳，目。

日本の愛知大学編の《中日大辞典》では，"五官"とは，「身体の五種の器官で，一般には，目，耳，鼻，舌，皮膚を指す。」という。

呉景栄主編の《漢英詞典》では，"五官"とは，耳，目，唇，鼻，舌を指す。

吉林大学編の《漢日詞典》では，"五官"とは，目，顔，鼻など，という。

以上で分かるように，中国語の中の"五官"が指すものには，ゆれがあるのである。

中国人はだれでも，自分は五穀を食べて大きくなったというが，では中国語の中の"五穀"とは，どの五種類の穀物を言うのだろうか。

言語学者の伍鉄平は以前，このことを詳しく調べ，学者たちの意見が一致しないことを発見し，彼は，次の七種の異なる説明を探し出した。

鄭玄：麻，黍（モチきび），稷（きび），麦，豆

趙岐：黍（モチきび），稷（きび），豆，麦，稲

王逸：麻，稷（きび），麦，豆，稲

王冰：黍，麦，小豆，大豆，うるち

『漢法辞典』：黍（モチきび），稷（きび），麦，豆，稲

『妙法蓮華経』：大麦，小麦，緑豆，稲，白芥子（からし）

『曼陀羅』：胡麻，大麦，小麦，小豆，稲

だから,『現代漢語詞典』は,「古書の中には,"五穀"に対する異なった説明があるが,もっとも一般的には稲,黍(モチきび),稷(きび),麦,穀(あわ)を指し,広く作物を指す」という。
　だれも,"五官","五穀"の正確な内容を言えない。ここから,現代漢語の多くの複合語の中の「五」は,抽象的で,はっきりしない用法であることを認めざるをえない。

4.神秘的な「五」

　ある数字には,一種の神秘的な意味を与えられ,崇拝される。これは,多くの民族文化に共通する現象である。我々中国古代文化の中にも,数字への崇拝がある。中国の古人の考えでは,一,五,六,八,九,三十六,七十二は,常に縁起のよい数字とみなされている。その一方で,三,七,二十一は,悪い数字とされて嫌われる。中国語でよく言われる言葉"不管三七二十一"は,解説すると,「3×7＝21」となり,これは世間の常識である。"不管三七二十一"が,常識を破り,危険を冒し,命がけという意味になるのは,当然のことである。だだし,実際には,"三,七,二十一"はとても恐ろしい不吉な数字なのだが,もし,不吉な数字も気にしないで,やぶれかぶれになってしまえば,なんのタブーもなくなってしまうのであるが。
　中国人は,数字に対する崇拝の中で,「五」という数字の崇拝が特に強い。だから,「五」で構成される複合詞は非常に多い。例えば：

　　　五彩（赤,青,黄,白,黒）
　　　五道（仏教でいう,天,人,地獄,畜生,餓鬼）
　　　五声（陰平,陽平,上声,去声,入声）
　　　五言（五言詩など）
　　　五服（旧時行われた服喪の形式）
　　　五常（仁,義,礼,智,信）
　　　五刑（主要な五つの刑罰）
　　　五礼（吉,賓,凶,軍,嘉の五つの礼。他）
　　　五味（甜,酸,苦,辣,渋）
　　　五薬（五種の薬材,定説がない）

五気（中医では，寒，暑，燥，湿，風をいうが，文革中には否定されるべきものとして「五気」は，「官気（官僚臭）」「暮気（無気力）」「闊気（ぜいたく）」「驕気（おごり）」「嬌気（あまえ）」をいった。）

五色（もとは，紅，黄，青，白，黒をいったが，のち，多彩な彩りや，文才のあるたとえを指す）

五帝（中国古代伝説上の五人の聖王をいう）

五代（唐，虞，夏，殷，周の五代。また唐末に興った五つの国を指す）

五毒（残酷な五つの刑具。また丹砂，雌黄，慈石，石胆，盤石に含まれる毒など）

五短（五つの短所）

五方（東，南，西，北，中央の五つの方角）

五更（日暮れから夜明けまでを五つの時刻に分けて言う）

五葷（ニンニク，ニラ，ネギ，ラッキョウ，ヒルの五種の野菜，仏教用語）

五金（金，銀，銅，鉄，錫）

五行（金，木，水，火，土を言う。中国の"陰陽五行"学説による）

五経（易，詩，書，礼，春秋の儒教の経典）

五嶺（湖南省，江西省南部と広西省，広東省北部の境にある五つの山を指す）

五律（五言律詩）

五倫（封建時代の五つの倫理関係：君臣，父子，夫婦，兄弟，朋友）

五内（五臓：心，肝，脾，肺，腎）

五香（五種類の香料：山椒，八角，桂皮，丁香花蕾，ウイキョウ）

五岳（中国歴史上の五大名山：泰山，華山，衡山，恒山，嵩山）

五指（五つの指）

五洲（全世界各地，"五洲四海"の略）

五湖四海（全国津々浦々）

五花大绑（人を縛る方法の一つ）

五大三粗（体が全体に大柄であること）

五光十色（色とりどりで美しい）
　　五行八作（広く各種商業及び手工業）
　　五日京兆（在職期間の短いことの例え）
　　五体投地（完全に相手に圧倒され敬服する）
　　五講四美（中国文革後，青少年教育の方針：教養，礼儀，衛生，秩序，道徳を重んじる，心，言葉，行い，環境を美しくすること）

　これらは，我々人類の片方の手が，ちょうど五本の指を持っていること，この一点と大きな関係があるのではないだろうか。

5. 中国古文化の中の「五」

　中国古代文化では，"五行"（古来，天地万物を造るものと信じられた，火，水，木，金，土をいう）学説が盛んであった。だから，多くの五個一組の事物は五行に対応して，一つの非常に整然とした，対応する構造を作りあげている。大体は次ページの表のようである。

　これらの組合わせの事物の対応関係を把握することが，中国語と中国文化に関する多くの謎を解くことが可能となる。例えば，中国の多くの都市には，「玄武門」，「朱雀（鳥）」門があるが，これらの対応関係を知れば，「玄武門」がその都市の北門で，「朱雀門」は南門，と断言できる。というのは，五獣の中の「朱鳥」は，五方の中の「南」に，五獣の中の「玄武」は，五方の中の「北」に対応関係があるからである。よって，南京の朱雀路はかならず城市の南にあって，ぜったい城の北ではない。

五 行	木	火	土	金	水
五 方	东	南	中	西	北
五 帝	太皞	炎帝	黄帝	少昊	颛顼
五 佐	勾芒	祝融	后土	蓐收	玄冥
五 时	春	夏	土用	秋	冬
五 神	岁星	荧惑	镇星	太白	辰星
五 兽	苍龙	朱鸟	黄龙	白虎	玄武
五 音	角	徵	宫	商	羽
五 色	青	赤	黄	白	黑
五 器	规	衡	绳	矩	权
五 臭	膻	焦	香	腥	朽
五 味	酸	苦	甘	辛	咸
五 事	视	言	思	听	貌
五 德	明	从	睿	聪	恭
五 微	燠	旸	风	寒	雨
五 社	户	灶	中霤	门	行
五 脏	肝	心	脾	肺	肾
五 常	仁	礼	信	义	智
五 虫	鳞	羽	蠃	毛	介
五 数	八	七	五	九	六
(十日)	甲 乙	丙 丁	戊 己	庚 辛	壬 癸

6.「十」は，完備，円満をあらわす

　中国人にとって，「十」は，完備，円満をあらわすため，特に好まれた数である。このことについて魯迅は，1925年に，《再论雷峰塔的倒掉》(再度雷峰塔の倒壊を論ず) の中で評論している。

　　われわれ中国人の多くは，——同胞四億人をすべて含むわけではないことを特に明言しておく——ほとんどが「十景病」を，少なくとも「八景病」をわずらっている。この病気が重くなったのは，おそらく清朝だろう。どの県志を見ても，「遠村の明月」や「蕭寺の清鐘」，「古池の好水」などの十景もしくは八景が各県に存在することが多い。その上，「十」字病原菌は，人の血管に入って全身にまわり，「！」形感

数詞のタブーと崇拝　37

嘆号亡国病を上まわっているようである。お菓子には十銘菓があり，料理には十品があり，音楽には十曲があり，閻魔大王の所には十殿があり，薬には十全大補があり，拳あそびには全福手があり，ひとの欠点や罪を数えるときでもたいてい十個あげつらう。どうやら，九つ罪を犯したら，それでやめることができないらしい。(魯迅全集,第一巻)

　民族の言語運用の中の「十を好む」癖は，当然一人の作家の一編の文章で改良されない。だから，今日の中国語の中で「十」はまだ「十分」に活躍している。"十分,十足"（十分，たっぷり），"十全"（完全無欠），"十全十美"（完全無欠で申し分がない），"十悪不赦"（許せぬ悪のかずかず）……！

7. 三，六，九

　中国語の中での，三，六，九は，実際上の意義を指さず，多いことを表し，誇張をする時に用いられる。例えば，
三姑六婆——正業につとめない女。
九牛二虎——非常に大きい。バカでかい。
九牛一毛——多数のうちの極少部分
九死一生——九死に一生。はなはだ危険である。

　次のようにいう人もいる。"三姑"とは，"尼姑"(尼)，"道姑"（女道士），"挂姑"（占い師）。"六婆"とは，"牙婆"（人身売買のせわを職業とする女），"媒婆"（縁談のとりもちを職業とする女），"師婆"（みこ），"虔婆"（女郎屋のおかみ），"薬婆"（病気を治してくれる女），"穏婆"（取り上げ婆）をいう。この解釈は，無理があり，頭数を揃うため，"婆"のつく職業を六つくっつけてできたものに過ぎない。

　また，三，六，九の倍数，十二，三十六，七十二，三百六十，九百三十などは，漢語の中ではすべて虚数（実際の数でない）で，誇張の言い方で，多いことを誇張する。

　李白は，《秋浦歌》という詩の中でこう詠んでいる。
　　白髪三千丈，縁愁似箇長。不知明鏡里，何処得秋霜。
　　（白髪三千丈，愁に縁りて箇の似く長し，知らず，明鏡の裏，何れの処にか秋霜を得たる。）
　H.A.Giles はこの詩を英語に訳した。

My whitening hair would make a long long rope,

　　Yet could not farther all my depth of woe;

　　Though how it comes within a mirror's scope

　　To sprinkle autumn frosts , I do not know.

張祐の「何満子」の詩：

故国三千里，深宮二十年。一声何満子，双涙落君前。

（故国　三千里，深宮　二十年。一声　何満子，双涙　君の前に落つ。）

Bynner　の英語の訳は，

　　A lady of the palace these twenty years,

　　She has lived here a thousand miles from her home-

　　Yet ask her for this song and, with the first few words of it,

　　See how she tries to hold back her tears.

この中の"三千里"を，"three thousand paths"と訳さず，"a thousand miles"と言っている。それは"三千"は虚数であるからである。というのも，英語でよく使われる誇張を表す数字としては

　　twenty, 　fifty, 　one hundred, 　one hundred and one,

　　one thousand, one thousand and one

がある。

　同じ道理で，中国のことわざに"三句話不離本行"（人間だれしも三言もしゃべれば，自分の職業関係の話か得意なことの話になる）がある。英語に訳すと，

　　to talk about one's own

　　never to one's own line

とでもなるのであろうか。

8. "八"と"发"（発）

　香港や台湾の中国語では，数詞"八"と動詞"发财"（儲かる）の"发"（発）が同音である。だから"八"は大変幸運な数字であり，あちこちで顔を出している。また，"十八"は広東語の"实发"（実発）──必ず金持ちになる──と同音なので，これもまた大変受けが良い。

　香港の人の言葉では"二"と容易の"易"の音が近く，"二三"は音が

数詞のタブーと崇拝　39

"易生"（生み易い）と諧音になり，"二八"は"易発"（儲かり易い）に聞こえる。そこで，"二三二八"は"易生易発"（子孫多し，商売繁昌），"三三八八"は"生生発発"（子孫多し，商売繁昌）となる。つまり，これ以上に縁起のいいことはないのである。

香港人の言葉の，"一六"と"一路"（全て，ずっと）は発音が近いので，「168」,「163」,「1638」,「1628」の類のナンバーの車のプレートは，競売で，すべて高値で売られる。なぜなら，これは"一路発"（ずっと儲かる）"一路生"（子孫繁栄）"一路生発"（子孫繁栄，商売繁昌）"一路易発"（商売繁昌）を意味し，おめでたい言葉を象徴している。

しかし，台北では，路線バスには第八路がない。これは"八路"が，中国共産党の軍隊である"八路軍"を連想するからである。

9．"四""七"と"九"

"四"は，中国人の心理上では避けたい数である。語意上では，中国人は偶数をとうとび，贈り物には偶数がよく，"四件""八様""十種"が良い。"四四如意"（"事事如意"と諧音）"四喜湯団"（ここでは四つの素材を入れた甘い団子の食べ物を言う）の"四"もめでたい数字である。ただし，発音上からみると，「四」と「死亡」の「死」が同音で，どうにもならない。この世で誰が死を嫌がらず，怖がらないものがいるだろうか。とりわけ，おめでたい日には，なおのことである。そこで，"四"という数字は多くの場合できるだけ避けるようになった。台湾国民党海軍の軍艦には，第四号軍艦はないのだ！

中国では，贈り物の数が七個というのは絶対避けるべきである。なぜなら，人々は「七」という数を忌み嫌うからである。"七"と"鬼"（亡霊），"死亡"はある種の連想関係にあるようだ。7月17日は"鬼节"（亡者の日）で，"鬼"（死者の魂）を祭る儀式をあげなければならない。中国人は死者を祭るときは，"七"を基準にして数える。"頭七"（初七日），"二七""三七""四七""五七""六七""七七"＝"第四十九天"（四十九日）などなど。かくして，"七"はたいへん不吉となった。江蘇省松江のレストランで，もしあなたがご飯を四杯ほしいとき，店員は「はい，四杯のご飯（"四碗飯"）ですね」とは決して言わず，こう言うでしょう。「"米饭，两碗，两

碗"（ご飯を，二碗，二碗！）（蘇州地方では"四碗"と"死亡"の発音が近似しているので，「四碗」を「二碗」「二碗」に分けた。）つまり，

　　　四＝二＋二！

　中国の多くの地方で，人々は，"六十六""七十三""八十四"才を嫌う。この三つの年齢になると，険しくて高い敷居が待っているとみなされ，老人が超えるのは非常に難しいとされている。だから，このような流行り言葉がある。

　　　七十三，八十四，阎王不叫自己去。
　　　六十六，不死也要掉块肉。
　　　（七十三才，八十四才，閻魔大王呼ばずも自分で行く。
　　　六十六，死なずもどこかで怪我や病気になる。）

　ただし，中国人は頭がよく，便法を見つけ出した。この年齢になったら，一才少なく言うか，一才多く言うかして身をかわし，この迷信の門の敷居を飛び越えてしまう。

　"四""七"とは反対に"九"は，"长久"の"久"と同音であるために，人々に気に入られ，大いにもてはやされている。とりわけ香港では，特に"八"とうまが合い，"九八"は"久发"で，"八九"は"发久"となり，大吉である。香港で，結婚の時，新婦の"姐妹"（姉妹のように仲の良い女友達）は新郎に"利是"（赤い封筒に入ったお祝儀）を要求するが，その時双方が値段をかけ合い，金額が，大抵"九"がつくようにする。ほとんど，「九十九ドル」か，「九百九十九ドル」である。

　"九"は，中国では，しばしば一種の極限と見なされる。だから，中国の長寿の老人が百歳を過ぎていても，自分は九十九歳としか言わない。中国歴代の皇宮，祖廟，宗廟の建築形式は，最高九つの建物と庭からなり，門飾りは縦九列，横九列である。中国の多くの仏教寺院や道教寺院にある大鐘は，重量がなんと九千九百九十九斤である。（一斤は0.5キログラム）

这就是汉语
中国語の中の動物の世界

1. 神秘的な中国竜

外国人は，中国を"東方の巨竜"と呼ぶ。中国人は"竜の継承者"——竜の子孫だと自称する。「竜（龙）」はもともと中国古代人の想像上の動物であり，地球上には存在しない。中国文化の中で，竜の地位は，崇高無比，神聖かつ神秘的なものである。だから，中国語の中で，竜に関する成語は特に多い。例えば，

龙飞凤舞（筆勢に勢いがあり，いきいきしていること）
龙蟠凤逸（極めて優れた人材の例え）
龙凤呈祥（吉祥であることの例え）
龙驹凤雏（幼くして聡明な人）
龙章凤姿（気高く賢い風采の例え）
龙腾凤鸣（優雅で立派な動作や姿の例え）
麟凤龟龙（珍しく貴重なものや，徳高く，立派な人の喩え）
攀龙附凤（権勢に取り入って立身出世すること）
龙肝凤髓（山海の珍味）
龙蟠虎踞（地勢が雄大で峻険なこと）
龙马精神（元気はつらつとした例え）
龙腾虎跃（動作が活力に溢れているさま）
生龙活虎（生気はつらつたるさま）
龙吟虎啸（人の出す大きな声のはっきり響く形容，など）
龙争虎斗（激闘の例え）
龙行虎步（帝王の威厳のある雄々しい儀態）
龙骧虎步（威風堂々と闊歩するさま）
龙骧虎视（雄大な志）
降龙伏虎（強力な勢力に勝つ）
龙肝豹胆（山海の珍味の例え）

藏龙卧虎（世に隠れた人材をいう）
　　　画龙点睛（肝要な点を完成させ，全体を引き立たせる）
　　　望子成龙（子供が立派な人物になることを願う）
　　　龙潭虎穴（険しい地勢のこと）
　　　鱼龙混杂（良きも悪しきも混じり合う）
　　　龙蛇混杂（知識や教養の程度がばらばらであること）
　　　叶公好龙（口先だけの擁護，実際には反対していることの比喩）
　「竜」と同列に論じられるものとして，通常，「鳳凰」と「虎」があげられる。また，「竜」と対照的なものに「魚」と「蛇」がある。それは高貴と下賤の両極端を表す場合に同列するものである。
　長い封建社会の中で，「竜」は，皇帝および皇族を象徴してきた。"龙颜"（天子のお顔），"龙眷"（皇族），"龙种"（帝王の子孫），"龙子龙孙"（帝王の子孫），これらはすべて，皇帝を指す。
　「竜」は剛勇の美を象徴し，男性の象徴である。だから，古から今に至るまで，中国の男の名前には「竜」の字を用いることがとても多い。三国時代の大政治家，諸葛亮は，中国人にとって，もっとも聡明な人物とされ，
　　　三个臭皮匠，抵上一个诸葛亮（三人寄れば文殊の知恵）
といわれている。"诸葛亮"は中国では聡明な人の代名詞になっており，彼は，"卧龙先生（潜んでいる竜）"なのである。
　中国の民間では，祝日に，竜の舞，竜船レース，竜の提灯流しは欠くことのできないものである。京劇の舞台には，"跑龙套的"（芝居で旗持ちの儀仗兵の役）というものがある。また中国人は勤務時間外，あるいは8時間の仕事のあとに，"摆龙门阵"（世間話をする）や"侃大山"（とりとめのないおしゃべりをする）"说山海经"（人目を引くような作り事を言うこと）がとても好きなのである。この『山海経(せんがいきょう)』とは本来は古籍であるが，たくさんの神話が記載されていて，後世の人が見たところでは，あることないこと，まったくでたらめで信じがたいので，のち「根拠のない作り話」の意味になってしまったのである。なお，"摆龙门阵"と言えば，今の中国では，8時間の仕事"中"にもこの"龙门阵"（よもやま話）に夢中になっている人たちも一部にはいるが……。
　中国では，ほとんどの人が，"望子成龙"（自分の子供が竜になること），

中国語の中の動物の世界　43

つまり子供に将来性があり，強い人間になり，成功者となることを望んでいる。親は，そのためならどんなにお金がかかろうと惜しまない。中国人は，いつの日か——"鲤鱼跳龙门"（出世すること）を強く望んでいる。中国の伝説では，鯉がひとたび竜門を飛び越えれば，本当の竜になれると信じられている。

中国の企業では，一体となって協力しあうことを強調して"一条龙"という。また，各部分を組み合わせて集団にすることを"配套成龙"とよぶ。有力な指導者がいないことを，"群龙无首"と言い，無政府主義である。

中国人はエセ竜好きの葉公を嘲笑する。（葉公がある日，本物の竜に出会って驚いて逃げ出したという話がある）機会に乗じて私利を計ったり，偽りの態度を示すことがうまい人を，中国人は"变色龙"という。

中国の伝説の中には「竜王」もいて，海の中の水晶宮殿に住み，雲を起こし，雨を降らすなど自然界の大切な役職を与っている。

2. 高貴で縁起がいい鳳凰

"凤凰"（鳳凰）は中国文化の中で，非常に重要な地位にある。竜と同様，これも中国古代人が作った想像上の，地球上には存在しない動物である。

中国人にとっては，「鳳凰」は高貴で縁起がいいことの象徴である。中国人は"龙凤呈祥"（瑞兆の表れ）を尊び，貴重で珍しいものを形容する際には"凤毛麟角"（鳳凰のはねと麒麟の角）と言い，"攀龙附凤"（竜や鳳に近づく）は，権力者に取り入り，高い地位をかすめ取ることを批判する時に使われる。

中国に"鸡窝里飞出了金凤凰"（鶏の巣から金の鳳が飛び立つ）ということわざがあり，つまり鯉が竜門を越えて大出世する意味である。中国では，"天鹅"（白鳥）も高貴なものとされ，そのために"癞蛤蟆想吃天鹅肉"（ガマガエルが白鳥の肉を食べたがる）ということがある。これは，条件の悪い男性が高貴な娘に片思いをすることを嘲る表現である。

「竜」が皇帝の象徴であり，代名詞であるならば，「鳳凰」は皇后の象徴であり，代名詞である。"凤冠"（鳳冠）は皇后だけがつけることのできる帽子である。

中国では,「竜」はまた男子の象徴であり,代名詞であり,男子の名前によく使われる。また,「鳳」は女性の象徴であり,代名詞であり,女子の名前にもっともよく使われる字である。例をあげると,

　　　　王熙凤(『紅楼夢』),四凤(『雷雨』),张翔凤,李金凤
などがある。また,「金鳳」という名前もとても多い。

「鳳」は,また,夫婦の中の妻を指す。例えば,

　　　　"鸾凤和鸣"──夫婦が睦まじいことを表す

中国の広州の有名な料理に"龙凤汤"がある。この"龙"(竜)は蛇であり,"凤"(鳳)は鶏である。つまり,蛇の肉と鶏の肉を一緒に調理したスープである。また,別の有名な料理で,"龙虎斗"(竜虎闘)というのがある。"龙"(竜)は蛇で,虎は猫。つまり蛇の肉と猫の肉を念入りに調理した美味で上等な料理である。

3. 縁起はいいが,哀れな羊

人類は古代,牧畜時代を過ごしたが,その時代の中国人の社会生活では,羊の地位は高く,その役割も大きかった。これは,漢字の上からも見ることができる。我々の古代中国人は羊を細かに区分しているのである。例えば,次のものがある。

　　　　羔 (gāo)　──　小羊
　　　　羜 (zhù)　──　生まれたばかりから5ヵ月までの小羊
　　　　羭 (zhào)　──　一才未満の小羊
　　　　羦 (huán)　──　細い角の羊
　　　　羱 (yuān)　──　北山羊
　　　　羝 (dī)　──　雄羊
　　　　羖 (gū)　──　黒色雄羊
　　　　羭 (yú)　──　雌羊
　　　　羠 (yí)　──　去勢した雄羊
　　　　羯 (jié)　──　去勢した雄羊

多くの現代常用の漢字に,羊の部首が使われている。例えば,

　　　　美　善　群　羞　祥　差
　　　　义(義)　翔　羔　养　着

盖　姜　羹

羊と中国人の物質文明，および精神文明の関係が密接であることがうかがわれる。

「羊」は，吉祥で善良で美しい。だから漢字の「美」「祥」「善」の中には羊が一匹いる。

「羊」は中国古代人の考えでは，吉祥，美，善良の象徴であった。「義」の中にも羊がいる。つまり，羊は正義の象徴でもあった。"羭"（yú）は，雌羊で，「美」の意味もある。

羊の肉は，最も高級な食品である。

鮮—— おいしい羊の肉

羞—— 本来は，美味な食品を献上する意。おいしい食品の意味でもある

羓（bā）——干した羊肉

羹—— 元来は羊肉で作られたかゆ状の食品を指す

羨—— うらやむ。人の羊や羊肉を見ると自分もほしくなる

中国の小説《水滸伝》の中の李逵は，粗野で，下層社会の人間である。あるとき，彼は飲食店に入った。ボーイは彼のみすぼらしい恰好を見て，「ここは，羊の肉しか売っていない。牛肉なんかないよ」と言った。李逵は怒って「まさかこのおれさまに羊肉を食べさせてくれないと言うんじゃないだろうね」と言った。当時，羊肉は牛肉より高級で，値段も高かったことが分かる。そのため，こんなことわざができた。"挂羊头卖狗肉"（羊頭を掲げて，狗肉を売る。見せかけだけが立派で実が伴わないこと）。もし"癞蛤蟆想吃天鹅肉"ということわざが，条件のよくない男性が美しく金持ちの娘に片思いをするという比喩と見るならば，"好一块羊肉掉在狗嘴里"は，不釣り合いな婚姻，つまり，とても自分には不釣りあいのすばらしい娘が条件のひどく悪い男性の妻になることに対する嘲笑である。

しかし，中国の羊はだんだん退化してしまって，現代中国語の中の羊の形象は，哀れなものだ。例えば，

替罪羊 —— 贖罪の山羊。スケープゴード

无罪的羔羊 —— 罪のないかよわいもの

迷路的羔羊—— 迷える子羊

こうして見てくると,「羊」は現代では, 温順, 従順, 無能, 騙され苦しめられ, 強い人の言うままになる, 何とも哀れな人の喩えとなってしまった！

4. 長寿で無恥な亀

中国の小さな町の中で, よくこのような注意書きを目にする。

随地大小便, 是 亀 !
(ところかまわず大小便をするもの, それは── 亀 !)

乱倒垃圾, 是 亀 !
(むやみにゴミを放る人, それは── 亀 !)

時には, 子供たちさえ壁にこのような"創作"をほどこす。

小三子, 是 亀 !
(小三子は── 亀 !)

この" 亀 "は, つまり"龟"(亀)という字である。

「亀」は, 現代中国でもっとも恐ろしい罵語である。多分, 明清の時代からこのようであったであろう。「亀」, その言葉が指すものは, 他人に女房を寝取られた男, この男は, "戴绿帽子的"(緑の帽子をかぶる人,「亀」の隠語)とも呼ばれる。もっとひどいのが, "龟孙子"(畜生！) "龟儿子"など,「亀」の字を使った強く人をののしる言葉である。

不思議なことに中国では, 古代の陵墓の前にはほとんど巨大な石の亀がいる。特に帝王, 文官武将の墓前にあり, 大きい亀は, 時に巨大な石碑を背負っている。皇帝や貴人達が"戴绿帽子的"になることを望んだのであろうか。当然それはちがう。もともと中国の古代では,「亀」はとても縁起のいい神聖な動物とされていたのである。

成語に, "麟凤龟龙"(麟鳳亀竜)というのがあるが, これは中国古代人が公認した四種類のもっとも縁起のいい動物をあげたもので,「麒麟」,「鳳凰」,「亀」, そして「竜」。中国古代文化の中では, 亀が非常に重要な

位置にあることが窺われる。古代人は「亀の甲」を使って占いをした。中国の最古の文字は、「亀の甲」に刻まれたもので、"甲骨文"と称する。古代では、「亀」は長寿の象徴であり、多くの人が人名や地名に「亀」の字を用いた。「亀」、「鶴」、「松柏」、すべて中国文化の中では長寿の符号である。晋代の葛洪は『抱朴子』「対俗」の中でこのように言っている。

   知亀鶴之遐寿、故欲其道引以増年

意味は、我々は「亀」と「鶴」の長寿のすばらしさを知っているのであるから、「亀」と「鶴」の生き方を学んで、自分の体を鍛え、長寿の目的を達成しよう、というものである。唐代の詩人白居易は「効陶潜体」の詩の中で、

   松柏与亀鶴，其寿皆千年。（松柏と亀鶴と，其の寿皆千年たり）

と言っている。

以上述べた通り、中国の成語の"亀鶴遐寿"は、お祝い事だけに用いられ、賛辞であり、よい言葉であり、決して人をののしるものではない。中国には"亀毛兎角"という成語もある。「亀」は毛を持たないし、「兎」は角を持たない。だから、"亀毛兎角"は、ありえないこと、あるいは有名無実なことの比喩として使われる言葉である。

以前、日本のある留学生が、日本では今でも「亀」は長寿でめでたいものの象徴であり、人名にも用いられるため、中国を去るとき彼の中国の先生である教授に、贈り物をした。それは小さな亀だった。彼は心からの好意でしたことではあるが、これは中国ではかえって人に大きな侮辱を与えたことになる。

5. 鴛鴦と蝴蝶

中国の現代文学史上，一部の小説家は"鸳鸯蝴蝶派"（鴛鴦蝴蝶派）と呼ばれている。なぜなら，彼らは，才子佳人，男女の愛情を描写する恋愛小説を専門に創作しているからである。なぜ恋愛小説ばかり書く人を「鴛鴦蝴蝶派」小説家というのだろうか。それは，中国では「鴛鴦」と「蝴蝶」は愛情の象徴であり，愛情の符号だからである。

北宋時代の大文人，欧陽修はある詩——正確には"词"とよばれ，歌うことができるもの——を作った。題目は「南歌子」という。以下全文。

   凤髻金泥带，龙纹玉掌梳。走来窗下笑相扶，爱道："画眉深浅入时

无？"

　　　　弄笔偎人久，描花试初手。等闲妨了绣工夫，笑问："'鸳鸯'两字怎生书？"

　一組の夫婦，あるいは一組の恋人が，手を取り合って窓辺に近づいた。女性が「私の眉毛の形，流行に合ってるかしら」と言った。二人は抱き合った。女性が「"鴛鴦"という二文字，どう書くんだったかしら」と聞いた。これはつまり「私たちは一対の鴛鴦よね」と，言明しているのである。

　小説家，汪曾祺は《大淖記事》の中でこう書いている。

　　　　好心的大人路过时会想：这倒真是两只鸳鸯，可是配不成对。一家要招一个养老女婿，一家要接一个当家媳妇，弄不到一起。他们俩呢，只是很愿意在一处谈谈坐坐。都到岁数了，心里不是没有，只是象一片薄薄的云，飘过来，飘过去，下不成雨。(《1981年短篇小说选》222页）
　　（心の優しい大人達がそこを通ったら，きっとこう思うだろう：「この二人は，本当は理想的なカップルになるのになあ（这倒真是两只鸳鸯），惜しいことに，結ばれないんだ。こっちの家は，老後に面倒を見てもらうための婿が欲しいのに，あっちの家では，家をしっかり守ってもらう嫁がほしい。これじゃ，結婚できっこないや。当の二人は，一緒にしゃべったりするのが結構好きな様子だ。もう，とうがたつ年だし，お互いにその気がないわけでもないのに，ただ，気持がまだ雲のように，ふんわりと浮わついていて，定まらないんじゃなあ。」）

　"两只鸳鸯"（一対の鴛鴦）は，恋人同士，仲の良い夫婦の象徴である。「蝴蝶」は，なぜ愛情の象徴になったのかというと，中国のある民話にその出典があるのである。梁山伯と祝英台という一組の恋人が悲恋の末に死んだが，ロミオとジュリエットのようではなく，死んでしまったあと二人は「蝴蝶」となって，自由に飛び回り愛をはぐくんだのである。

　中国では，愛情を比喩する言葉は，ほかにもある。"比翼鸟"（羽を並べていつも一緒に飛び廻る鳥），"比目鱼"（目と目を隣り合わせて泳ぐ魚，仲の睦まじいことの比喩），"连理枝"（互いに枝をさし交わし連ねる様，夫婦和合の比喩），また，"红豆"（相思相愛をあらわす）も中国人の愛情を意味する言葉である。

中国語の中の動物の世界　49

6. 蝙蝠と鹿

"蝙蝠"(蝙蝠,こうもり)は,本来ぶかっこうなもので,加えてイソップ物語の中で,鳥類と獣類の大戦争のとき,あるときは鳥類に参加し,あるときは獣類に参加した。だから西洋人はこの「蝙蝠」という動物をとても嫌っている。

しかし,中国では,「蝙蝠」は優遇されて,身分も高い。中国では民間の様々な装飾品の中に,必ずと言っていいほど,「蝙蝠」を捜し出すことができる。中国の民衆はおしなべて蝙蝠が好きであるが,これは中国語のおかげである。というのは,「蝙蝠」の「蝠」と,幸福の「福」が同音であるため,この上なく醜い「蝙蝠」が中国では幸福の神様となり,中国でもっとも好まれる"福禄寿三星"(福,禄,寿の三人の神様)の中の福の神様に成り変わったのである。

中国人は,年越しの時,"福"と大きな漢字を書き,それを逆さまにして家の中に貼るのを好む。主人は人々が「"福"倒了!」(福の字が逆さまになった)と言ってくれるのを期待するのである。"倒"と"到"は同音で,「"福"倒了!」は,つまり「福が到る!」であり,縁起を担いだ言葉であるからである。この「福」の字も,「蝙蝠」の姿が隠れひそんでおり,中国人には「蝙蝠」は「醜い」とか「気持悪い」という感覚がないのだ。

中国の"福禄寿三星"(成語に"三星高照"というのがあり,「まさにツキが来ている」の意)の中の一人に"禄星"という老人がいる。"禄"とは,役人の奉禄,給料である。この"禄星"は,人々の出世,昇給に関係のある神様で,当然歓迎される。"鹿"と"禄"が同音であり,"鹿"は,つまり"禄"であって,官位,権力の象徴となった。だから,

　　逐鹿(鹿を追う――帝位を争う)
　　逐鹿中原(中原に鹿を追う――天下争いをする)
　　鹿死谁手(天下は誰の手に帰するか)

という言葉が生まれた。この中の"鹿"は,実際は"禄"である。中国の多くの装飾品に,鹿の形のものがある。この鹿も"禄星"の変形とみなしてよい。

7. "喜鹊"（カササギ）と"乌鸦"（カラス）

"喜鹊"（カササギ），これも中国で縁起のよい鳥であり，人によい知らせを持ってくることが仕事である。この象徴はかなり早い時期に形成された。唐代の敦煌曲子詞の中に，「鵲踏枝」という詞がある。全文は以下。

　　　"叵耐灵鹊多瞒语，送喜何曾有凭据？几度飞来活捉取，锁上金笼休共语。"

　　　"比拟好心来送喜，谁知锁我在金笼里。愿他征夫早归来，腾身却放我向青云里。"

夫は戦場へ行ってしまった。妻は，夫が帰るのを待ちわびている。"喜鹊"（カササギ）は何度もよい知らせを伝えるが，夫は帰ってこない。妻は怒って，騙されたと言って，カササギを籠の中に入れてしまった。心優しいカササギは，なおも戦士が早く帰ることを願いつづけた。夫が帰ってくれば，妻は自分を籠の中から放し，青空を自由に飛ぶことができるからだ。

今日でも，中国人はやはり，よい知らせとカササギを一緒に結びつける。

カササギとイメージが反対の立場にあるのが"乌鸦"（カラス）で，縁起がよくないとされ，悪いことを象徴する符号である。カラスに出合ったら，あなたは不運。現代の多くの中国人は，まだそう信じている。だが，対処の方法もある。もし，あなたがカラスに向かってつばを吐きかけたならば，その不運は解消されると言われている。中国の小説や映画の中にカラスが出てきたら，そのあとの物語の展開はよくないことを暗示しているのである。

中国人はカラスを嫌い，"天下乌鸦一般黑"（世の中のカラスは皆黒い――つまり，天下の悪人はみな腹黒い。）と言う。世界には白いカラスもいるそうであるが，「世の中のカラスは皆黒い」に含んでいる社会的な意味を変えることはできない。

8. 馬と牛

「馬」と「牛」は，中国の社会の中でとても重要な地位にある。漢字の中には色々な「馬」や「牛」を表す字がある。また成語も多く，意味はすべて非常によい。"千里马"は傑出した人物をいう。"老黄牛"は黙々と人

民のために奉仕する人をいう。"识途老马"（道を知っている老馬）は，経験豊富なベテランを指す。しかし，牛は，時には頑固，傲慢を指すこともある。例えば，次の例がある。

　　牛气――ひどく傲慢である。

　　牛脾气――頑固な気性。

　　牛性子――頑固な性格。

　　他一当了官，就牛起来――官の職を得たとたんに，傲慢になった。

「馬」も時には，よくない意味もある。例えば，

　　声色犬马――支配者の淫行無恥な生活のたとえ。

　　心猿意马――心は猿のように騒ぎ，意は馬のように馳せる（煩悩のため心が乱れて落ち着かないこと）

　　盲人瞎马――盲人が盲馬に乗る（盲者へびにおじず）

　　东风吹马耳――馬耳東風，馬の耳に念仏

　　害群之马――社会に害を及ぼす人

「牛」も"老牛破车"（つまらないもの同士が寄りあっている）に至ってはやはりよくない。

「馬」と「牛」にも悪いイメージの言葉がある。

　　牛头马面――地獄の二人の番人。（反動的で，邪悪な人間にたとえる）

　　牛鬼蛇神――妖怪変化。（得体の知れない連中）

　　马牛襟裾――礼儀知らず，道義知らずな行い。

　　牛骥同皂――牛と駿馬とを同じかいばおけで飼う。（賢愚をいっしょにする）

　　牛骥同牢――上と同じ。玉石入り交じる。

"马牛襟裾"は"衣冠禽兽"（鳥や獣に衣装を着せたようなもの）の意味。"牛鬼蛇神"はすべての悪人，妖怪，鬼類の代名詞で，文革時代にこの言葉が大流行した。"牛骥共皂"と"牛骥同牢"は馬を高めて，牛をけなしている。

「馬」と「牛」が使われた言葉で，悪いことを指すのが，次の例。

　　拍马屁――へつらう。

　　溜须拍马――こびへつらう。

　　吹牛――ほらをふく。

吹牛皮 —— ほらをふく。

吹牛拍马 —— ほらをふいたり，おだてたりすること。

ただし，これらのことは，もとを正せば人間の欠点であり，「馬」と「牛」とはもともと関係がない。英語を話す人は，我々人間のこれらの欠点を牛や馬と関係づけたりしないようだ。英語の中では，

拍马屁：lick somebody's boots; flatter; soft-soap; fawn on.（ひとにへつらう。おせじをいう。おべっかをつかう。きげんをとる）

吹牛：boast; brag; talk big.（自慢する。ほらふき。誇張して言う）

吹牛拍马：boast and flatter.（自慢とお世辞）

異なる言語の中には異なる「動物の世界」がある。動物名を含む造語は同じではないし，社会現象，文化価値，感情の傾向もみな異なる。

9."老鼠"（ネズミ）と"狐狸"（キツネ）

欧米では，「ネズミ」と「キツネ」の身分はまあまあの地位である。母親は，自分のかわいい娘を「こネズミちゃん」と呼んだりする。男性も，自分がとても愛する女性のことを「こネズミちゃん」とたわむれて呼ぶ。中国では，想像のできないことだ。もし，ある男性が自分の彼女を，「子ネズミ」などと呼ぼうものなら，彼女はきっと彼とは「仲良しになってやらない」だろう。なぜなら，中国では，ネズミはとても悪い動物だからだ。そのため，"过街老鼠人人称打"（大通りを横切るネズミを人が口々に「打て」と叫ぶ。みんなに指弾排斥されることの喩え）ということわざがある。中国人は，「ネズミ」で「悪人悪事」を形容する。例えば，

老鼠眼（見識が浅いこと）

鼠目寸光（視野が狭い）

鼠肚鸡肠（度量が狭い）

抱头鼠窜（ほうほうのていで逃げる）

鼠窃狗盗（こそ泥，こそ泥を働く）

鼠腹蜗肠（小さな心）

鼠牙雀角（争い，訴訟）

一粒老鼠屎坏了一锅汤

（一匹のネズミの糞で一鍋のスープをだめにしてしまう。

一人が悪いため全体に影響する)

　中国の商人は特に「ネズミ」を忌み嫌う。なぜならば,「ネズミ」のことを"耗子"ともいい,"損耗(損失)"と同音で,これは商人たちがもっとも恐れることである。

　西洋では,「キツネ(fox)」は,時によってはきれいな女性の比喩として使われることがある。例えば,

　　A：your wife is a fox.

　　B：Thank you. She is very beautiful.

　このような会話は,中国人にはとっても考えられない。なぜなら,中国では「キツネ」の最も典型的な特徴は,狡猾なことだからだ。

　　狡猾的老狐狸（狡猾な狐）

　　抓住了狐狸尾巴（正体を見破った）

　　狐狸再狡猾也斗不过好猎手

　　　　（キツネがどんなに悪賢くても,腕のいい猟師にはかなわない,どんな手を使って人を騙しても,必ず見破られる）

　二つめの特徴は,「艶っぽい,浮気っぽい」という点である。民間の昔話や,蒲松齢の短編小説集『聊斎志異』の中で,「キツネ」がしばしば美しい少女に化けて青年を誘惑する。だから,中国では,"狐狸精"(キツネのお化け)は,ふまじめでふしだらな悪い女性をそしるもっとも典型的な罵語となった。中国の男性は,自分の妻が"狐狸精"と言われて喜ぶ人などだれ一人いない。中国の女性も,自分が"狐狸精"と言われるのをもっとも嫌う。特に若い女性は嫌う。しかし,実は若くてきれいな女性が一番"狐狸精"と悪口を言われる。特に性格が活発で,女性の本分をわきまえていない女の子の場合が一層そうである。

这就是汉语

"大"の字と"小"の字

1. 80年代の"大"字の流行

1988年6月5日の『中国文化報』という新聞紙上で,ある人が次のような意見を載せて,批判を展開した。

"大"の字は,もともとは普通の漢字であった。だが,近年,あちらこちらで「重用」され,とても目障りな使い方をされている。

最初は作家らによって使われ,あちらこちらで使われるうちに一連の表現となった。例えば,"唐山大地震","百万大裁军"(百万大軍縮)、"海南大气候","世界大串联"(世界大連合)、"阴阳大裂变"(陰陽大分裂)、"人工大流产"(人工大流産)などがある。

さらには,団体が行なった選考やコンクールにも用例が見られる。例えば,"十大国内新闻"(十大国内ニュース)、"十大国际新闻"(十大国際ニュース),"80年代北京十大建筑"(80年代北京十大建築)、"五洲杯青年歌手电视大奖赛"("五洲"杯青年歌手テレビ大コンクール)、"川丝杯全国教育好新闻大奖赛"("川糸"杯全国教育グッド・ニュース大コンクール)。他にもいくらでも用例をあげうる。

ペン先から"大"の波がわきおこり,コンクールは必ず"大"を付ける。人はこう聞きたくなるに違いない。「いよいよ作家たちもみな文才が尽きたのか,それとも,主催者が読者や観衆の気を惹きつけようとしたためか。特に,"流产"(計画が遂行しそこなった)や"好新闻"(めでたいニュース)のたぐいは,こぞって"大"をつけているが,一体どの程度まで"大"になるというのか?」と。

"大"字に対する「偏愛」(むしろ,乱用というべきであろう)は,これも「流行」なのか? 筆者にはよくわからないので,ここに羅列させてもらって,作家の先生方,主催者たちや読者諸君に教えを乞いたい。

もっともな意見である。80年代の中国人は確かに"大"の字をよく

使った。話し言葉の中でも書き言葉の中でも"大"の字は大活躍だった。しかし、この現象にとくに悪いことがあるわけではない。実は、これはたんなる中国社会の流行の反応に過ぎない。「三中全会」(1978年12月北京で開かれた共産党第十一回「三中全会」の略称)以来、中国人の思想は「大い」に解放され、視野は「大い」に広がり、未来に対して希望があふれ、地球全体に視線を送り、世界に顔が向き、世界に飛び出ていった。だから、あらゆるものに対して、"大"の字を求めるのだ。文化大革命の十年間によく使われた"忠"や"黒"、"紅"の字を用いたブームに比べると、"大"の隆盛は中国社会の大いなる進歩を表す象徴であり、よい現象であり、批判することもあるまい。

しかし、名実相伴わない"大"の使われ方になると、これはちょっと議論の余地がある。例えば、数種しか用意がないのに、「冬服大セール」というコピーを打ち出すのは、適切な表現とは言えないであろう。

2. "大"上海と"小"上海

中国人は"大上海"とか"小上海"とかいう言葉を用いたがる。しかし、この二つの言い方には、実は雲泥の差がある。全く事情が違うのだ。

  "大上海"＝上海。上海が大きいことを強調した語。上海よりも小さい中小都市と比較して言ったもの。

  "小上海"≠上海。多少上海風の個性や雰囲気はあるが、しかし上海とは比べ物にならない地域を指す。

80年代に流行した"唐山大地震"、"百万大裁军"(百万大軍縮)、"世界大串联"(世界大連合)、"阴阳大裂变"(陰陽大分裂)、"人工大流产"などはみな、"大上海"と同類の語である。

  大地震＝地震 大裁军＝裁軍
  大串联＝串联 大裂变＝裂変
  大流产＝流産

"小上海"に類する表現は、

  小香港 小巴黎(小パリ)

を挙げることができよう。

これは、現在の中国の多くの町で流行している表現である。繁華街や自

由市場では，あちらこちらでこの「雅号」が使われている。ちっぽけで，いかにも貧相な店でも，このような聞こえのいい名前を付けている。だから"清仓血本大拍卖"（在庫一掃出血大セール）の"大"も，必ずしも「大」である必要はなく，ただの誇張に過ぎない。"小香港"，"小巴黎"。これも誇張の一種である。

3. "大"農業と"大"食糧

80年代の中国語の中で，"大"は接頭語となり，三音節の新語をまたたく間に量産した。

大农业（農業）　大粮食（食糧）
大课堂（教室）　大语文（国語）
大文化　　　　大科技（科学技術）
大林业（林業）　大牧业（畜産業）

こういった"大农业"に類する"大"は，"大上海"の"大"とは異なる。"大农业"は農業を指すのであって，農業よりも大きいものを指すわけではない。かといって，「大農業」と「農業」の間に等号をつけることもできない。その理由は，この"大"の字が，他の産業と比較して農業の大きさを単純に強調したり，相対的に大きいことを示したりしているわけではないからである。"大"の字を付したこの種の新語は，すべて新しい概念を持っている。

「農業」は，伝統的には単に栽培を指していたが，現在の"大农业"はこの概念を打ち破り，栽培や植樹造林，草原の牧畜，家畜の飼育，漁業や淡水魚の養殖，さらには，養蜂，あるいは花の栽培などの家庭でできる副業までも含めるようになり，多様な経営がすべて大農業の主要な構成部分となった。

「食糧」は，本来は単に，でんぷん質を中心とする水稲，小麦，トウモロコシ，コウリャンなどのイネ科の作物を指す。しかし，現在の"大粮食"（大食糧）は，すでにこの概念を越え，食べられる全ての農業生産品を含んでいる。上記のイネ科の作物にとどまらず，ピーナッツ，豆，果物，野菜，油のとれる植物（油茶，栗，クルミ，ナツメ，柿の実など）や肉，卵，牛乳，魚，エビ，貝類などもその中に含まれる。

こういう"大"の字が付いた新語は，中国人の80年代の観念が新しくなったために生まれたもので，社会の進歩と科学技術の発展の指標である。

4. "小"字ブーム

80年代の中国語の中で，取りあげておくべき"小字热（熱）"（「小」という字のブーム）がある。しかも，その「温度」がまたかなり高いのである。例を挙げよう。

   小商品 小发明 小创造
   小制作 小论文 小言论
   小科技 小百货 小小说
   小青年 小报告 小金库
   小水电（水力発電） 小化肥（化学肥料）
   小包干（請負） 小氮肥（小窒素肥料）
   小水泥（セメント） 小煤窑（炭坑）
   小气候   小全张（全紙）

"小商品"も商品であり，"小小说"も小説である。"小包干"も"包干"（請負）である。ここでの"小"は単に規模や程度が小さいことを指すだけである。"小水泥"は，国家組織に入らず，"窑洞"（「セメントを作る窯」）を主とする地方セメント工場をいう。"小水电（小水電）"は，各省，市，自治区の県や郷鎮を流れる中小規模の川に作った小型発電所である。"小气候"は、地表2～3メートルの狭い範囲内での特殊な気候を指す。"小小说"は，字数が千字前後の掌篇小説を指す。またの名は，"一分钟小说"（一分間小説），"迷你小说"（ミニ小説），"拇指小说"（親指小説），"瞳仁小说"（ひとみ小説），"超短小说"（超短編小説）ともいう。"小商品"は，価格が比較的安く，品数も多く，生産が分散し，消費速度も速く，国家が計画を管理する三類工業品に入らないものを指す。例えば，日用品，小文化用品，小間物金物雑貨，家庭用交流発電機，日用雑貨，小農具，小食品である。他にも，民族用品の小商品や個人労働者生産品，家庭での内職産品，郷鎮企業の産品，町内企業の産品がある。こういう「小商品」の特色は，需要が大きく，利潤が小さく，多くの場面での人々の生活と密接に関わっ

ていて，人々が必ず用いどの家庭でも必要とするものである。

　"小"字ブームは，現代中国社会の豊富で多彩な生活の一面を反映している。人々の要求がきわめて重視され，経済生活が多様化し，生活も多彩なものとなった。"小"の字をつけた新語のうち，"小金库"は，各企業・機関・団体だけでなく，多くの男性たちも持っている。中国の家庭では，妻が「大蔵大臣」であり，財布のひもを握っており，夫は仕方なく，へそくりを作り，臨時収入のなかからこっそりと抜き取り，妻に内緒で遣い，酒やたばこなどもそこから支払われる。これも，中国の女性が家庭で実際にどのような地位にあるかを反映しており，"气管炎（気管支炎）"（"妻管严"とかけて「恐妻」を言う）の現象の産物であろう。

5. "大"青年と"小"青年

　かつて中国人はこう言った。「人生七十古来希なり」と。古代の中国人は，五十歳まで生きられれば，それで満足した。三国時代の蜀の皇帝劉備が死に際して息子の劉禅に言ったことばがある。

　　　人五十不称夭，年已六十有余，何所复恨，不复自伤，但以卿兄弟为念。（人，五十にして夭と称せず。年已に六十有余，何の復た恨む所ぞ。復た自ら傷まず。但だ，卿兄弟を以て念と為す。）

　意味は：人は五十まで生きれば夭逝とは言わない。私はもう六十を越えた。今は死のうとしているが，不満は何もない。遺恨もなければ，悲しむこともない。ただ，おまえ達兄弟が気懸かりだ，と。

　統計では，解放前の中国人の平均寿命は五十歳であった。だから，魯迅は四十数歳のときに，すでに"老头子"（じいさん）と呼ばれた。50年代でも，何人かの碩学は，まだ四十数歳にしかなっていなかったにもかかわらず，人から，敬意を込めて"○○老"と呼ばれていた。

　しかし今は違う。中国人の寿命は延びた。こういう言葉も交わすようになった。

　　　七十不稀奇、八十小弟弟（七十なんて，珍しくもない。八十なんてまだ小僧。）

　髭と眉が真っ白な八十歳の老人が言った。

　　　还小呢，才七十八！（まだ若い。やっと七十八だとよ。）

80年代の中国では，一方では児童の成熟が早く，少しでも早く「青年」の列に加わりたいと思っているようで，「少年」と呼ばれることに居心地が悪くなっている。従来，中国では，「少年」は「青年男子」をも指していた。五四運動以後の中国文学のなかに二十数歳で，「少年」と呼ばれた人があった。ドイツ人ウェルテルが自殺したとき，彼は二十四歳だった。しかし，郭沫若がゲーテの小説を翻訳したとき，書名を《少年維特之煩悩》（『若きウェルテルの悩み』）と名付けたのだった。しかし，今では，二十四歳の人を断じて「少年」と呼んではならない。十七、八歳の人でさえも「青年」として扱われ，もはや「少年」ではなくなったのだ。

　その一方で，「青年」の語が指す年齢の上限も段々広がっている。四十五歳の言語学者も「青年言語学者」となっている。「青年作家」が指す範囲に，五十歳の人も含まれよう。青春は美しく，青年には輝きがある。「少年」が「青年」のなかに入り込み，そして，「中高年」もまた「青年」の列に懸命に入り込もうとしている。そのため，「青年」は幅広い年齢を含むことになり，十七、八から四十七、八までみな「青年」なのである。

　かくして，「青年」は次のように「分化」されたのである。

小青年	大青年	老青年
男青年	女青年	
大齢青年	大齢女青年	大齢男青年
大齢未婚女青年	大齢未婚男青年	
大男	大女	

　二十歳以下を"小青年"とする。三、四十を"大青年"と呼ぼう。五十前後は"老青年"にする。二十七、八で未婚の男性は"大男"，女性は"大女"と呼ぶ。"大齢青年"の"大"は，結婚適齢期にありながら未婚であるという点に着目したものであり，また，結婚問題がさし迫った重要問題であることを強調して創作した語である。

　"青年"という語の意味の拡大と分化は，中国社会で青年が持つ地位が高まっていることを意味しよう。

　意味を分化させたのちの"大青年"，"小青年"，"老青年"の指す年代ははっきりとは区分しがたい。それは"青年"ということば自体があいまいであり，たえず変化しているからである。

6. 四"大"金剛

中国の廟堂に入ると，すぐに「四大金剛」,「十八罗汉」を見ることができる。仏教では，金剛が大で，羅漢が小なのであろうか？　いや，そうではあるまい。この"大"は"衬字"（添え字）であって，この場合は意味を持たない。音節を整えるためのものであり，言いやすく聞きやすく，耳に心地よく憶えやすいために付けた字である。"三千古佛"の"古"も同じ添え字である。音調を整える作用がある。ここに例を挙げて検討してみよう。

①十八罗汉　　　　四大金剛　　　　三千古佛
②十八大罗汉　　　四金剛　　　　　三千佛
③十八罗汉　　　　四金剛　　　　　三千古佛
④十罗汉　　　　　四大金剛　　　　三千佛
⑤十罗汉　　　　　四金剛　　　　　三千佛
⑥十八罗汉　　　　四大金剛　　　　三千佛

発音してみると，例①だけがすんなり耳に入る印象を受ける。だから，中国語の中で"大"と"小"も音節を整える働きがあるのであって，その目的は，発音しやすく，聞きやすくすることにある。

中国の地理を学ぶとき，「四"大"高原」,「四"大"盆地」,「三"大"平原」などの言葉に出会うであろう。実際には，中国にはそれと対立する「四"小"高原」,「四"小"盆地」,「三"小"平原」はない。こういう場合の"大"という字も，音節を整えるために用いられているに過ぎない。

また，中国近代史の常識を少し身につければ，すぐに"三大战役"（三大戦役）のような表現に出くわすであろう。この"大"も，単に戦いが大きいことを表わすだけでなく，音節を整える働きも持つのである。というのも，"三战役"という表現では，"四高原""四盆地""三平原"および"五高峰"という表現と同じく，口や耳になじまないのである。

7. "大"＝"大小"

"大"と"小"は，組み合わさって一語をなすこともできる。"大小"は，大きさの程度を意味する。例えば，

米兰的花很小，只有米粒那般大小。

（チャランの花は小さい。米粒くらいの大きさしかない。）
　　我的孩子都长大了，没有三五岁大小的孩子了。
　　（私の子供はみな大きくなった。もう四、五歳ぐらいの子はいなくなった。）
このような"大小"は，"大"一字で言い表すことも出来る。
　　米兰的花很小，只有米粒那般**大**。
　　我的孩子都长大了，没有三五岁**大**的孩子了。
こういった"大小"や"大"は，"小"の字で代用することができない。
　　＊米兰的花很小，只有米粒那般小。(×)
　　＊我的孩子都长大了，没有三五岁小的孩子了。(×)
ここで注意しなければならないのは，"大小"と"大"は全く一致するわけではない，ということである。例えば，次に挙げた例を見てみることにする。
　　这鞋子**大小**正适合，穿起来很舒服。
　　（この靴の大きさはピッタリだ。履いていて気持ちがいい）
この文を
　　＊这鞋子**大**正适合，穿起来很舒服。
ということはできない。

8. "大"と"小"は「対称的」でありまた「非対称」でもある

中国語の中の"大"と"小"は，しばしば対称的な働きを持つ。例えば，

　　大脑　　　小脑　　　大腿　　　小腿
　　大门——小门　　大麦——小麦
　　大米——小米　　大楷——小楷
　　大考——小考　　大国——小国
　　大学——小学　　大豆——小豆
　　大葱——小葱　　大便——小便

ここでもまた注意をしなければならないのは，ときどき，"大"と"小"が同類の事物の大小を指すことがある一方で，同じ範疇の異なる品種を指すこともある，という点である。つまり，前者の場合では，"大门"（大門）と"小门"（小門）はどちらも門であり，「大門」は必ず「小門」よりも大きい。だが，後者の場合では，例えば，"大麦"と"小麦"は二つの異なる品種

であるから，"大麦"は"小麦"よりも大きいと言うことはできない。"小麦"はどう成長しても"大麦"にはなれないのである。同じものに，以下のものがある。

    大熊猫（パンダ）── 小熊猫（レッサーパンダ）
    大黄鱼（オオガタキングチ）── 小黄鱼（キングチ）

"大"熊猫（パンダ）は一生"大"熊猫であり，"小"熊猫（レッサーパンダ）は一万年生きてもやはり"小"熊猫である。だから，次のような概念が生まれる。

   大＼
   小／大熊猫
   大＼
   小／小熊猫

"大"と"小"は必ずしも対称的な概念を持つとは限らない。
"大"があって"小"はないものがある。

    大方──小方（×） 大伯──小伯（×）
    大意──小意（×） 大约──小约（×）
    大纲──小纲（×） 大夫──小夫（×）
    大度──小度（×） 大凡──小凡（×）
    大副──小副（×） 大端──小端（×）

また，"小"はあっても，"大"のないものもある。

    小说──大说（×） 小费──大费（×）
    小结──大结（×） 小数点──大数点（×）
    小心──大心（×） 小意思──大意思（×）
    小生──大生（×） 小夜曲──大夜曲（×）
    小市民──大市民（×） 小两口──大两口（×）
    小儿科──大儿科（×） 小品──大品（×）

これが言語の不対称の一面である。

語彙は確かに複雑で開放的な系統であるが，また系統立てできないもう一つの特徴も持っているのである。

这就是汉语

目と眼，およびその働き

1. 成語の中の"目"

現代中国語の中で，目のつく成語はとりわけ多い。

  目无全牛（技術がすぐれ熟達している）
  目无全子（眼中に人なし）
  目不见睫（自分で自分のことは分からないものだ。灯台もと暗し）
  目不邪视（わきめもふらない）
  目不识丁（一字も知らない。無学である）
  目不转睛（じっと目を据えて見つめる）
  目不窥园（わきめもふらず勉学すること）
  目不暇接（多くて見切れない）
  目中无人（眼中に人なし。傲慢なさま）
  目击耳闻（自分の目で見，自分の耳で聞く）
  目光如豆（見識が狭い。目先が利かない）
  目光如炬（見識が高い。先見の明がある）
  目光炯炯（目に光があって気力に満ちたさま）
  目空一切（何物も眼中にない）
  目送手挥（人を見送ることや，文章を詳細に味読することなど）
  目迷五色（目移りがして迷う）
  目挑心招（異性に目配せで情を伝える）
  目指气使（目配せやせきばらいで人をこき使う）
  目食耳视（人が過度に贅沢になり，衣食本来の目的を失なう）
  目濡耳染（見たり聞いたりすることが多いため自然に感化を受ける
     こと）
  目瞪口呆（目を見開き口をぽかんとあける）
  一目十行（一目で十行読み取る。非常に読むのが速いこと）
  鼠目寸光（視野が狭い）

眉目如画（顔立ちが絵のようにうるわしい美人の形容）
　　　眉清目秀（男子の容貌がうるわしいこと。眉目秀麗）
　　　众目睽睽（多くの人が目を見張って見ている）
　これらの"目"は，英語でいう"eye"，つまり，現代中国語の"眼"，"眼睛"である。
　中国語の成語は多くの古代中国語の成分を保存している。この古代中国語の中の"目"はすでに"眼"，"眼睛"に取って替わられていて，今はただこれらの成語の中にだけ保存されている。

2. "目"のつく漢字

　"目"はまた漢字の部首にもなっている。漢字の中で，"目"部の漢字はとても多い。清代に編纂された『康熙字典』に収められた"目"のつく漢字はなんと650もある。 これらの"目"のつく漢字は，ほとんど目の器官およびその働きと関係がある。

　　　盯（dīng）見つめる
　　　盱（xū）　目を見開く
　　　眄（miǎn）流し目に見る
　　　眇（miǎo）目を細めてみる
　　　盻（xì）　怒って見る
　　　眊（mào）目に生彩がない
　　　盼（pàn）見る
　　　䁘（gǔn）目が大きい
　　　眨（zhǎ）瞬きする
　　　眂（shì）見る
　　　眴（tián）目玉を動かす
　　　眈（dān）鋭い目つきで見る
　　　昧（mèi）目がはっきり見えない
　　　瞬（shùn）目で合図をする
　　　眢（yuān）目がつぶれて落ち窪んでいる
　　　眩（xuàn）めまいがする
　　　眙（chì）じっと見つめる

目と眼，およびその働き　65

眲（nè）　軽視する。軽蔑する
眭（guì）　じっと見つめる
睚（jiá）　目を閉じる
眽（mò）　凝視する
睁（zhēng）目を開く
昫（xuàn）目玉を動かす
眺（tiào）　遠くを見る
眯（mī）　目を細める
睽（kuí）　目を凝らす
眊（mào）　めまいがする
瞋（chēn）　目を怒らす
瞠（tǎng）　目に生彩がない
瞎（xiā）　目が見えない
瞑（míng）　目を閉じる
瞟（piǎo）　流し目で見る
瞠（chēng）目を大きく開いて見つめる。目を見はる
瞥（piē）　ちらっと見る
瞚（shùn）　瞬きする
瞰（kàn）　見下ろす
瞭（liào）　遠くを眺める
瞬（shùn）　瞬きする
瞵（lín）　目を凝らして見つめる
睍（xiàn）　目が出ている
瞪（dèng）　目を見張ってにらむ
瞳（tóng）　ひとみ
瞩（zhǔ）　注視する
懵（mēng）暗い
睡（shuì）　眠る
睊（juàn）　横目でじろっと見る
眉（méi）　眉
眭（suī）　見る

66　这就是汉语

盲（máng）目が見えない

　"目"のつく漢字はこのように多い。これは古代中国人が目の働きを重視し，かつ，目に対する観察が非常に細かかったことを意味している。

　中国人は，人の美醜や善悪の批評を目から始める。儒家の聖人孟子はこのように考えた。目を観察すれば，その人が君子か小人か，心が純潔か邪悪かが判断できる。中国の一般庶民は，目がきれいな人は善人で，目が三角の人は悪人か土匪，スパイで，目の細い人は小人であると考えている。また，中国の小説戯曲の中の美人はほとんど大きな目をしているか，あるいは切れ長ですっきりした目をしている。中国の少女は目で気持ちを伝える。中国の画家は，目を描くことに力をそそぎ，最後にひとみを入れて仕上げとする。中国人は"目"を拡大し，その領域を広げた。例えば，囲碁の専門用語の"目"，小説の"目录"，演し物の"节目"（プログラム），文章や計画の"纲目"（概要，アウトライン）」がそれである。"面目"という一つの言葉から見ても，目が人のもっとも重要な特徴になっていることがわかるのである。

　象形文字を通して，我々も中国の古代人の物事に対する認識を具体的に体験できる。

　例えば，次のものがある。
　　"睡"——　目＋垂。目が垂れ下がってきて，上下のまぶたが合わさった。これが睡。
　　"盲"——　亡＋目。目がない，あるいは目があっても働きをなくしている。つまり，見えない。

3. 成語の中の"眼"

　"目"が現代中国語の中で"眼"に取り替えられたあと，また"眼"のつく新しい成語がたくさん生まれた。

　　　眼高手低——　望みは高いが実力が伴わない
　　　眼花缭乱——　様々な色彩を見て目がちらちらする
　　　眼疾手快——　動作が機敏である
　　　眼开眼闭——　見て見ぬ振りをする
　　　眼明手快——　目ざとく動作も素早い

別具只眼 —— 独特の見解を持っている
愁眉锁眼 —— 愁いに沈んだ顔つき。心痛の表情
打马虎眼 —— とぼけてごまかす
独具只眼 —— 独自の見識を持っている。一隻眼をそなえる
横眉竖眼 —— 眉を吊り上げ目を怒らす
挤眉弄眼 —— 目配せして催促する
喜眉笑眼 —— にこにこした顔をしている
冷眼旁观 —— 冷静な目で傍観する
鹰鼻鹞眼 —— 貪欲で憎らしい容貌
另眼相看 —— 特に尊敬の目を向ける。特に目をかけてやる
贼眉鼠眼 —— 人相の悪いぎょろぎょろした目付き
直眉瞪眼 —— 眉毛を吊り上げ，目を見張って怒るさま
望眼欲穿 —— 心から待ち望む
眉开眼笑 —— 満面に喜びがあふれる
手疾眼快 —— 動作がすばしこい。機転が利く
有眼无珠 —— 眼識がない。目が節穴同然である
心明眼亮 —— 心中はっきりしていて，見る目も確かなこと

また，俗語に当てて見ることもできる。例えば，

吹胡子瞪眼 —— 怒って目をむく
杀人不眨眼 —— 人を殺してもまばたき一つしない。非常に残忍なさま
横挑鼻子竖挑眼 —— 他人のあら捜しをする
眼观六路耳听八方 —— 目で六方を見，耳で八方を聞く
有鼻子有眼 —— 真に迫っている様子

もし，これらの成語の中の"目"を英語の"eye"に訳すと，例えば，"有鼻子有眼"（真に迫っている様）は—— to have nose and to have eyes ——となる。英語を話す人には，これではさっぱり意味が通じない。

だから，"眼高手低"を翻訳すると，次のようになろう。

to have grandiose ideas but puny abilities //great ambition but little talent//to aim high but fall low

英語を話す人は，目を重視することにおいては，中国語を話す人々にははるかに及ばないようである。

4. 眼のつく二音節語

　現代中国語の中で，"眼"のつく二音節語は，中型辞典に100語ほど収録されている。"眼"のつく言葉は非常に具体的で生き生きしたものである。

　　　眼波 ── きれいに澄んだ目
　　　眼帘 ── まぶた，視界
　　　眼馋 ── しきりに羨ましがる
　　　眼红 ── ねたましい，怒る
　　　红眼 ── 充血した目。目が血走る，ねたむ，怒る
　　　眼热 ── 嫉妬する，欲しがる
　　　眼生 ── 見慣れない，目新しい
　　　眼线 ── 手引きする人，密偵，スパイ
　　　白眼 ── 憎しみや侮りのまなざし
　　　青眼 ── 好意的なまなざし
　　　飞眼 ── 色目を使う
　　　巨眼 ── よくきく目
　　　顺眼 ── 見ためがよい，気に入る
　　　惹眼 ── 注目を引く，めだつ
　　　起眼 ── 目立つ，人目を引く
　　　显眼 ── 目につく，人目を引く
　　　触眼 ── 人の目を引く
　　　刺眼 ── まぶしい，目障りである
　　　眼尖 ── 目ざとい，目が鋭い
　　　挑眼 ── あら探しをする
　　　醉眼 ── 酔ってトロンとした目
　　　醒眼 ── もののあざやかなこと
　　　眼福 ── 目の保養
　　　急眼 ── 気がせく，怒る
　　　费眼 ── 目を使う，目が疲れる
　　　眼快 ── 目ざとい
　　　眼力 ── 視力，眼識

　これらの言葉の中の"眼"は，英語の"eye"に直訳することはできな

目と眼，およびその働き　69

い。英語では，必ずしも"eye"と関係がない。

  眼红 —— covet; be envious; be jealous
  眼热 —— covet; be envious
  眼生 —— look unfamiliar
  眼熟（見慣れる）—— look familiar

"眼帘"もまた，"eye-flag"あるいは，"eye-curtain"と訳すことはできない。単に，"eye"だけでいい。

5. "眼"のつく三文字熟語

中国語には，"眼"のつく三文字の熟語も多い。

  眼巴巴 —— 熱望するさま。物欲しげなさま
  眼睁睁 —— （目を見張るだけで）なすすべがない
  二五眼 —— でたらめ。中途半端。質が悪い
  翻白眼 —— 白い目をむく。仕方がないとあきらめる。後悔する。死ぬ
  干瞪眼 —— 目を見張るばかりでどうにもならない
  海底眼 —— 内幕，隠し事
  千里眼 —— 千里眼。見通しのよく利く
  势利眼 —— 相手次第でへいこらしたり威張りかえったりする人
  耍心眼 —— 何か根に持つようなふるまいをする
  小心眼 —— 気の小さいこと。心の狭いこと
  直心眼 —— 実直な気持ち。一本気
  青白眼 —— 青眼と白眼。青（黒の意）目は喜んだときの目付きで，白
      目は怒ったときの目

"青白眼"は，『晋書・(阮籍伝)』で用いられた。『晋書』にこう書かれている。

  (阮)籍又能为青白眼，见礼俗之士，以白眼对之。
  (阮籍母亲死后)嵇喜来吊，籍作白眼，喜不怿而退。喜弟康闻之，乃赍酒挟琴造焉，籍大悦，乃见青眼。

  (阮籍はさらに「青白目」ができた。儀礼や習俗にばかりこだわる連中を見ると，白目をむいて応対した。

  阮籍の母親が死ぬと，嵇喜が弔問にやってきた。阮籍は白目をむいた。嵇

喜は怒って帰ったところ，これを聞いた弟の聞は，なんと，酒と琴とを携えて弔問に行った。阮籍はとても喜び，黒目で迎えた。)

阮籍は，中国古代の魏の名士で，青年時代に青白眼をすることができた。中国語の"青"は三種類の色をいう。一つは黒で，"青衣"とは黒色の衣服を指し，"青布"は黒色の布のことである。二つ目は藍で，"青天"とは藍色の空を指す。三つ目は緑で，"青草"，"青枝緑叶"とは緑の草，緑の木の枝や木の葉をいう。この"青白眼"の中の"青眼"はすなわち黒目で，目の玉のことである。中国人の，いや漢民族の目の玉は黒い。この"白眼"とは，魯迅がいうには，

"白眼"というのは多分，全然ひとみがみえないことで，おそらく長い時間練習をしてやっとできるのであろう。"青眼"は私もできるが，"白眼"はうまくできない。(『魯迅全集』第3巻)

阮籍の母親が亡くなって，嵆喜が弔いの言葉を言ったとき，阮籍は「白目」をし，嵆喜は怒って去っていった。なぜなら，阮籍は礼法や道徳を盛んに主張する俗人を嫌い，「白目」をもって彼らに対応したのである。嵆喜の弟の嵆康も，魏時代の名士で，文人の一人であるが，彼も阮籍と同じで，礼法や道徳を説くことに反対であった。彼が酒を携え琴を持って阮籍を訪ねて来ると，阮籍は喜んで，「青目」で彼を迎えたのである。

このことから，『現代漢語詞典』には次のように書かれている。

  白眼 目を上または横に向けて，白目が出ていることで，人を嫌悪したり軽視したりすることの比喩。(青眼と区別せよ)："白眼看人"(白い目で見る)，"遭人白眼"(人からのけものにされる)。

  青眼 嬉しいときは，まっすぐに見て，黒いひとみは真ん中にある。つまり，その人が好き，あるいは重視することの比喩。(白眼と区別せよ)："青眼相対"(親しみをもって接する)。

6. 良い"眼"と悪い"眼"

中国では，悪い目とは次のような目をいう。

  三角眼 —— 三角まなこ
  賊眉鼠眼 —— 人相の悪い，盗人の様相。そわそわした落ち着きの

　　　　ないさま
　　鷹鼻鷂眼 ―― 貪欲で憎らしい容貌。凶悪狡猾な面相
　　狗眼（看人低）―― バカにした目で人を見る。人を軽蔑する
　　势利眼 ―― 相手次第でへいこらしたり，威張ったりする
良い目とは，以下のような目をいう。
　　丹凤眼 ―― 細長い目，目尻がややつり上がった目
　　水灵灵的眼 ―― 美しく，生き生きとした目
　　水汪汪的眼 ―― ぱっちりした目
　　会说话的眼 ―― 表情たっぷりな目
　　迷人的眼 ―― 魅惑的な目
清代末期の小説家劉鶚は，『老残遊記』の中でこのように書いている。
　　……王小玉方抬起头来，向台下一盼。那双眼睛，如秋水，如寒星，如宝珠，如白水银里头养着两丸黑水银，左右一顾一看，连那坐在远处墙角子里的人，都觉得王小玉看见我了；那坐得近的，更不必说。就这一眼，满园子里便鸦雀无声，比皇帝出来还要静得多呢，连一根针掉在地下都听得见响！
　　（王小玉は，やっと頭を上げて舞台の下に目をやった。その二つの目は，秋の水の如く，冬の星の如く，宝の珠の如く，白い水銀の中に混ざった二つの黒い水銀の如き目で，左右をちらりと流し目で見回した。遠くの壁の隅に座っている人さえ，みな，王小玉が自分の方を見たと思った。まして，近くに座っている人は言うまでもない。彼女のこの一瞥で，場内がひっそりと静まりかえって，皇帝がお出ましになった時よりもずっと静かになり，針が一本地面に落ちるのさえ聞き取れるほどであった。）
現代の小説家韓靄麗は『眸子』にこう書いている。
　　她何尝不知道自己的丹凤眼是美的。那双眼睛的确不大，细细的，长长的，眼微微的向鬓角挑去；眼珠虽不黑，但目光流盼时，深灰色的瞳仁里不时有一颗颗火星迸发，眼白却白得淡淡地泛出蓝色的闪光，单眼皮，睫毛并不长，但又密又黑，使眼睛着云雾一般，朦朦胧胧的，显得深不可测，神秘，诱人。但她的眼睛真正的美是美在笑，不论是浅笑，还是大笑，那双眼睛里就会有鲜花开放。那花儿鲜艳，娇媚，逗人喜爱，使她的脸面顿时甜蜜，俊俏、神采飞扬。即使她苦恼、冷笑，

那眼里依然隐约有花儿颤动。古老的民歌《诗经》中描写过的"巧笑倩兮，美目盼兮"，大概赞美的就是这种眼睛吧。如今这眼睛也有讲头，据说叫花花眼，我奶奶就说过，女人要有这样一双迷人的眼睛，就能叫再冰冷再强硬的男子汉低头。

（彼女は自分の丹鳳眼が美しいことを知らないわけはない。その二つの目は決して大きくなく，細く，きれ長で，その目は少し鬢に向かってつりあがっていた。ひとみは黒くないが，まなざしが動くとき，深い灰色のひとみの中でたびたび火花が散った。閃光が淡く青くきらめくように見えるほどに目は白かった。一重のまぶたで，まつげは長くはないが，黒々とよくつまっていて，目を雲か霧が掛かったように，靄の奥深くに輝かせ，その深さは計り知れなく，神秘的で，魅惑的である。しかし，彼女の目の本当の美しさは笑顔の中にあり，微笑むときも，大笑したときも，その目は花が咲いたように美しい。その花は，色鮮やかでなまめかしく，愛くるしく，彼女の顔は，たちまち恥じらいの中に愛嬌がにじみ出るような，見目麗しく，光り輝くような表情になる。たとえ，彼女が怒ったり，冷たく笑っても，その目の中には，やはり花の可憐な身震いを感じさせる。最も古い詩集『詩経』の中の民謡に「巧笑倩兮，美目盼兮（にこやかなる笑みの愛らしさよ，きれいな目よ）」と歌われている。賛美されているのは，多分このような目を言うのであろう。今では，このような目もちゃんと呼び名があり，"花花眼"と呼ばれているそうである。私のおばあさんは，「女がこのような人を引き付ける二つの目を持っていれば，どんなに冷たく，強い男でもひれ伏させることができる」と言ったことがある。）

中国文学の中には，このように女性の目に対して精彩を放つ描写が多い。

7. 目の働き――見る！

目の働きとは，いうまでもなく，見ることである！

現代中国語の中で，動詞の"看"（見る）と同義の字やフレーズは，200近くある。何と多彩なことか。書き手や話し手が，目的，対象，情景，文脈，主題，文体，風格などの要求に基づいて，自由に選択している。

では，どのように使われているだろうか？

(1）在这短暂的对话中，玉环并未转身面向玄宗。她虽然坐在御座的旁边，但御座高出一段，如果转过头去回话，便不能端坐，必须**仰视**才行。玉环本能地这样端然正坐，是为了避免玄宗**俯视**。从高处向低**俯视**，脸形看起来是偏的，那么额上的淡绿色小点就变得滑稽可笑，她的精心化妆也就全失败了。（《文摘报》1985年2月14日）

（この短い会話の間，玉環は玄宗の方を一度も振り向かなかった。彼女は御座の側に坐っているのであるが，御座は一段高く，もし振り返って返事をするならば，きちんと坐っていることができず，必ず**仰ぎ見**なければならない。玉環がこのようにきちんと正座をしているのは，本当は玄宗が**見下ろす**ことを避けたかったからである。高いほうから低いほうを**見下ろす**と，顔の形がひずんで見え，額に描いた薄緑の小さな点も変形して滑稽に見え，彼女の念入りな化粧も水の泡となってしまう。）

（2）在辽宁，杨振怀**察看**了重点灾区险情，乘直升机**鸟瞰**了辽宁受灾的概貌，最后又在盘锦扎下来，与辽宁省委领导一道仔仔细细地**巡视**了被滔滔洪水三面包抄着的盘锦市区的防洪堤坝，研讨了对策。

（《光明日报》1985年10月15日）

（遼寧省で，楊振懐は重点災害地区の危険状態を**調査**し，ヘリコプターに乗って，遼寧省の災害のおおよその状況を**高いところから見た**。最後に，また盤錦市に泊まり込んで，遼寧省の委員会の指導者と，あふれ出た洪水に三方囲まれた盤錦市区の防水堤防を詳しく**視察**し，対策を検討した。）

（3）走完第一厅回头**仰望**，只见一朵朵飘动着的彩云，那是洞顶的堆积物和水蒸气被灯光反射出现的景象。（《今晚报》1985年2月2日）

（第一ホールを歩き終わって**仰ぎ望む**と，辺りはただ，幾重も重なっている雲が浮遊しているのが見えただけだった。それは，鉱山の頂上の堆積物と水蒸気が電灯の光に反射されて現れた情景であった。）

（4）我们左顾右盼，心里纳闷，我脱口而出："这是养蛤场吗？"

（《海洋》1983年1期1页）

（我々は**辺りを見回し**，気になって思わず言った。「ここは貝の養殖場ですか」）

（5）登上柳树岛既可领略此岛的优美风光，又可**远眺**美丽的佳木斯市。

(《今晚报》1986年10月3日)

（柳樹島に登ると，この島の優美な風景を味わうだけでなく，美しいチャムス市をはるかに望むことができる。）

（6）临行时，他俩在维多利亚公园话别，在幽暗中两人默默地互相**凝视**着。(《文汇报》1986年12月13日)

（出発のとき，二人はビクトリア公園で別れを惜しんだ。ほの暗い中，黙ってじっと**見つめ**あった。）

（7）我把信顺手放在一旁，连看也不看；而且我说这话时，着重用眼睛**瞟**了一下范一琴医生。(徐慎《难判的离婚案》)

（私は手紙をそのまま片隅において，見もせず，かつその話をするときも，范一琴医師をじろりと**見た**。）

（8）车把式拢起鞭子，靠坐在负载的麻袋上，淡漠地**瞅**着急驶的列车。

(张洁《尾灯》)

（御者は鞭を引き寄せ，荷物の麻袋に寄りかかって，疾走する列車を**冷ややかに見ていた**。）

（9）路平紧紧地**盯**着侯兵（徐孝鱼《凡人》）

（路平は瞬きもせずに，じっと侯兵を**見つめていた**）

（10）我下意识地用眼角的余光**瞟视**韩改改的动静。(张玉良《道场》)

（私は無意識に**横目でちらっと**韓改改の動静を**見た**。）

（11）他举着香烟，**扫视**着狼藉满地的房间。(池莉《金手》)

（彼はたばこを持つ手を高くあげて，散らかっている部屋をぐるりと**見回した**。）

（12）李千君站着，手扶栏杆，向远边**眺望**。(周绍义《雪界》)

（李千君は立ったままで，手を欄干にかけ，**遠く**を**眺めていた**。）

（13）我木然地**凝视**竹篮。蓦然，小姑娘的**眼光**投向我身边。

(韩起《荷花》)

（私はぼんやりと竹ざるを見つめていた。不意に少女の**視線**が私に**投げかけられた**。）

（14）他惶恐地坐了下来，默默地**打量**着这间简朴的小屋。

(徐孝鱼《凡人》)

（彼はかしこまって坐り，黙ってこの質素な部屋を**見渡した**。）

（15）小姑娘的眼眶里登时闪动起阳光，**环顾**了一眼撒在地上的折扇。
（韩起《荷花》）
（彼女の目の中はたちどころに光りきらめいて，地面に散らばっている，折れた扇を**見まわした**。）

(16) 少柯低头**睨**着他，眼角又带有嘲弄意味地挑起来。
（母国政《家庭纪事》）
（少柯は首を傾けて彼を**横目でにらみ**ながら，目の隅に嘲笑のいろを浮かべた。）

（17）梅香玉默默地**注视**着路平。（徐孝鱼《凡人》）
（梅香玉は，黙って路平を**見つめた**。）

（18）吕伯荪话刚出口，后悔地**瞥**了一眼又昏睡过去的老伴儿。
（母国政《家庭纪事》）
（呂伯蓀は，しゃべり出したとたん，すぐに後悔して，また昏睡状態に落ちた女房を**一目ちらっと見た**。）

(19) 我的去拜谒桐君，**瞻仰**道观，就在那一天到桐庐的晚上，是淡云微月，正在作雨的时候。（郁达夫《钓台的春昼》）
（私が桐君を参拝し，道観に**お参りした**のは，桐廬に到着した晩である。淡い雲とおぼろ月が出ていて，ちょうど降り出そうとしていた時でした。）

（20）更**纵目**向江心望去，富春江两岸的船上和桐溪合流口停着的船尾船头，也看得出一点一点的火来。（郁达夫《钓台的春昼》）
（更に，遠く河の中ほどに**目を向ける**と，富春江両岸や，桐渓と富春江との合流点に泊まっていた船の船首や船尾に，きらめく篝火が見えた。）

（21）只见荷花还站在门口**凝望**着我。（李健君《姐妹花店》）
（荷花がまだ門の所に立って，私を**見つめて**いたのが見えた。）

（22）我转过身去，**眼光落在**桌上的宣纸上。（王安忆《运河上》）
（私は身を翻して，テーブルの上の画仙紙に**視線を落とした**。）

（23）许展生皱着眉头，**逼视**着儿子。（母国政《这生活像一朵鲜花》）
（許展生は，眉にしわを寄せて息子に**近寄って見つめた**。）

（24）她变得爱**观察**大街小巷过路的战士，有时忘情地跟在后面走，直

至那战士投来惊疑**的目光**, 她才恍然若失地离开。(王中才《三角梅》)
(彼女は町を行く兵士たちを**観察するようになった**。ときには, 夢中で後を追い, その兵士に驚きの**眼を投げかけられて**, 初めてはっと我にかえって, 離れ去っていった。)

(25) 他一会儿**看看**烟嘴, 一会儿**望望**站在一旁的蔡四爷, 一会儿**扫视**一下围观的人们, 一会儿又把**目光**在老会计的脸上**久久地流留**……
(吴若增《翡翠烟嘴》)
(彼はパイプをちょっと見たり, そばに立っている蔡四じいさんを**ながめたり**, 周りを取り囲んでいる人たちを**ぐるりと見まわしたり**, また, 目を老会計係の方に**じっととどめたり**……)

(26) 路平和梅香玉不禁**面面相觑**。(徐孝鱼《凡人》)
(路平と梅香玉は, おもわず**顔を見合わせた**。)

(27) 又随手翻了翻新到的报纸, 头版头条通栏特号大字标题, 映入他的**眼帘**。(《奔流》1979 年 1 期 4 页)
(また来たばかりの新聞をめくって, 第一面の特別大きい字のトップぬき大見出しが彼の**目に映った**。)

(28) 司徒瑞麟立刻**拿眼睛搜索**查理。(何卓琼《电流越过边境》)
(司徒端麟は, さっそくチャーリーを探して**見回した**。)

(29) 小朵知道一场老生常谈是不可避免的事, 便也一旁**视**两位长者。
(航鹰《东方女性》)
(小銀は, 月並みの議論を一くさりやるしかないことは分かっていたので, そばからその二人のお年寄りを**じっと見据えた**。)

(30) 许展生**怒目而视**, 不予回答。(母国政《这生活像一朵鲜花》)
(許展生は, **怒った目でにらみ**, 答えなかった。)

上に挙げた例から分かるように, 中国人は目と目の働きをきわめて重要視してきたため, 古今の中国語は目の働きを含んだ表現が多い。また, 動詞「見る」の同義語や意味が近い言葉, 同じ働きをする言葉も多く, 一つのグループを形成している。ただ中国語をマスターした人だけが, このように自由に選び使用することができる。

中国語で表現された目や目の働きから我々が理解できることは, 中国語の中の同義語や類義語がとても豊富であること, 中国語は非常に発達した

言語であるということである。無論,このように豊富で複雑な言語をマスターすることは容易なことではなく,努力が必要である。しかし,これらの語彙を覚えることは,なかなか楽しいことである。もしマスターできれば,その使い道はさまざまに存在する。数多くの「見る」の同義語や類義語を一つずつ識別すること自体も,とてもおもしろいことである。マスターした後には,中国語の美しさが理解でき,さらに縦横に中国語を運用するという目標に到達することができるのである。

这就是汉语
切り分けてはいけない梨の話

1."分梨"と分離

　黄金色に色づいた秋。北京頤和園。湖畔のベンチ。青年と若い女性。男性は大きな梨の皮を剥き，その女性に渡した。女性は梨をまた男性に返した。男性は先の細いナイフでその大きな梨を二つに切り分けようとした。「いっしょに食べよう！」
　娘は顔色を変えて叫んだ。「だめよ！　梨は切っちゃだめ。いつもママが言ってるわ。梨を食べる時，切り分けてはいけないって。"分梨"——分離！」
　男性は「じゃあ，二人で一口ずつ食べよう！」
　女性は，男性が持っていた梨を奪い取り，あらん限りの力で，湖の中に投げ捨てた。彼女は「私たち，永久に梨を切って食べない。私たちもう梨を食べない。」そう言いながら，男性のかばんから梨の入った袋を取り出し，一個ずつ，全部，緑色の湖に放り投げてしまった。
　彼と彼女は，金色の秋の太陽の光の中，にっこりと笑った。10年後，20年後，30年後，彼と彼女は，愛を誓い合ったあの時を，忘れないだろう。
　中国語を話さない人にとっては，これは理解しがたいことだろう。「梨」と「離」，「分梨」と「分離」，どんな関係があるのか。全く関係がない！試しに次の各国のことばを並べてみる。

中国語	英語	ロシア語
梨	pear	груша
离（離）	leave, part from	от，отойти

　問題は，中国語の中にある。果物の"梨"と動詞の"分離"の"离"は同音で，社会全体が共通の連想をする。"梨"——"离"——"分離"——"分手"（分かれる），"決裂"，"吹了"（だめになる。お流れになる），"黄了"

79

（計画がだめになる）

英語圏やロシア語圏の人は決してこのような連想はしない。英米人が，"pear"，"part a pear" から連想して，"She parted from him" と考えることは決してない。

2. "苹果"（りんご）——"平平安安！"

梨を湖水に放り投げた純情な少女は，真っ赤なりんごを一つ取り出して，心を込めて皮を剥き，そのあと二人で楽しく，私が一口，次はあなたが一口，と食べながら，二人の幸福を願った。なぜなら，中国人の考えでは，

  苹果 —— 平平安安（"苹"と"平"は同音）！

となるからである。

英語では，"apple"と"safe and sound"，"well"とは何の関係もないが，中国人は同音であるために連想してしまう。

だから中国では，贈り物を選ぶ場合，言葉の面からもよく考えなくてはならない。

もし，中国人の友だちが結婚し，あなたが雨傘を送ったら，この傘がどんなによくてもあなたは恨まれるだけでしょう。なぜなら，"伞"（傘）——"散"，"妻离子散"（一家が離散する）！　あなたが相手を呪っている，祝福をしないのだと思われるからである。

もし，ある文学愛好家のカップルが結婚するとき，気を利かして，《茅盾全集》とか，《冰心文集》を送ってもならない。また，新婚の友だちに対して，"醋"（酢）を送ることもいけないし，"气锅"（気鍋，雲南料理に使う磁器製の鍋）を送ってもいけない。というのも，

  醋(酢) —— 吃醋（焼き餅を焼く）

  气 —— 生气（腹を立てる）

  茅盾 —— 闹矛盾（意見などの衝突が起きる。仲たがいする）

  冰心 —— 吵嘴打架（冷えた心，仲が悪い，けんかをする）

などのように連想するからである。

3. 食品の語言文化価値体系

中国では，食品自身に一種の「価値体系」が存在する。同時に，中国語の影響で，「言語文化価値体系」を形成している。これは，ほとんど「同音連想」によって構成されたものである。

まず，多くの食品は，中国人によって，濃厚な吉祥慶事の文化的色彩にいろどられている。

  鱼——富裕（「魚」と「裕」は同音）
  糕（糕）——高升（昇進する）（「糕」と「高」は同音），歩歩高升（段々出世する），一天比一天好（日々よくなる）
  苹果——平安，平平安安（平穏無事）
  发(發)菜——发财（「発財」，金持ちになる）（「発」は「髪」と同音。もとは「髪菜」と言う。）
  酒——长久（とこしえである，「酒」と「久」は同音）
  团子——团圆（一家団らんする，いっしょになる）
  枣(棗)——早生贵子（早くりっぱな赤ん坊を産む，「棗」と「早」は同音）

"发菜"（オゴノリ），これには大した栄養価値はないし，味がいいというわけでもないし，あまり食べ易いものとも言えない。ただ，"発財"と同音であるために，付加価値を与えられているのである。人々は，"get rich"，"make a fortune"（金持ちになる）ためならば，価格の高いものを買うことも惜しまない。特に，台湾や東南アジア，欧米の華僑に多い。

これと同時に，私たちはある食品の価値を，同音連想によって下げてしまうこともある。少なくとも，慶事によく見られる。

  梨——分离、离别、离婚
  醋（酢）——吃醋（嫉妬する）
  茶馓（chá sǎn）——分散，妻离子散（別れ別れになること，一家離散）
      （「茶馓」はこねて発酵させた小麦粉をぐるぐる巻にして油で揚げた食べ物）

当然，もし慶事に際し，これらの食品がなくてはならない場合，きこえのいい言葉に換えればよい。例えば，"吃醋"と言わないで，"吃忌讳"（「忌讳（忌諱）」は醋の別称，忌み避ける）というのである。

4. 摊黄菜（薄焼き卵），桂花肉丝（卵と肉の細切），木樨汤（卵スープ）

　皆さんは，中国料理の"摊黄菜"，"桂花肉丝"，"木樨汤"を食べたことがありますか。

　中国の清代後期，《胡涂世界》（『糊塗の世界』）という小説が書かれた。その中に，伍琼芳と言う名前の男性の主人公がいる。ある日，彼はある食堂に入って，肉，魚，豆腐，韭菜（ニラ）の四種類の料理を頼んだ。だが，どれも彼の口に合わなかった。そこで，ほかに何があるかと聞くと，店のボーイは「ほかには"摊黄菜"があります」と答えた。伍先生は南の人だが，ここは北方の食堂。彼は"摊黄菜"を食べたことがなかった。だが，聞くのも恥ずかしく，それを注文した。なんと，それは卵焼きであった。伍先生は卵が嫌いだった。「ほかにどんな料理があるか」と聞いた。ボーイは「"桂花肉丝"もあります」と答えた。彼はまたそれを注文した。なんとそれは，卵と肉の細切炒めで，これも彼が嫌いな卵料理であった。そこで「スープはなにがあるか」と聞いた。ボーイは「"木樨汤"があります」と答え，伍先生は"木樨汤"を一杯注文した。ああ神様，まさか今日は，あの縁起の悪いという金曜日であったか？　出てきたのは，卵スープである。それも彼が見るのも嫌な鶏の卵であった！

　なぜこうなったかと言うと，"鸡蛋"（たまご）の"蛋"と，人をののしる言葉"蛋"は同じ字で，北方ではこの言葉を嫌い，一般には"鸡子"という。北方の人は，"蛋"という字が「言語文化価値体系」上，低い地位しか持たないからといって，この栄養豊富な食品をすてることはできず，そこで，北方人は頭を働かせて，たくさんの美しい名前をつくりだしたというわけである。

5. 新婚のベッドの上の食品

　前にお話したあの男性と女性は結婚した。その夜，その新婚部屋に入り，ベッドに上がると，男性は驚いてぽかんとしてしまった。ベッドの上には，"苹果"（りんご），"枣"（なつめ），"栗子"（栗），"柿子"（柿），"桔子"（みかん），"百果"（銀杏）など，いろいろな果物と"云片糕"（米の粉にミルクと砂糖を加えて作った長方形の薄い菓子）があった。彼は，あの清

潔好きの新婦がどうしてこのようないたずらを許すのか不思議だった。彼らは，女方の家で式を挙げたのだ。新郎さまのおどろきに対して，我らが花嫁さんは笑みをうかべているだけだった。それもいわくありげで満足した笑みを。というのは，

　　苹果——平平安安（平安無事）

　　云片糕——歩歩高升（一歩一歩と出世していく）

　　枣、栗子——早立子（早く，白く丸々とした赤ちゃんがうまれるように）

　　柿子、桔子——事之大吉 万事大吉（全てが大吉となるように）

　　百果——多子多福（子供が多ければ福も多い）。

だからである。

6. 食品言語文化に学問は多し

　食品の言語文化価値の中には，人間の心理連想を基礎とし，巧妙に二つの事物の類似点を利用し，少しずつ形成されたのがある。例えば，"石榴"（ざくろ）の実は数え切れないほど多く，これは中国人の，子沢山は幸せという考えと一致し，自分の子孫も「ざくろ」のように数え切れないほど多くなってほしいと考えられた。これは一種の比喩としてみていいだろう。

　また，文化習慣の産物や神話伝説，民間故事から生まれたものもある。例えば，中国の古代神話や民間伝説の中で，西王母は"三千年一開花，三千年一結果"（三千年に一回花が咲き，三千年に一回実を結ぶ）といわれる「仙桃」を持っており，人が食べれば長寿不老となる。よって，中国では，"桃"は長寿の象徴であり，祝いの儀式には欠かせない食物となり，かつ，"寿桃"という美しい名でよばれている。

　もちろん，多くのものは，言語を基礎として形成されている。これらのほとんどは「同音連想」によるものである。例えば，「魚」は縁起がよいとされる。理由は，"魚"と"富裕，有余"と同音だからである。ただし，"鲫鱼"（フナ）は味がよく，淡水魚の絶品であるが，南方では特に客人に提供したり贈り物には絶対用いてはならない。なぜなら，"鲫"の方言と，"节（節)，结、急、疾、劫"などの縁起の悪い文字と同音または近音だからである。その代わり，"连子鱼"（鯛，キダイ—子供を連れてくるの意）や"白条鱼"（ハヤ，"白条"は「銀ののべ棒」の意味を持つ）は，縁起がよ

いと考えられているのである。

　中国の農村では，元旦には，"淘米"（お米をとぐ）ことをしない。必ず，前日にといでおく。なぜなら，"淘"と"逃"が同音で，正月早々にお米を研ぐと米が逃げてしまう。つまり，破産してしまうことになるからだ。

　中国では，単に食品自身にこだわるだけでなく，その食品の食べ方にまでこだわる。例えば，祭日とか結婚の披露宴では，魚はただ見るだけで，食べてはいけない。「魚」の字自身には「余る」と同音であり，食べないで残してしまえば"余る"となり，これは，二重の「富裕，余裕」で，大吉，利益，大金持ち，ということになる。また，"鸡"（鶏）は，ほとんど丸のままテーブルに出す。老いためんどりには，その上8個の卵を添える。8という数字，地方によっては，"发（発財）"と同音だからである。時には，鶏の尾の上に二本の羽を残して置くこともある。"全"，"完整"（首尾よく，欠けるところがない，円満であること）を強調し，際立せたいからだ。

　ある農村地方では，正月に，わざと食べ物の中に"头发"（頭髪）を入れる。目的は，子供に発見させ，"有头发！"（「頭髪」が入っている！）と言わせる。無意識に"发（髪）"というこの"大吉大利"を表す言葉を言わせて，財や富をもたらすように縁起を担ぐのである。ある方言で"头发（頭髪）"と"头户（頭戸）"——一番裕福な家——が同音で，子供の無邪気な言葉を通して，この地方一番の金持ちになることを願うわけである。

　中国の北の地方では，結婚の儀式のときは，必ず花嫁に生の餃子を食べさせ，そのうえ"生不生？"（「生ですか」の意。この場合，「なま」と「うむ」両方に掛ける）と聞き，花嫁に「生です」と答えさせる。英語では，「生，なま」は"unripe, green"であり，一方，"生孩子"（子供を産む）の"生"は動詞の"give birth to, bear"で，両者は関係がない。しかし，中国語では，この二つの意味が一つの字で表されるので，そこで人々は，概念をすりかえて，生煮えの「生」と女性が子供を産むの「生」をわざとかけるのだ。

　中国の食品のこの種の言語文化価値体系は，食品の名称にも現れている。婚礼用の食品は全て"喜"の字がついている。"喜糖"（飴）"喜酒"（酒）"喜烟"（タバコ），また，長寿の祝いの食品には"寿"の字がつけられる。"寿面"（誕生祝いに食べる麵類），"寿桃"（誕生祝いに用いるモモ，小麦粉で

作るものもあれば，生の桃の場合もある）など。

　中国の食べ物はほんとに縁起のよい名前ばかり。もっとも典型的なものは，"全家福"（料理の一種で，肉団子，"鸡蛋饺"——たまご焼きで餃子のように作ったもの，鶏肉，春雨，白菜などを入れたよせなべ——家全体の安全幸福の意）である。これは，伝統的な中国人の人生における最高の理想でもある。

这就是汉语
具体的かつ奇妙な量詞

1. 奇妙な量詞

中国のある現代小説家が，このように書いている。

　　　　他放任而行。他遇到各种各样的事物。亿万条、块、个、片、丝、根，不同几何形状的固体扑面而来，指向他，撞向他，在他周围堆积起来，堵塞着整个空间。（柯云路《梦非梦》《小说月报》1991年2期）
（彼は成り行きに任せて行動している。彼はさまざまな事物に出会った。億万条，塊，個，片，絲，根のそれぞれ形が異なるいくつもの物体が，真っ正面からやってきて，彼を指さし，彼にぶつかり，彼の回りに積み上げられて，すべての空間を埋めつくしてしまった。）

この中の，"条，塊，個，片，根"は，すべて量詞で，「物体（固体）」を修飾するものである。

　　億万条固体（億万"条"の固体）
　　億万塊固体（億万"塊"の固体）
　　億万個固体（億万"個"の固体）
　　億万片固体（億万"片"の固体）
　　億万絲固体（億万"糸"の固体）
　　億万根固体（億万"根"の固体）

このように六つの量詞を並列し連用することは，中国語の一般的な用法ではない。これは，小説家が故意に採用した，いわゆる芸術化の手法であり，彼は一種の特異な新鮮感を追求したのである。一般の用法は，

　　数詞＋量詞＋名詞
　　三　　根　　头发（三本の髪の毛）

これは名詞に対して用いられる量詞である。動詞に対する量詞はどうか。

　　動詞＋数詞＋量詞
　　玩了　三　　次（三度あそんだ）

中国語の量詞は豊富かつ複雑で，異なる名詞および動詞には必ず異なる量詞を組合わせる。

2. 量詞の形象性

量詞は名詞の計量単位である。同じ名詞に異なる量詞を組み合わせることによって，量の区別を明らかにすることができる。例えば：

　　　一个人　一伙人（一群の人々）　一群人

　　　一碗水　一桶水　一缸水（一かめの水）

　　　一块煤（一塊の石炭）一堆煤（一山の石炭）一车煤（車一杯の石炭）

　　　一颗珍珠（一粒の真珠）　一串珍珠（一連の真珠）　一箱珍珠（大箱一杯の真珠）

中国語の量詞はまたその名詞が表示する事物の形体特徴を明らかにすることもできる。

　　　条 ── 細長い固体を表す（多くは彎曲する性質を持つ）
　　　颗 ── 円形の固体を表す
　　　根 ── 細長い固体を表す
　　　丝 ── 非常に細長い固体を表す
　　　粒 ── 小さく丸い珠形，あるいは小さなかけらの固体を表す
　　　片 ── 薄くて平たい形をした固体を表す
　　　把 ── 取っ手のある固体。手でつまむことができ，また手で計れる固体を表す

中国人が量詞を使うことは，文法上「名詞は必ず量詞と合わせる」という要求を満足させるだけでなく，量詞によって，その名詞がより具体化されるようにさまざまな工夫を施すのである。例えば，

　　　对着那淡淡的**初月一眉**，
　　　尝一尝新菱是什么滋味。(严阵《采菱歌》)
　　　（あのほんのりと光っている三日月を仰ぎながら，
　　　　出始めた菱の実をしみじみと味わう）
　　　夜晚，**一钩昏黄的弯月**，从运河上升起。(刘绍棠《故园》)
　　　（夜半，うす暗い三日月が，運河の水面から昇り始めた。）
　　　上弦月刚刚出山，晶莹的**一弯**……(何士光《种包谷的老人》)

具体的かつ奇妙な量詞　87

（上弦の月が山のてっぺんから顔を出したばかりで，光り輝いている輪のよう）

"初月一眉"，"一眉初月"の中には，暗に一つの比喩が含まれている。それは，新月の形は人の眉に似ている，ということでなく，美しい少女の眉を暗に指している。また"一钩弯月"，"弯月一钩"，これは，「まるで金のカギのような月」といっている。"一弯上弦月"は，細く曲がった美しい上弦の月をいう。まるで中国の民歌の中で歌われる"月儿弯弯照九州"（細い月が中国全土を照らしていることよ）のような月である。

3. 量詞の感情色彩

中国語には，人を表す名詞と組み合わす量詞はたくさんある。例えば；

个（個）　　位　　　　名　　　　口（人）
条　　　　　员　　　　撮（ひとつまみの）
伙（群）　　群　　　　拨（組）

しかし，受ける感じはそれぞれ全く異なる。

"个（個），群"は，中性。"一个人，一群人"には称賛もなく，軽蔑の感情もない。単純に数えたに過ぎない。

"位"は，対象の身分が高いだけでなく，対象を尊敬もしている。通常，学者，教授，専門家，詩人，作家，芸術家，総理，主席（委員制行政機関の委員長。党の主席，国家主席など），書記（中国共産党などの各組織における最高責任者），工場長，有名人，客，老人等に用いられる。比べてみよう。

　　　您这位小姐尊姓芳名……（こちらのお嬢さまのご芳名は？）
　　　你这个姑娘姓什么叫什么名字呀？（娘さん，名前はなんですか？）

"位"は，"个（個）"より丁寧で，礼儀正しい言い方であり，次のようには決して言わない。

　　　一位小偷（こそ泥）　　一位土匪　　一位杀人犯

"撮"は，貶義を含み軽蔑の気持ちが強く，ただ悪人に対してのみ用いる。

　　　一小撮坏蛋（ひとつまみの悪者たち）
　　　一小撮居心不良分子（了見の汚らしい連中）
　　　一撮暴徒（一グループの暴徒）
　　　一撮行凶抢劫犯（殺人強盗犯）

"伙"も軽蔑の気持ちを含むが,"撮"よりはずっと軽い。

  一伙流氓阿飞（一群の不良青年達）

  一伙讨饭花子（乞食, ものもらい）

  你们一伙人在干什么？（君たちは何してんだ？）

  那一伙人没安好心, 专门算计人。

 （あの連中は油断できない, もっぱら人を陥れようと企んでいる）

"条"は,"一条好汉（強い男）"や"一条懒汉（怠け者）"のような言い方に限って用いる。これは,中国近世語の用法で,今も,西南官話（四川・雲南・貴州・チベットなどの上流社会で話されることば）のなかで使われている。例えば,以下のように。

  往身后寻去, 只见来路的峡口有一匹马负**一条汉子**, 直腿走来。

                 （阿城《遍地风流》）

（後ろのほうに目を遣ると, 来た道にある渓谷の入口を, 一匹の馬が**一人の男**を乗せて, とことこ, こちらに向かっている。）

また,現在の中国語の中では,"条"を使うときは軽蔑の気持ちがとても強い。例えば：

  去年的有一天, 一位名人约我谈话了, 到得那里, 却见驶来一辆汽车, 从中跳出**四条汉子**：田汉、周起应, 还有另两个, 一律洋服, 态度轩昂。

 （鲁迅《答徐懋庸并关于抗日统一战线问题》,《鲁迅全集》第6卷534页）

（去年のある日, ある有名な方が私と対談することになった。私がそこに着いたとたんに, 向こうから車一台走ってきた。中から**男四人**が飛び降りた。田漢, 周起応（本名周揚）, ほか二人。皆背広を着ていて, 意気軒昂であった。）

"四条汉子"というのは, 非常に軽蔑した言い方である。"一位名人"と, **尊敬の量詞を使っているが, これは反語の手法で, この量詞を使うことによって, 魯迅は怒りと叱責の気持ちを表現しているのである。**

4. 動詞からできた量詞

中国語を話す人は, 時に, 動詞, 名詞, 形容詞を借りて量詞にすることを好む。動詞を借りて名量詞として用い, 名詞をひそかに動作行為と関連

具体的かつ奇妙な量詞   89

付け，その名詞の動く状態の美しさを表現する。例えば：

① 黒色孵着**一流徐缓的小溪**，和水里影映着惨淡的晚云，与两三微弱的灯光。(焦菊隐《夜哭》)

(暗闇の中に，**緩やかな小川**がはぐくまれている。小川に映されている暗澹とした夜の雲やまばらな弱い灯の光とともに。)

② "输你**一挑柴**！"(野荞《杀天》)

(「負けたら，**一担ぎの柴**をやる！」)

③ 他的嘴唇上留了**一转淡青的须毛毛**，看起来好细致，好柔软。

(白先勇《玉卿嫂》)

(彼の口もとにうっすらと，上唇に沿って**生えそろったばかりの髭**がきめ細かく，柔らかそうに伸びている。)

④ 深潭里捧起**一捧碧水**，便是**一片清澈的诗情**。(刘不朽《香溪小曲》)

(静寂な池から，澄み切った水を**一掬い掌に汲む**と，これだけで**清澄な詩情**が一杯に広がる。)

⑤ 小城的南面，**一串珍珠般的灯火**，宛如一挂水晶项链，闪烁在韩江白皙的脖项上。(曾铸《小城多重奏》)

(町の南に，真珠の**連なり**のような灯火が，あたかも**一本のクリスタル・ネックレス**のように，韩江の白い首に輝いて見える。)

⑥ 沙发几上供着**一插康乃馨**。(谷应《困惑》)

(ソファーのそばの机の上に，**一束のカーネーション**が花瓶に挿してある。)

⑦ 枯树上挂满了豆荚，豆荚上还带着两朵豆花和**一垂两垂豆荚**。

(沈尹默《秋》)

(枯れた木にインゲン豆の莢がいっぱい架かっている。莢にはまだ二つ花が残っていて，豆も二，三**房ぶら下がっている**。)

動詞の"流"を小川の量詞にし，小川の流れをはっきりと示す。動詞の"挑"を柴の量詞にしたのは，柴を運ぶには人の肩で担ぐという動作があるからである。動詞の"转"を用いて，ひげの"须毛毛"の量詞としたのは，ひげは動くからである。動詞"捧"を用いて水の量詞としたのは，詩人が手で水をすくったからであり，動詞の"挂"がネックレスの量詞とされたのは，ネックレスは首に掛けるものであるから。また，動詞の"插"がカーネーションの量詞になったのは，カーネーションは花瓶に挿すもの

であるから。

5. 名詞からできた量詞

名詞からできた量詞は、この量詞と組み合わされた名詞が持つ典型的な特徴を顕示することができる。例えば，

①图布欣跨着**一峰**骆驼，挥动哨棍。(冯植苓《阿力玛斯之歌》)

(図布欣は**一匹**の駱駝に跨って，棍棒を振りまわした。)

ここでは，駱駝の量詞が"峰"となっている。なぜなら，駱駝はすべて"驼峰"（駱駝のこぶ）をもっているので，"峰"を用いて量詞とした。

量詞となった名詞と，修飾される名詞の間には，ある種の相関関係，あるいは類似関係がある。例えば：

②嫂嫂嘴巴一撅，威严地一挥手，接着就把**一篱衣**收进自己的房子里了。(韩少功《风吹唢呐声》)

(兄嫁は，唇をやや上向きにギュッと結び，威勢よく手を振ってから，**垣根いっぱいに干している洗濯物**を家に取り込んだ。)

③"你说，根哥，这**一沟楠竹**，运到县城能值多少钱？"

(王月圣《长筏》)

(「ね，根兄ちゃん，この**川溝のモウソウ竹**を町に運んでいったら，いくらで売れると思う？」)

④**一河**晓霞**一河**花

一河色彩**一河**画 (张宝申《彩色的小河》)

(**河一面**の朝焼けは，**河いっぱいに**花を咲かせ

河一面の彩りの色は，**河いっぱいに**画を描かせる)

⑤无家可归的夜晚

所有的渴望

涉不过**一溪**浅浅的月色 (赵岚《望月草》)

(宿のない夜は，

胸いっぱいの渴望をかき集めても，

川に淡い光を放つ月光を渡れない。)

"一篱衣"，"篱（籬）"（籬笆）は，服を干す場所。モウソウ竹（楠竹）が川の溝（河溝湾）に生えているから"一沟（溝）楠竹"という。夕焼けが

小川に映り，水の色が夕焼けに染まっている。小川は，夕焼けとその色彩のある所である。月の色は，小川の流れに映し出された色である。まさにこのような相関関係によって，名詞の"篱"(籬),"沟"(溝),"河","溪"が臨時に借用され量詞として，"衣、楠竹、晚霞、花、色彩、画、月"などを修飾しているのである。

⑥从树林的枝垭间看见，**一镜圆月**正是在山顶的碧空。

(周同宾《天籁》)

(木々の間から見ると，**一輪の丸い月**がちょうど山頂の青い空に掛かっている。)

⑦苗苗儿盘腿坐在蒲草编的稿荐上，仰望着满天繁星，**一梳半月**。

(周同宾《天籁》)

(苗苗児は蒲の葉で編んだむしろにあぐらをかいて座り，満天の星と**半輪の月**を仰ぎ見ていた。)

ここに鏡や"梳"(櫛)を月の量詞にしたのは，鏡と月，櫛と月はある種の相似関係にあるから，作者は臨時に量詞として使用したのである。

6. 量詞の芸術美

中国語の量詞は中国語の芸術美の重要な手段であり，適切な量詞を選ぶことによって，人々に豊富で美しい詩情や絵心を与えることもある。例えば，次のものがある。

①直到窗外**晨曦一滴一滴**地漏进来，慢慢地把整个儿教室灌满。

(何立彬《月向西沉》)

(窓の外から**朝日が"一滴"**ずつこぼれてきて，次第に教室は光の洪水でいっぱいになっていくまで。)

②爱的天使

　驾一湖的碰碰船

　漾粼粼的笑波

　溢一湖的纯真(潘万提《坦城的裸露》)

　(愛の天使は，

　　湖いっぱいに，ぶっつけ合いながらボートを漕がせる，

　　きらきらと微笑みのさざ波が

湖いっぱいに　純真を満たし）
③我们各自缄默
　　风与风拉开的距离
　　堆积着**一大群**枯黄的日子（嵇亦工《中午》）
　（俺たちは，互いに沈黙を続ける。
　　　風と風が引き裂いてできた距離に，
　　枯れた日々をうず高く積み上げている）
④汽车远去了
　　丢给我**一包**邮件
　　看文书飞呀跑呀，
　　背回来**一袋子**欢喜。（李瑛《汽车远去》）
　（郵便車は去っていった。
　　　私に**小包**を一つ投げつけてくれて，
　　　文で埋め尽くされた便箋や書類が飛び交う，
　　　ほら，**一袋**の喜びを背負って戻って来た。）
⑤可是妈妈去了，药还剩下一箩。
　　可是还剩下**一箩**人间的痴情。（傅天琳《半枝莲》）
　（しかし母さんは逝ってしまった。薬を一籠も残して，
　　　そして，この世への**恋情**をも一籠残していた。）
⑥象女娲的五色石，象夸父的手杖，象精卫的嘴喙，把**一瓣瓣**温馨的爱镶嵌在山山水水，打扮这片陌生的存在。
　　　　　　　　　　　　　　　　（曾新《盐井，祖辈的传说》）
　（女媧の五色の石のように，夸父の杖のように，精衛のくちばしのように，**一つ一つの**暖かい愛を，山に，湖に埋め込んで，この見
　　　知らぬ存在に化粧する。）
⑦五月，在空间飘着
　　五月，在田里流着
　　雨丝里，水灵灵的槐花
　　一串串清静，**一瓣瓣**欢乐（邢长顺《五月情歌》）
　（五月は，空に漂っている。
　　　五月は，畑に流れている。

煙るような小雨の中に，濡れしたたる槐の花が

連なる房々の花の静けさ，ひとひらひとひらの花びらのよろこび
……)

⑧ **峰岩上，一挂飞泉**，下面，滴成一个不大的潭，潭边，流出一股水，扯成一条小溪。（周同宾《天籁》）

（険しくそそり立つ岩から，**一筋の滝**が水しぶきをたてながら流れ落ち，下には，滝によって掘られてできた小さな池がある。池から，水が一部溢れ出て，一本の小川を形作っていく。）

"一滴一滴的晨曦"（一滴また一滴の朝日の光），"一湖的纯真"（湖いっぱいの純真），"一大群的日子"（沢山の日々），"一袋子欢喜"（一袋の喜び），"一笼的痴情"（一笼（ざる）の痴情），"一瓣瓣的爱"（ひとひらまたひとひらの愛），"一串串的清静"（一つなぎの清静），"一瓣瓣的欢乐"（ひとひらまたひとひらの歓楽），"一挂飞泉"（一筋の滝），これらの表現は，生き生きとした動き，美，詩情，絵心をつくりあげている。これが即ち中国語量詞の芸術美である。また，例えば，

⑨你系着红领巾，

嘴角噙着**一束稚气的笑**，

啊，这是送给妈妈的

一个甜甜的吻？（傅天琳《晨》）

（あなたは，赤いスカーフを首に巻き，

口もとには**"一束"の無邪気な笑い**を浮かべ

おお，これが母さんにくれる，甘い甘いキスだろうか）

動詞の"束"を用いて，"笑"の量詞として臨時に使う点は独創的であり，絶妙な語感を醸し出している。実は，この中にはひそかに一つの比喩を含ませている。かわいい子供の美しい笑み，これは新鮮な花に似ている。だから，"一束笑"の深層には「一束の花のような心の和む笑み」が含まれているのである。

7. 発展中の複合量詞

現代中国語の一つの傾向は，量詞が複合化の方向に発展していることである。つまり，二つ以上の量詞を一つに組合わせ，一つの量詞とする。例

えば，
　　① 我が工場は，スーツを年産60万着（60万件套）
　　　　　　　　　　　　　　　　　　　（《光明日報》1988年7月20日）
　　② 1970年から1985年までに，各種の優勝旗，賞状計150枚（150面个）を獲得　　　　　　　（《解放軍報》1990年5月13日）
　　③ 8万平方メートルの建物の中に，動力と工芸設備が約7万台，セット，件（7万台、套、件）　　（《文汇报》1990年7月12日）
　　④ 国際市場の鋼鉄相場で計算すれば，北京の首都鉄鋼工場の生産高は，一人年間1.83万ドル（1.83万美元／人年），この数字は，イギリス鉄鋼ユニオンの一人年間1.48万ドル（1.48万美元／人年），西ドイツ・クロクナの一人年間1.7万ドル（1.7万美元／人年），フランスのユシェーノの一人年間0.86万ドル（0.86万美元／人年）より，それぞれ80％——113％高くなっている。（《北京日報》1989年12月18日）
　この中の"件套"，"面个"，"人次"，"台、套、件"，"美元／人年"などすべて複合量詞である。いま複合量詞の数は増えつつあり，その複雑さの程度も増加する一方である。

8. 複雑な量詞

《水兵破迷信》という漫才がある。その中の二句。
　　　　甲　　你读过多少本书呀？（あなたは本を何冊読んだ？）
　　　　乙　　前前后后，我念了有……三吨半吧。（あわせて，3トン半）
　"书"（本）の通常的な量詞は，"本、册、套"などで，"吨"を使うことはない。ここではジョークとして使っている。
　中国語のたくさんの名詞と量詞の間には，既に決まった習慣が形成されていて，一般には，任意に変更することはできない。例えば，
　　　　　一匹马（一匹の馬）　　一头牛（一頭の牛）　　一条驴（一匹の驢）
　　　　　一只鸡（一羽の鶏）　　一尾鱼（一本の魚）　　一口猪（一匹の豚）
　上の量詞を"一条马、一匹牛、一口驴、一条猪"のようには言えない。ただし，各地方の方言と標準語の量詞の違いはとても大きい。現代の詩人や小説家は好んで方言の量詞を使っている。例えば，
　　①只看见一件蓝褂子在眼前晃悠，地上**一把踢翻**的**板凳**。

具体的かつ奇妙な量詞　　95

（王安忆《小鲍庄》）

（見ると，目の前に青い上着がゆらゆらと動いて，地面に腰掛けがひっくりかえっている。）

②很惊异很新鲜地看到**一根**紫红色头巾轻飘飘地落到黄麻杆上。

（莫言《透明的红萝卜》）

（赤紫色のスカーフがひらりと黄麻の茎の上に止まったのを見て，びっくりした。そして，新鮮にも見えた。）

③他们向主人献了一份厚礼：五个猪腰、两匹马、**一架地**。

（《西南军事文学增刊》98页）

（彼らは，主人側に立派なお礼の品を差し上げた：豚の腎臓を5つ，馬2匹，土地一枚。）

④"爹、咱又能拉**一只队伍**啦！"父亲说。（莫言《红高粱家族》）

（「おやじ，おれたちがまた一部隊を任せられるようになったね。」と父親が[じいさんに]言った。）

⑤草莓有一棵菩提树

　菩提树有一段被汽车扔下的路

　路边有一个小酒店

　小酒店有一张蓝餐巾

　蓝餐巾写着很多草莓

　我和你同采一颗草莓　（傅天琳 《红草莓》）

（野いちご畑には，一本の菩提樹がある。

　菩提樹には，車に捨てられた道が一本ある。

　道端には，小さな飲み屋が一軒ある。

　飲み屋には，青いナプキンが一枚ある。

　青いナプキンに野いちごが沢山描かれている。

　私とあなたは，一緒に野いちごを一つ摘んだ。）

この中の，"一把板凳"（ベンチ一つ），"一根头巾"（ネッカチーフ一枚），"一架地"（土地一枚），"一只队伍"（一部隊），"一张餐巾"（ナプキン一枚）はすべて標準語の量詞の用法ではなく，多分これは方言での量詞である。詩人や小説家が，方言の中の量詞を本の中の言葉に引き入れ，既に複雑極まる現代中国語の量詞をさらに複雑にしてしまった。

这就是汉语

十年来の新造語ラッシュ衝撃

1.「新潮流交響詩」を読んで

1988年6月15日の『風刺とユーモア』誌に,「新潮流交響曲」という風刺の詩が載っていた。

  大趋势中永恒的载体发出超前的冲击波,
  第九十九次浪潮呼唤全方位的大胆探索。
  历史积淀孕育深层次的横向的断裂,
  时代精神诱发立体化的客观的开拓。
  多侧面的思考导致强化的反差和执著的转轨,
  被扭曲的意识期待纯真的净化与彻底的解脱。
  "启示录"凝聚了大量未来宇宙的信息,
  "咏叹调"蕴藏着无穷内心世界的困惑。
  感情效应体现变异的心态和意境,
  形象思惟追求自我的超越与突破。
  这是系列曝光后外在意念的流向的回归,
  这是同步升华前生活节奏的倾斜的反拨。
  你听见主旋律传出的心灵碰撞么?
  你看到大循环折射的思想内涵么?
  让他们去反思系统工程展示的规律吧,
  我们都来抚摸二十一世纪颤动的脉搏!

(大趨勢の中に 永恒なる担体は前衛的な衝撃波を出し
九十九回目の波浪は全方位的で大胆な模索を呼びかけていた。
歴史的な蓄積は深層的の水平断裂を孕み,
時代的精神は立体化された客観的開拓を誘発した。
多方面の思考は強化のコントラストと執着の転換を導き,
曲解された意識は純真なる浄化と徹底的な解脱を期待する。
啓示録は大量なる未来宇宙の情報を凝縮内包し,

詠嘆調は無限なる内面世界の困惑を秘めている。
感情は異変した心態と意境を反映し具現し,
形象と思惟は自我の超越と突破を追求する。
これは一連の露光の後におこる外面想念の流れの回帰であり,
これは同期して昇華する前の生活リズムの傾斜的反発である。
基調旋律が奏でる心の責めあいが聞こえただろうか？
大循環が照らし出す思想の中身が見えただろうか？
かれらにシステム工程の示す規律を反省検討させよう,
われわれは皆二十一世紀の震える脈拍に触れよう！）

この詩の特徴は，詩の中に80年代に生まれた新しい言葉を大量に使っていることにある。例えば,

大趋势	冲击波	全方位	立体化	多侧面
启示录	主旋律	大循环	咏叹调	载体
超前	积淀	强化	反差	转轨
系列	曝光	流向	回归	同步
倾斜	反拨	反思	系统工程	

(本篇に引用された新造語はすべてp. 112にまとめて訳注を施してあります。)
この詩人は，流行を追い，新造語を乱用する80年代の人々を皮肉っているのである。

80年代の中後期，中国の新聞や雑誌に，新しい言葉の乱造，乱用を非難する文章が多く出回るようになった。それは，80年代の改革開放の大潮流の衝撃波に由来する新造語が引きおこした一種の社会的フィードバックである。そう，80年代の中国語の語彙の変化は空前絶後なものであり，驚異的なものであった。

2. 一つの時代に別れを告げる

言語は社会の鏡である。社会はまず語彙に表れている。「四人組」の崩壊後，中国の社会は経済建設の方に軌道修正された。そのため，「文革」中に流行した大量の言葉は消えてしまった。例えば,

| 黑帮 | 黑线 | 黑会 | 黑手 | 黑材料 |

黒老保	黒样板	黒串连	黒五类	黒七类
红心	红卫兵	红小兵	红宝书	红海洋
红色恐怖	红色专攻			
早请示	晚汇报	献忠心	三忠于	
四无限	斗批改	封资修	大批判	恶攻
牛棚	火烧	油炸	炮轰	深挖
忠字舞	铁杆老保	造反兵团	打击一小撮	

打翻在地,再踏上一只脚,叫他永世不得翻身(ぶん殴って転ばした上に,もう一蹴りして,永遠に日の目を見ることができないようにしてやる。)

扫进历史的垃圾箱(歴史のごみ箱に掃き入れてやる)

不齿(歯)于人类的狗屎堆(誰にも相手にされない屑ども)

「文革」の10年間は,これらの言葉は誰もが毎日のように言い,8億の人々がいつも使っていたのであった。これらの言葉の消失は,中国が理性を失って狂った時代の永遠なる終結を告げているのである。

3. あふれる新しい造語

中国が改革開放を推進した80年代に,人の目を引く大事件といえば,それは,国中にあふれ返る新しい言葉の氾濫である。

人々の話の中に,新聞や雑誌の中に,次の言葉が随所に見えるのである。

彩电	彩照	彩扩	代沟	待业
反思	封顶	离休	推出	创收
创汇	新星	新秀	脱贫	扶贫
网点	音带	音像	影视	纵向
横向	断档	盲流	的士	巴士
立交桥	第三者	方便面	红眼病	迪斯科
地滚球	炒鱿鱼	短平快	冒尖户	钉子户
蝙蝠衫	博士后	胡子工程	皮包公司	人材銀行
高分低能	文山会海	南水北调		

これらの言葉の数量の多さ,発展の速さ,使用頻率の高さは,どれも中

国歴史上はじめてのことである。ほとんど毎日のように大量の新しい言葉が現れ、そして瞬く間に流行っていくのである。もしある中国人が三ヶ月間社会から離れて、そのあとでテレビを見、ラジオのドラマを聞き、新聞を読んだら、きっとこの大量の新しい言葉の前に、茫然自失することであろう。

これは、中国の社会が大きく前進していることの現れに外なるまい。これらの新造語は、新しい政治、経済、科学技術や文化生活によって生まれたのである。また、新しい思考様式や新しい価値観念、新しい生活様式の発生によって出現したのである。

4. 大活躍の接尾辞

古代の中国語は、接尾辞は多くないし、派生語も多くなかった。だが、現代中国語では、接尾辞は多くなり、派生語も増えてきた。特に、80年代の中国語は、接尾辞が大活躍し、接尾辞で構成した派生語は、現代中国語の語彙のなかの大きく力強い新鋭となったのである。

現代中国語のなかによく見かける接尾辞は、たとえば次のようなものがある。

坛	盲	风	热	性	化	热	式	型
感	难	群	圈	迷	霸	者	家	员
手		主义						

これらの接尾辞は、現代中国の「計画出産」(「一人子政策」のためのバース・コントロール)とは対称的に、はなはだ多産である。たとえば、

科坛	影坛	足坛	舞坛	音坛
科盲	技盲	数盲	法盲	舞盲
房霸	水霸	电霸	路霸	菜霸
高价风	条子风	倒卖风	出国风	
文凭热	出国热	托福热	"三毛"热	
歌迷	舞迷	球迷	信息迷	科技迷
园林化	城市化	再野化		

現代中国語は、ある特異な現象があって、接尾辞が語句や文と結合して長い結合体となることができるのである。たとえば、

1 "好医生、好妻子、好母亲"型(「よい医者，よい妻，よい母」型)
　　2 "把《水浒传》读成《木浒传》、把李逵说成是季达、把大斧说成是大爹"式(「『水滸伝』を『木滸伝』と読み,「李逵」を「季達」と読み,「大斧」を「大爹」と読む」式)
　　3 "张大千和刘海粟"式(「張大千と劉海粟」方式)(張大千・劉海粟とも近現代中国の大画家—訳注)
　　4 "失重、失衡、失落"感(「重心を失い，平衡を失い，何かを失った」感覚)

　上の4の"感"は接尾辞であり，他の語と組み合わされて用いられるものであるから，単独使用は不可能で，すべての組み合わせは一つの語にしかならない。しかし，上のように一語が長い表現になると，中国語としては大変受け入れにくいものである。中国語の一番よい形は二つの音節からなるものであると思われているからである。上の例を語と語句の間の一つの過渡的な存在としてみてよかろう。仮に"超词词"と呼ぼう。このような"超词词"の存在こそ，中国語の旺盛な造語現象の特色を表したものである。

5. 接尾辞の"性"と接頭辞の"性"

　接尾辞としての"性"は，普通は名詞，動詞，形容詞の後ろについて，ものの性質，性能，範囲あるいは方式を表すものである。これまでは，この"性"はほとんど単音節と組み合わせ，二音節語を構成しているのであった。

本性	词性	人性	党性	恶性	共性
个性	火性	急性	理性	记性	烈性
灵性	慢性	兽性	母性	男性	水性
女性	牛性	耐性	天性	弹性	忘性
血性	心性	阳性	阴性	延性	药性
野性	硬性	异性	油性	展性	中性
体性	特性	悟性	品性		

　80年代になってから，"性"はさらに二音節語と組み合わさり，三音節語を作り出した。たとえば，以下の通り。

思辨性	开放性	结构性	实用性	装饰性
指令性	服务性	时效性	非线性	消遣性
歧异性	哲理性	依附性	公司性	营利性
应急性	开发性	智力性	独家性	趣味性
可读性	可行性	过敏性	脂类性	神经性
寻常性	密封性	超时性	拓荒性	挑战性
开拓性	突破性	浮动性	相干性	专家性
曲线性	强制性	全美性	全身性	区域性
征询性	自娱性	纪实性	发散性	戏剧性
内视性	一次性	商业性	可比性	普适性
证据性	暧昧性	动态性	敏悟性	技术性
观赏性	季节性	科学性	导向性	多彩性
探索性	网络性	文学性	扩散性	分享性
功能性	否定性	博奕性	荒诞性	进行性
分裂性	心因性	铁磁性	浅薄性	有序性
无序性	混沌性	确定性	随机性	相异性

"性"は三つ以上の音節と組み合わすこともできる。たとえば，

　　不可能性　　不安全性　　多功能性　　主観随意性

　　不可超越性

80年代の接尾辞"性"のような派生詞は量が多く，使用頻度も高いため，時として聴衆や読者に受け入れがたいものがあった。一つの文や話のうちに，いくつかの"～性"がよくでてくることもありうる。たとえば，以下の通り。

　　書く前や書いている時には，情報は拡充性や圧縮性を持つ。作品を公刊したあとでは，情報は伝達性や拡散性を持つ。鑑賞したり評論したりする時には，共有性を持つ。(『語文導報』1987年，5期，52頁)

　　情報の六大特徴

　(一) 拡充可能性("可扩充性")。時間の変化とともに，ほとんどの情報も絶えず拡充しているものである。(二) 圧縮可能性("可压缩性")。情報を加工，整理，概括，帰納すれば，それを精錬し，圧縮することができるのである。(三) 代替可能性("可代替性")。情報を利用するこ

とで，資本，労力や物質材料を使わなくてもよくなるし，またそれらの消耗を減らすこともできるのである。(四)伝送可能性（"可传达性"）。これは情報の本質的な特徴である。新しい技術革命は，書類や書籍で情報の伝播をする際の制約を打ち破り，光の速度を用いて，様々な電信手段で効率的に情報を伝送しているのである。(五)拡散可能性（"可扩散性"）。伝送のルートが多様化してきているので，情報は迅速に伝播し，秘密の保持がむずかしくなったのである。(六)共同利用可能性（"可分享性"）。情報は実物とは違うのである。情報は交易ができない。例えば，品物を売れば，売った人はその品物を失うことになり，買った人はその品物をもらうことになるわけである。しかし，ある秘けつを売れば，買った人はその秘けつをもらうのであるが，売った人もべつにその秘けつを失うわけではない。

接尾辞の"性"という字が元々あったものなら，接頭辞の"性"の方は80年代に新しく生まれ，その後で発展したものと考えることができる。たとえば，次の通り。

   性开放 性自由 性变态 性冷淡 性犯罪
   性尝试 性教育 性意识 性冲动 性解放
   性虐待 性错乱

これらの表現は，中国人の「"性"をタブー視する時代」と別れ，新しい性の観念や性の意識を徐々に作り上げる行為を模索する過程に生まれた産物である。これらの"性"は接頭辞であるとは認めない人がいる。しかし，少なくとも，接頭辞に推移中であると考えていいと思う。この"性"という字とよく似た接頭辞は，ほかにも"电"や"核"があり，これは，「擬似接頭辞」かあるいは「準接頭辞」と呼んでもいいのではないかと思うのである。

6. "风"と"热"

80年代の中国語の接尾辞の"风"と"热"も一世を風靡した字である。これらの字はそれぞれ膨大な語族を形成している。

接尾辞の"风"は，もとは単音節語と組合されて，二音節語を構成した。たとえば，以下のようなものがある。

党风　　文风　　校风　　厂风　　学风　　世风
手风　　口风　　眼风　　英风　　牌风　　威风

80年代は主に二音節語と組み合わせて，三音節語の単語を形成していた。たとえば，以下の通り。

涨价风　　抢购风　　出国风　　赌博风　　进口风
养兔风　　摇奖风　　吃喝风　　建房风　　修坟风
引进风　　送礼风

また，三音節以上の語と組み合わせることもできる。

桌球赌博风　　吃青蛙风

接尾辞と結合した語は本来は中性的なものであり，良い意味と悪い意味の両方の意味を含んでいたのである。80年代に，"风"で構成された三音節や四音節以上の語は，みな，悪い意味に傾いていた。表すものはみな人々に歓迎してもらえない現象であり，批判される対象である。

接尾辞の"热"の意味は，接尾辞の"风"の意味とよく似ている。違うのは，"风"で構成された語の表す事物は，おおむねよくないものが多く，非難される対象であるという点である。しかし，"热"という接尾辞の場合はそのような色づけはなく，その構成された言葉の表す事物や現象は中立的なものである。80年代の"热"で構成された言葉の量は，驚くほど多い。たとえば，

外语热　　　文凭热　　　出国热　　　求知热　　　留学热
彩照热　　　冰箱热　　　家电热　　　文化热　　　反思热
农机热　　　汽车热　　　健身热　　　减肥热　　　收藏热
城雕热　　　剧场热　　　送礼热　　　芝麻热　　　跳舞热
旅游热　　　野炊热　　　溜冰热　　　偶像热　　　丛书热
骑自行车热　托福热　　　"增值销售网"热　　　萨特热
尼采热　　　佛洛伊德热　海明威热　　马拉多纳热

"吃喝风、赌博风"（飲み食い流行，賭け事流行）のような言葉から我々が目にするのが社会生活の中の悪い一面であるなら，"求知热 彩照热"（知識熱，カラー写真熱）からは，80年代の中国人の生活水準が向上し，生活内容が多様化し，人々の個性が伸長され，個々の人々の趣味が社会的に容認し尊重されたことを伺い知ることができるであろう。これらの"风"（流

行）や"热"（ブーム）の派生詞から，いろいろな中国人が80年代に探索し追求していたものを観察することができるのである。たとえば，1988年3月1日の《現代人報》に次のことが書かれていた。

> この頃の中高生の趣味は次々と新しくなっていく。"跳舞热"（ダンス熱），"旅游热"（旅行熱），"野炊热"（キャンプ熱），"溜冰热"（スケート熱）などはみな鳴りを潜めている。いまは新たに"偶像热"（アイドル熱）に走り出している——費翔の写真，譚詠麟のバッジ，高倉健の映画広告などは，瞬く間に若者の机のガラス板の下や，上着の胸元，ベッドの壁の飾りとなっているのである。

上のような短い文の中に，5つもの"热"が現れている。この「5熱」を追い求めている中高生の生活は，彼らの親が中高生であった頃よりももちろん遥かに裕福なはずである。

7. 大人気の新造語

80年代の新造語ラッシュのときは，多くの新造語がちらと姿を見せたかと思えば，瞬く間に消えてしまう波のように，現れるのも速いが，消えるのも速く，すぐにあとかたもなくなり，二度と再び人々の記憶の中に出てこなくなったのであった。このような造語は，「偶発詞」或いは「一次性造語」と呼んでもいいのではないかと思う。しかし新しく生まれた語の中には，現れたら，すぐ大流行になり，多くの人の口の端にのぼるものもある。新聞や雑誌，テレビ，映画から街角の隅々まで，至る所に"出没"している。こうなると一部の人々の反感を買うことになる。《人民日報》社出版の『諷刺とユーモア』という書物に，「系列交響曲」という一篇の諷刺随筆が載っている。全文は以下の通りである。

> 私は結婚するのだ。系列的に考慮した末に，系列的に決定し，かつ次のような系列的な行動を取ったのだ。私は系列的な言い訳を見つけて，親友たちに訴えて，系列的な借金をすることができた。系列的な広告の通りに，私は大金をはたいて「華姿系列」のシャンプー，「奥琪系列」の皺とり美白クリーム，「斯麗康系列」の紳士用美顔クリーム，「三洋系列」の電気ひげ剃り，「大華系列」の男性と女性用シャツ，「金利来系列」のネクタイ，「リンゴ印系列」のデニムの服，「ゴルフ系列」の新型背広，「象印

系列」のトレンディシューズ,「燕舞印系列」のステレオ,「牡丹系列」のカラーテレビ,「華生印系列」の組立式家具,「五羊印系列」のベッド用品,「如意印系列」の絨毯,「沈陽印系列」のシステムキッチン, 食器等。最後には,客のために,「白兎印系列」のバター飴,「蕪湖印系列」の南方風味のすいかの種と「長楽印系列」の安全で低タールのタバコを買いました。婚礼は列席した親戚や友人の羨望と溜息の中に催し,新郎と新婦は「系列的」な来賓たちに数回お辞儀をし, また,「双環印系列」のゴブレットのグラスで,「天池印系列」の通化葡萄酒を心ゆくまで飲み干してから,「系列的」に述べられた祝いと賛嘆のことばを抱いて, ハネムーンに出かけたのだ。

　結婚休暇が終わり, 新婚部屋の中の「系列的」な品物に「系列的」な使い道の威力を発揮してもらおうとしたときに, 妻の接待した一番最初の客は, なんと「系列的」に訪れてきた借金取立て人であったのだ。つづいて私の「系列的」なポケットの中から, 私が奥深く押し込んだ借金の書き付けを見つけられてしまったのだった。ここにいたって,私の「系列的」な嘘が「系列的」な事実によって明るみになり, 妻の微笑みはにわかに怒りとなって, 私は系列的な冷たいビンタを食わされたのだった。顔中に塗り込んだ「系列的」な男性美顔クリームでさえ, 系列的に流れる泉の水のような私の涙をせき止めることができなくて, 国際的に認められているウール・マークの私の「系列的」なセーターの上に落ちていくのだった。

　この文章は大流行の"系列"(系列的) という言葉があちこちで乱用されていることを諷刺しているのである。しかしこのように大々的に流行っている言葉は, 一、二篇くらいの諌めるつもりのエッセーだけでは, すぐに消し去るわけにはいかないようだ。

8. 新しい言葉の生命力は強い

　小説家の李国文は彼の中編小説『月蝕』の中で,次のように書いている。
　　地中海のアドリヤ海岸から伝わってきた「農工商」という新しい言葉を田舎町の焼き芋売りから聞くとは思いもよらなかったので, 彼はすっかり嬉しくなった。新しいものが初秋の朝の暖かい陽光のように,

この小さな町が辺鄙でみすぼらしいからといって雲の中に隠されることなく明るく暖かく広がっているのだった。だがあの焼き芋売りの口から，あのアドリヤ海岸の新しい言葉が自然に出たことを思うと，この羊角塩という田舎町の明日はもっとよくなるのであろうと思われた。「農工商」という言葉がまたたくまに辺鄙な田舎町まで流行っていて，小さな町の焼き芋売りの口からもこのような新しい言葉が聞けるということは，新しい言葉の強い生命力を証明するものである。というのは，新しい言葉は新しい考え方，新しい価値観，多くの新しい生産方式，新しい生活を反映するものであり，社会の未来を表すものであるからである。だから，小説の主人公が小さな町の焼き芋売りの口から，この「農工商」という言葉を聞いたとき，あのように嬉しくなったのだ。彼は，中国の今日と明日に希望を感じたのである。

9. 隠語の勢いが急増

5、60年代の中国においては，言語学者は，隠語は旧社会の裏社会に流行った言葉だと言っていた。80年代の中国で隠語がまた息を吹き返し，新しい隠語も生まれて氾濫することになるとは，当時誰も想像できなかった。

80年代の中国語新造語衝撃波のなかには，実は隠語の衝撃波をも含んでいたのである。隠語衝撃波は話し言葉の中のみならず，書き言葉の中にも押し寄せている。文芸作品の中にもよく見かけるようになったのである。例えば，

　　　　天黒了卖巧。可別砸我的杠子。

　　　　　　　　　（刘汉太《中国的乞丐群落》，"卖巧"：销售赃物）
（盗んだものを売りさばくのは，暗くなってからにしろ。俺の天秤棒を壊すでねえぞ。）（"卖巧"：盗んだものを売りさばくこと）

　　　什么，没有女人的男人只算半个，咦，去你的！你只有一个女人，可我会挂马子！(刘汉太《中国的乞丐群落》，"挂马子"：搞女人）
（なんだと，女のいない男は，半人前だと？　ちぇっ，えらそうに。言っとくがな，お前は，女は一人しかいねんだろ，おれなんず，その気になりゃ，いくらでも手に入るんだぜ。）（"挂马子"：ナンパすること）

言語は，社会生活を映す鏡である。80年代のこのような隠語の出現は，まさに中国の改革開放後のマイナスで暗い側面の反映である。もし密輸，強盗，売春などの醜悪なものが80年代の中国の社会に衝撃を与えたと言うならば，このような隠語もまた80年代の中国語に衝撃を与え，暗い衝撃波を形成したと言えるのではないだろうか。

10. 三音節語の台頭

　古典中国語では，ほとんどの語は単音節である。近現代中国語では，ほとんどが二音節語である。中国人は，一般に四音節の語を"成語"あるいは"四字格"と言い，そして三音節語を慣用語として使う。ところが，80年代になると，大量の三音節の新語が出回り，中国語を話す人々もまたそれを一つの語として，喜んで受け入れていった。このようにして，80年代の中国語の三音節語は，瞬く間に自分の勢力を拡大していた。

　これら三音節の新語は，ほとんどが接頭語もしくは接尾語を伴って構成されている。接頭語を伴なったものは，例えば，以下のようなものがある。

　　　高节奏　　高情感　　高科技　　高速度
　　　高效能　　高层次　　高难度　　高密度
　　　高精度　　高敏度　　高思惟　　高档次
　　　高跨度　　高空间　　软科学　　软环境
　　　反物质　　反粒子　　反世界　　反语法
　　　反修辞　　反逻辑　　超一流　　超时空

　ここで注目すべき点は，多くの接頭語や接尾語が，80年代では，二音節語としか結合せず，単音節語とはほとんど結合しないという現象である。例えば，接頭語の"高"，"低"，"反"及び接尾語の"风"，"热"，"性"，"型"，"式"などがそれに該当する。以前は単音節語としか結合しないものが，80年代では，二音節語とも結合するようになったのである。例えば，"坛"，"盲"は"影视坛"，"科技盲、恋爱盲"などと三音節語を形成することが可能になったである。

　その他，三つの単音節の字が並列して三音節語となる語も増えてきた。例えば，

　　　　编导演　　短平快　　传帮带　　高精尖　　软懒散

　　　　老大难　　名优特　　工青妇　　农工商
　中国人はこうした三つの音節並列が好きである。
　中国語の慣用語には三音節語も少なくない。80年代において，新しい慣用語が大量的に出現した。例えば，以下のようなものがある。
　　　　关系网　　炒鱿鱼　　铁饭碗　　大锅饭　　泡病号
　　　　靠边站　　冷处理　　一刀切
　このようにして，中国人はだんだんと慣用語を受け入れるようになってきたのである。
　中国語を話す人々は，外来語を音訳して使用するよりも，意訳して使用する傾向が伝統的にあるようである。しかし，80年代に入ると，音訳語を好むようになったのである。その音訳語の中に，三音節語が特に多い。例えば，
　　　　欧佩克（オペック）　　　　比基尼（ビキニ）
　　　　迪斯尼（ディズニーランド）尤里卡（ヨーレカ計画）
　　　　迪斯科（ディスコ）
　など。もちろん，外来語の中には，やはり意訳語や，意訳と音訳の両方を兼ねる場合の方が多いのである。例えば，
　　　　艾滋病（エイズ）　　　　迷你裙（ミニスカート）
　　　　保龄球（ボーリング）　　地滚球（ボーリング）
　　　　地球村（地球村）　　　　宇宙流（ミラーボール）
　このように見てくると，中国語彙体系内部においては，三音節語の衝撃波が形成されているように思えるである。

11. 新造語の両面性

　80年代の新造語衝撃波は，一方では，新しい思考方式，新しい科学技術，新しい生活方式をもたらして，中国人に衝撃を与え，中国人を世界へ，現代化へと促した。他方，この新造語衝撃波は，資本主義の，もしくは封建主義の腐敗した部分をあばいて，中国人に衝撃を与えている。これも，改革開放後の社会の暗い側面が中国語に反映したものである。
　だから，
　　　　三点式　比基尼（スリー・パーツのビキニ式水着）

この二つの言葉は一時，中国の新聞や雑誌を賑わし，ホットな話題となった。これは立派だ，封建意識を打ち破ったと，喝采を送った人もいれば，このようなものはもってのほかだと，大いに攻撃し，口汚く罵った人もいた。
　例えば次のような新語も生まれた。

　　　男妓　　　桑那浴　　　乳房学　　　丰乳器
　　　男子学　　老板鞋　　　自我设计　　自我实现
　　　做爱　　　第三者　　　按摩女郎　　应召女郎
　　　情人银行　无上装女郎　花花公子衫　情人节
　　　小姐衫　　选美　　　　公关小姐　　三围
　　　世界小姐　礼仪小姐

　これらの新しい言葉自身が，中国社会の激変を物語っている。また，現代中国人の意識の変化，現代中国社会の敏感な社会問題を反映している。また，"黄"（エロチックな，色情的な）という字を基本語素とする一連の新しい言葉，例えば，

　　　拒黄、反黄、黄货、传黄（風俗製品の伝播）、贩黄、嗜黄（色好み）、
　　　扫黄（風俗産業の排除）、制黄（風俗産業，製品の規制）

などの出現も，新時代の中国が直面している社会問題を如実に反映しているのである。

12. 接尾語の"感"と主体意識

　中国語の"感"は，かつては主に単音節語と結合していた。例えば，

　　　恶感　　反感　　观感　　好感　　快感
　　　灵感　　美感　　敏感　　肉感　　性感
　　　痛感　　实感　　手感　　口感　　质感

　しかし，接尾語としての"感"は，大部分は，二音節語と結合して三音節語となる。例えば，

　　　　主体感　　精神感　　责任感　　历史感
　　　　立体感　　多维感　　使命感　　失落感
　　　　亲切感　　流动感　　痛苦感　　命运感
　　　　荣誉感　　紧迫感　　幻灭感　　断裂感

虚幻感	临场感	危机感	喜剧感
悲剧感	报复感	公平感	神秘感
保护感	忧患感	现实感	时代感
分布感	方位感	层次感	空间感

しかも,これらの語は,きわめて頻繁に使用され,時には集中して使われている。例えば,

① 現在では,運動選手に対する目標達成への事業意識,栄誉感,責任感の教育がやや手薄になり,その上,一部の選手は遠大なる目標及び目標達成への絶えざる追求という緊迫感が欠けているのである。(『文匯報』1987年4月23日)

② ステレオ音響設備をモノラルとを比べると,三つの優れた特徴がある。即ち,各音声ソースの方位感と分布感を備えたこと;音声の迫真度と明晰度を高めたこと;音声の臨場感,音の階層感,及び空間感を高めたこと。(『西安晩報』1987年4月29日)

③ それは,現実を直視させ,大胆に懐疑させ,さらに選択を改めさせるという危機感及び幻滅感を読者に与えておらず,むしろただ,現実から乖離した喜劇感しか与えておらず,しかも,読者を自己陶酔の中に溺れさせただけにすぎない。(『中国』1986年4期111頁)

④ このような現実離れしたやり方は,たとえ動機は善良で美しくても,多くの青年達に現実の生活条件下にありながら,時代を越えて,未来への美しい理想を追求させる結果となる。このことによって,外部との矛盾や内心との葛藤を生じさせ,そこから,断裂感,失落感及び幻滅感を出現させたのだ。

(『上海青少年研究』1986年11期5頁)

これらの新語は,中国における改革開放の大変動の歴史の中で,世界に向って歩む道程の中で,あるいは,現代化へと迅速に移行する中で発生する中国人の主体意識の覚醒と発露を反映し,また彼らの内心世界の豊富かつ複雑な感受性を反映するものである。現代漢語の新造語衝撃波を,彼らの感受性は様々に受けとめているのである。

■新語一覧■ ── 本編引用の新造語を引用順に説明を付す。

黒帮:反動的,反共産的なグループを指す。

黒线:意味は,「反共産党的,反社会主義的,反毛沢東思想」である思想体系を言う。1966年2月,江青主催の「部隊文芸工作座談会」の《紀要》に初めて使われた。「文芸界では,建国以来ずっと毛沢東思想と対立する反共産党,反社会主義的な"黒线"で強制的に統制されてきた(黒线专政)。」

黒会:正当でない,人に言えない目的の為の秘密会議を言う。文革時では,いわゆる"革命群众"に背いた,反無産階級革命路線の会議を言う。

黒手:罪悪に満ちた勢力のたとえ。文化大革命中では反動的な人を指す。

黒材料:地主,富農や反革命分子など悪い出身と見なされうる人の履歴,あるいは反動的,反共産党的と思われる事柄や材料。

黒老保:反共産党的な保守派。

黒样板:反動的な人や事柄の見本。主に修正主義路線の人を比喩する時に使う。

黒串连:反動的な連携プレイ。

黒五类,黒七类:文化大革命初期,極左思潮が氾濫した時,「地主,富農,反革命分子,悪い出身と見なされた人,右派,叛徒,特務及びそれらの子供」などの五種類や七種類の人々を指す。

红心:"红"(赤い)は"黒"の反対であり,忠誠を表す字。"红心"は忠心の意味。

红卫兵:"红卫兵",文化大革命の先頭に立ち,古い伝統,文化の打破を行った青年組織。その行過ぎた行為が,各地で惨劇を引き起こしたとされている。

红小兵:"红小兵",文革中の1967年2月,中国共産党の通知で小学校に組織された。

红宝书:文革中に,毛沢東著作一般,また特に『毛主席語録』を指す。表紙が大抵赤かったから。

红海洋:1966年10月に,誰かが全国を「赤い海」にしようと呼びかけたのを契機に,遼寧省から始め,人々は赤いペンキで門と外壁を塗り,又,建物に赤いペンキで毛語録や革命的なスローガンを書き綴った。

红色恐怖:極左政権による恐怖政治。

红色专政:極左政権の専制政治。

早请示,晚汇报:朝は指示を仰ぎ,晩は報告をする。全てのことにおいて,必ず党の指示を仰ぎ,忠誠を尽くす喩え。

献忠心:党に忠心を捧げる。

三忠于,四无限:文革中,毛沢東に対する個人崇拝用語。"三忠于"は:"永远忠于毛主席,永远忠于毛主席思想,永远忠于毛主席的革命路线"(永遠に毛主席に忠誠を誓い,永遠に毛主席の思想に忠誠を誓い,永遠に毛主席の革命路線に忠誠を誓う)の3つの"忠于"(…に対して忠誠を誓おう)を言うのである。"四无限"は"对毛主席'无限热爱,无限忠诚,无限信仰,无限崇拜'"(毛

主席に対して限りなく熱愛し，忠誠を誓い，信仰し，崇拝する)の4つの"无限"(無限)を言うのである。

斗批改: "斗争"(闘争)、"批判"(批判)、"改革"(改革)の略。

封资修: "资本修正主义者"を封じる。

大批判: 激烈な批判運動。

恶攻: 痛烈な攻撃を行う。

牛棚: 文革時代"牛鬼蛇神"として批判された人の自由を奪うため拘禁したところ。

火烧, 油炸, 炮轰: ともに文革時代に流行った言葉で, 厳しい手段で, 批判闘争の対象を懲らしめることを言う。

深挖: 前項と同様, 深く罪状を掘り起こすことを言う。

忠字舞: 文革中, 毛沢東に対して忠誠を誓う舞踊。踊り手が"忠字歌"を歌いながら, "忠"という形を作るように踊る。1968年遼寧省より流行し, たちまち全国に波及した。

铁杆老保: 文革中, 造反派が各階層の幹部を庇う組織や個人に対する蔑称。"铁杆"は, 頑固な, "老保"保守派を意味する。

造反兵团: 造反する兵隊。

打击一小撮: 一握りの反動分子(悪人)を攻撃する。

打翻在地, 再踏上一只脚, 叫他永不得翻身: ぶん殴って転ばした上に, もう一蹴りして, 永遠に日の目を見ることができないようにしてやる。

扫进历史的垃圾箱: 歴史のごみ箱に掃き入れてやる。

不齿于人类的狗屎堆: 誰にも相手にされない屑ども。

彩电: カラーテレビ

彩照: カラー写真

彩扩: カラーのフィルムを大きく延ばして現像することを言う。

代沟: ジェネレーション・ギャップ

待业: 失業中の人が職の分配を待つことを言う。

反思: 反省し, 検討する。再認識する

离休: 中国政府が1984年から制定した引退制度の一つである。建国の1949年以前から国家の仕事をし, 年齢が60歳に達した人には退職をしてもらうが, 一生, 福祉と賃金を在職中と同様に受けられる制度である。

封顶: 元の意味は, 建物完成した後に, 屋根にセメントなどを流すこと, 或いは、器物の頂上を封じることを指す。今では, 限定された最高数値のことを言う。

推出: 新しく打ち出す

创收: もとは, 合法なる手段で, 労力, 技術や情報などを供与し, 経済的収益を獲得することを言う。現在では, 非生産性事業の機関が講義, 人材培養や技術サービスの供与で収入を得る事を指す。

创汇: "创收外汇"の略である。"外汇"は外貨, 即ち, 外貨の収益を取り計らう。

新星: 新しいスター

新秀: 気鋭の新人

脱贫: 貧困から脱出する

扶贫: 貧困の人々を救済する

网点: ネットワーク

音带: 録音されたカセットテープ

音像: 録音・録画やその設備

影视: 映画とテレビ
纵向: もとは, 縦方向を意味するが, 現在は, 時間, 空間, 物事の構造, 範囲などの単一性や延長性を指す事が多い。"横向"と一緒に扱われる事が多い。
横向: あるシステムの縦系列から離れて, システム間の同レベル上での横の広がりに着目する事を指す。例えば, "电视使人们的思维方式, 时空观发生了变化, 从习惯于在同一空间作不同时间的纵向比较, 不知不觉地变为习惯于在同一时间作不同空间的横向比较"（テレビは人々に思考方式や時空観念の変化をもたらす。人々は, 同一空間内で, 異なる時間での縦方向比較から, 同一時間内で, 異なる空間での横方向比較へと視点が変わっていく。)(施主权《广播电视概说》)
断档: ある品物が売り切れる。"脱销"とも言う。もとは呉方言
盲流: 人口の無計画な流動。今では主に農村から当てもなく都市に流入する人
的士: タクシー
巴士: バス
立交桥: 立体交差のブリッジ, ジャンクション
第三者: 第三者。浮気の相手
方便面: インスタント麺
红眼病: 結膜炎。人の出世や富をひがむ性癖
迪斯科: ディスコ
地滚球: ボーリング
炒鱿鱼: 解雇する
短平快: 回転の速い技術, 商品。科学技術の革新によって新製品が次々に生産され, 市場に出ると, すぐに売れる商品やその技術を言う
冒尖户: 稼ぎ頭の家
钉子户: 建設現場において, 法律や取り決めで移転を義務付けられているにもかかわらず, それに従わずに, 国家の建設機関に無理難題を要求する住み人
蝙蝠衫: ドルマン・スリーブのブラウス
博士后: 中国では、博士号を取得したのち, さらに研究を続ける研究者のことを言う。英語では"Post Doctor"と訳している。
胡子工程: 着工が遅遅として進まない工事
皮包公司: 幽霊会社
人才银行: 人材バンク
高分低能: 試験の成績はいいが, 実際の能力は低い
文山会海: 書類の山と, 会議の海
南水北调: 揚子江の水を引いて, 華北の水不足を調整する
科坛: 科学分野
影坛: 映画界
足坛: サッカー球界
舞坛: 舞踊界
音坛: 音楽界
科盲: 科学に疎い人
技盲: 技術に不得手な人
数盲: 数字に弱い人
法盲: 法律が明るくない人
舞盲: ダンスができない人
房霸: 特権を利用して, 家屋を不正手段で取得する組織や人
水霸: 特権を利用して, 水道水を大量

消費する組織，または水路を独り占めする人
电霸: 特権を利用して，電気を大量消費する組織
路霸: 特権を利用して，道路を我が物顔で独占する組織
菜霸: 特権を利用して，野菜販売を独占する組織
高价风: 費用を多く掛ける贅沢な風潮
条子风: 共産党の指導部や幹部たちが許可を下すのに自ら書付を書くこと。そのような煩瑣な手続きをする風潮
倒卖风: 転売，横流しする風潮
出国风: 出国する風潮
文凭热: "文凭"は卒業証書などを指すが，ここでは資格取得ブームを言う
出国热: 出国ブーム
托福热: トーフルを受けるブーム
"三毛"热: "三毛"という台湾の女性作家を崇拝する，あるいはその作品を愛読するブーム
歌迷: 歌の好きな人
舞迷: ダンスの好きな人
球迷: 球技の好きな人
信息迷: 最新科学技術情報の収集の好きな人
科技迷: 科学技術の好きな人
园林化: 園林化
城市化: 都市化
再野化: 再び野生に戻すこと
本性: 本来の性質
词性: 単語が持つ文法上の機能
人性: 人間性
党性: 党派性
恶性: 悪性な，悪質な

共性: 共通性，普遍性
个性: 個性
火性: 短気
急性: せっかち
理性: 理性
记性: 記憶力
烈性: 強烈な。気性が激しい
灵性: 聡明さ。動物の利口さ
慢性: 慢性の
兽性: 野蛮で残虐な性質
母性: 母性
男性: (性別としての)男性
水性: 泳ぎの技術。水の深さ
女性: (性別としての)女性
牛性: 頑固な性質
耐性: 我慢強い性格
天性: 天性，本性
弹性: 弾力性
忘性: 物忘れのひどさ
血性: 生一本な性質
心性: 性格，性質
阳性: (性を持つ言語の)名詞・代名詞・形容詞などの男性形。電極・化学実験などの陽性
阴性: (性を持つ言語の)名詞・代名詞・形容詞などの女性形。医学用語での「女性」
延性: 延性，展性
药性: 薬の性質(効能，適応症など)
野性: 野放図さ
硬性: 硬直した，融通の利かないさま
异性: 異性。異質
油性: 油性の
展性: 展性
中性: 中性
体性: (方言)天賦の性質，性格
特性: 特性

十年来の新造語ラッシュ衝撃

悟性:（もとは日本語）悟り
品性: 品性
思辨性: 思弁力，知的直感力
开放性: 開放性
结构性: 構造機能
实用性: 実用性
装饰性: 装飾性
指令性: 指令する機能
服务性: サービス機能
时效性: 有効性能
非线性: 非線形的な
消遣性: レクリエーション的な
歧异性: 差異
哲理性: 哲理的な度合い
依附性: 従属度
公司性: 会社としての機能
营利性: 営利機能
应急性: 応急的な
开发性: 開発的な
智力性: 知力度
独家性: 独自性
趣味性: 面白み
可读性: 読む価値
可行性: 実行可能の度合い
过敏性: 過敏症
脂类性: 油濃さ
神经性: 神経性
寻常性: 尋常的な
密封性: 密封性
超时性: 時間を超過する傾向
拓荒性: 開拓精神
挑战性: 挑戦的な
开拓性: 開拓性
突破性: 突破性
浮动性: 変動する度合い
相干性: 相関関係
专家性: 専門家としての素質

曲线性: 曲線性
强制性: 強制的な
全美性: 全身美容的な
全身性: 全身的な
区域性: 地域性
征询性: 意見を求めるような
自娱性: 一人で気晴らしのできる機能
纪实性: ノンフィクション的な
发散性: 発散できるような
戏剧性: ドラマチックな
内视性: 内面の可視的な
一次性: 一回だけ。その場限りの
商业性: 商業性
可比性: 比較可能な
普适性: 普遍的な適性
证据性: 証拠として用いうる
暧昧性: 曖昧な
动态性: 活動的な
敏悟性: 素早く理解することのできる
　　　　ような素質
技术性: 技術性
观赏性: 観賞可能な
季节性: 季節的な
科学性: 科学的な
导向性: ナビゲーター性
多彩性: 多彩な素質
探索性: 探索的な機能
网络性: インターネット上での活躍す
　　　　る度合い
文学性: 文学的な素因
扩散性: 拡散性
分享性: 利益の分け合う可能性
功能性: 功能的な性能
否定性: 否定的な可能性
博弈性: 賭博性
荒诞性: 滑稽な度合い
进行性: 進行性

分裂性: 分裂性
心因性: 心因性
铁磁性: 磁性
浅薄性: 浅はかさ
有序性: 秩序のある性質
无序性: 秩序のない性質
混沌性: 混沌的な要素
确定性: 確定的な要素
随机性: 臨機応変のできるような性質
相异性: 相反する性質
不可能性: 不可能的な素因
不安全性: 不安全性
多功能性: 多功能的な機能
主观随意性: 主観的な随意性
党风: 共産党の規律
文风: 文体
校风: 校風
厂风: 工場の規律
学风: 学風
世风: 社会風潮
手风: (賭博する時の)つき
口风: 口裏。話し振り
眼风: 目での合図
英风: 気概が大きい風格
牌风: マージャンのつき
威风: 威風
涨价风: 値上げばやり
抢购风: 買い占めばやり
出国风: 出国熱
赌博风: 賭博流熱
进口风: 輸入ばやり
养兔风: ウサギ飼いばやり
摇奖风: 景品取りばやり
吃喝风: 飲み食いばやり
建房风: 自宅建築ばやり
修坟风: 先祖の墓直しばやり
引进风: 外来のものを取り入ればやり

送礼风: 贈り物ばやり
汽车热: 自動車ブーム
文凭热: 資格取得ブーム
求知热: 知識ブーム
彩照热: カラー写真ブーム
冰箱热: 冷蔵庫ブーム
家电热: 家電ブーム
萨特热: サルトルブーム
尼采热: ニーチェブーム
文化热: 文化ブーム
反思热: 再認識ブーム
农机热: 農業用機械ブーム
外语热: 外国語ブーム
绘画热: 絵画ブーム
减肥热: ダイエットブーム
收藏热: 収蔵ブーム
城雕热: "城市彫刻"の略。道路などの屋外彫刻ブーム
剧场热: 劇場ブーム
送礼热: 贈り物ブーム
苎麻热: チョマ紡績（麻製品一般）ブーム
跳舞热: ダンスブーム
旅游热: 旅行ブーム
野炊热: キャンプブーム
溜冰热: スケートブーム
偶像热: アイドルブーム
丛书热: 叢書ブーム
健身热: 健康ブーム
皮亚杰热: ピアジェブーム(Jean Piaget,1896 − 1980, フランスの言語心理学者)
佛洛伊德热: フロイトブーム
骑自行车热: 自転車ブーム
出国留学热: 留学ブーム
马拉多纳热: マラドーナブーム
海明威热: ヘミングウェイブーム

増值销售网热: ネズミ講ブーム
高节奏: テンポが速いさま
高情感: すごい熱の入れよう
高科技: 高い科学技術
高速度: 速いスピード
高效能: 高い効率
高层次: 位の高い機構, 階層
高难度: 高い難易度
高密度: 高い密度
高精度: 高い精密度
高敏度: 高い鋭さ
高思惟: 高い思考力
高档次: 高いグレイド
高跨度: 本来は広い支柱や壁の幅を言うが, 転じて広範囲の意
高空间: 高い空間
软科学: 企画研究を中心とする高度な新興総合科学
软环境: 環境改善のための政策, 管理, 効率など
反物资: 反物質的な
反粒子: 反粒子的な
反世界: 反世界的な
反语法: 反文法的な
反修辞: 反修辞的な
反逻辑: 非理論的な
超一流: 超一流の
超时空: 時空を越えた
编导演: 編集兼監督
传帮带: 経験を伝え, 習得を助け, 先にたって導く。一般に古い幹部が新しい幹部を育て, 支持し, 助けることを言う。
高精尖: 生産量は高く, 生産物の質はよく, 生産方法が優れていること。
软懒散: 文革中の言葉。指導部に現れる3つの態度, "软"は階級闘争する勇気がないこと, "懒"は活動に積極性を欠くこと, "散"は団結しないことを言う。
老大难: ネックになっている問題
名优特: 名が通っており, 特色があり, 質が優れている
工青妇: 労働組合, 共産主義青年団, 婦人連合会の略
农工商: 農業, 工業, 商業の略
关系网: 互いにコネでつながっている人脈
炒鱿鱼: 解雇すること ("鱿鱼" (スルメイカ) は熱を加えるとすぐに丸まって, "卷铺盖" (布団をまるめる) を連想するところから)
铁饭碗: 絶対食いはぐれのない安全な職業
大锅饭: 共同の食事, 一律待遇。多く不平等の喩え
泡病号: 仮病を使ってサボる
靠边站: 窓際族, 村八分
冷处理: 左遷, 冷たい処遇
一刀切: 十把ひとからげに処理すること
欧佩克: オペック (OPEC)
卡巴迪: カバディ (スポーツの一種)
迪斯尼: ディズニーランド
比基尼: ビキニ
迪斯科: ディスコ
尤里卡: Eureka, ユーレカ計画, EU共同高度技術開発計画の意
艾兹病: エイズ
迷你裙: ミニスカート
保龄球: ボーリング
地滚球: ボーリング
地球村: 地球村
宇宙灯: カラオケやダンスホールなど

で使うカラフルな回転式ライト，"旋转彩灯"とも言う。
男妓: ホスト・クラブで働く男性
桑拿浴: サウナ
丰乳器: 豊乳器
男子学: 男性学
老板鞋: 靴製造会社の商品名。転じて，社長クラスの履く靴
自我设计: 自己設計
自我实现: 自己実現
做爱: 性的遊戯　make love
第三者: 不倫相手
按摩女郎: 風俗マッサージ嬢
应招女郎: ステッキ・ガール
情人银行: 愛人バンク
无上装女郎: トップレス風俗嬢
花花公子衫: アロハシャツ
情人节: バレンタイン・デイ
小姐衫: お嬢さん風ブラウス
选美: ミス・コンテスト
公关小姐: コンパニオンの類
三围: バスト・ウェスト・ヒップのサイズ，スリーサイズ
世界小姐: ミス・インターナショナル
礼仪小姐: レセプション用のコンパニオン
拒黄: 色情的な製品や行為を拒絶する
反黄: 色情的な製品や行為に反対する
黄货: 色情的な製品
传黄: 色情的な製品の伝播
贩黄: 風俗営業
嗜黄: 色好み
扫黄: 色情的産業の排除
制黄: 色情的産業，製品の規制
恶感: 悪いイメージ
反感: 反感
观感: 印象

好感: 好感
快感: 快感
灵感: 霊感
美感: 美的感覚
敏感: 敏感
肉感: セクシー
性感: セクシー
痛感: 疼痛感覚
实感: 実感
口感: 口で味わった感覚，食感
质感: 質感
主体感: 主体的感覚
精神感: 精神的な感覚
责任感: 責任感
历史感: 歴史的な感覚
立体感: 立体感
多维感: 多次元的な感覚
使命感: 使命感
失落感: 喪失感
亲切感: 親切な感じ
流动感: 流動感
痛苦感: 苦痛な感覚
命运感: 運命的な感じ
荣誉感: 栄誉感
紧迫感: 緊迫感
幻灭感: 幻滅感
断裂感: 断裂感
虚幻感: 幻想的な感覚
临场感: 臨場感
危机感: 危機感
戏剧感: ドラマチックな感じ
悲剧感: 悲劇的な感じ
报复感: 報復的な感じ
公平感: 公平感
神秘感: 神秘的な感じ
保护感: 保護されているように感じること

忧患感: 憂えているように感じさせる
こと
现实感: 現実的な感覚
时代感: 時代的な感覚

分布感: 処々に分布している感じ
方位感: 方位感覚
层次感: 順序よく構成されている感じ
空间感: 空間があるような感覚

> 这就是汉语

二八佳人と三五の夜

1. 二八佳人とは何歳の美人？

中国人は美女を"二八佳人"という。では"二八佳人"の年はいくつ？

中国語の数詞の連用は，その数詞の「選択関係」を表すものがある。例えば，"七八个人就可以了"（七、八人でいいよ）といったとき，七人あるいは八人をさす。このときは通常，"顿号"という並列を表す読点を入れ，"七、八个人就可以了"と書く。では，"二八佳人"は，二歳の子供か八歳の少女を指すのだろうか。たとえ女の子が特別に早熟で，早婚のインドでも，二歳の美人，八歳の美女，とは絶対に言うことはないであろう。

時には，数詞の連用は，「連続の関係」を表す。すなわち二つの数の間の数をいう。たとえば，"三五天就好了"（三〜五日で出来ますよ）は，三日から五日の間を指し，最短で三日，最長で五日をいう。では，"二八佳人"は，二歳から八歳までの女の子，ということになるが，中国人は女性の最も美しい年齢は二歳から八歳と考えているのだろうか？ これも明らかに間違いである。実際には，"二八佳人"とは，

$2 \times 8 = 16$

16歳の少女，"豆蔻年华"（花も恥じらう年頃の娘），これが中国古代詩人に詠われ褒め讃えられる年齢である。

　　正见当垆女，红妆二八年。（李白「江夏行」）

　　（正に見る墟に当たる女　紅粧二八の年）

　　二八人如花，三五月如镜。（王僧儒「月夜咏陈南康新有所纳诗」）

　　（二八人花の如し　三五月鏡の如し）

2. 三五の夜月が一番明るい

中国人は月が好きで，特に三五夜の月が好きである。どれほど多くの詩に詠まれたかわからないくらいに。例えば，

　　　三五二八时，千里与君同。（鲍照《玩月城西门廨中诗》）

121

(三五二八の時　千里君と同じ)

天涯娟娟姮娥月，三五二八盈又缺。(卢仝《有所思》)

(天涯娟娟たり姮娥の月　三五二八盈ち又た欠く)(盧仝)

诚知远近皆三五，但恐阴晴有异同。(元稹《江楼月》)

(誠に知る遠近皆三五　但だ恐る陰晴異同有るを)

この中の数字はすべて乗法である。

$3 \times 5 = 15$

$2 \times 8 = 16$

毎月の十五，十六の二日間を指す。

数字の連続が乗法であるのは，もちろん"二八佳人"と"三五之夜"にとどまらない。

三六前年暮，四五今年朝。(萧子显「日出东南隅行」)

(三六前年の暮　四五今年の朝)

结发念善事，俛俛六九年。(陶渊明《怨诗楚调示庞主簿邓治中》)

(結髪より善事を念(おも)い　俛俛として六九年)

龙刚冷笑一声："哼，商量是五八，不商量是四十"。

(辛令显《喜盈门》)

(龍剛は冷たく薄笑いを浮かべて言った。「フン，この際，相談するもしないも，もうそんなことをいっている場合じゃないさ)

上に挙げた三つの例の最後の例，"商量是五八，不商量是四十"について解釈すると

"$5 \times 8 = 40$"，だから，前の句の"商量是五八"は「相談はゴハ(シジュウ)」であり，後の句の"不商量是四十"は「相談しなくてもシジュウ」つまり，相談してもしなくても，答えは「シジュウ」，答えは同じ，すなわち相談の余地はないのである。

3. 141 歳の長寿老人の対句

ものの本によれば，清朝の乾隆年間，皇宮の中で行われた"千叟宴"に，("叟"は，つまり老人のことであるが)，計390人集まった。その中の一番上の老人に，皇帝は，対句の上の句を送った。

花甲重逢，增加三七岁月。(還暦をくりかえし，三七の歳月を加う)

聡明な文人の紀暁嵐は，対句の下の句を作った。

　　古希双庆，更多一度春秋。(古希をかさねて，更に春秋)

中国人は六十年をもって還暦とする。"花甲重逢"は二度の60歳。上の句は，

　　$60 \times 2 + 3 \times 7 = 120 + 21 = 141$

中国人は"人生七十古来希"(人生七十　古来希なり)という。よって「古希の年」は70歳。となれば，"古希双庆"(古希双慶)は二度の70歳。すると，下の句は，

　　$70 \times 2 + 1 = 141$

なんと，この長寿の老人の年は，141歳であった。

4. 笑い話——靴を買った

以前，ある中国人が，ほかの中国人に「その靴いくらで買った？」と聞いた。彼女は右足をあげて，「9元よ。」と答えた。その人は「たったの9元？　私が買ったときは，何と18元もしたのに。」彼女は，また左足をあげて「こっちの靴も9元。9＋9＝18でしょう。私の靴も18元だったのよ！」

中国人は，数を足したり引いたりして遊ぶのが好きである。中国のことわざに，"三分象人，七分象鬼"(三分は人のようで，七分はお化けのよう)というのがある。これはその人の容貌は"十"とみなし，3＋7と分解して言ったのである。

『詩人玉屑』の中の詩に，次のものがある。

　　　　暗问夫婿年几何？　五十年前二十三！

　　(暗に問う　夫婿年幾何ぞ　五十年前　二十三)

つまり，「花婿はおいくつ？」と花嫁がこっそり聞いた。五十年前は二十三歳だったと答える。では，50＋23＝73、この新郎はなんともうそんなに歳を取っているのだ。やむを得ず「二十三」と教えた。しかし，「五十年前二十三」！(五十年前は私だってまだ二十三歳)，と答えるのだった。

安徽鳳陽の民歌に次のような歌詞がある。

　　　　说凤阳，道凤阳，凤阳本是好地方。
　　　　自从出了朱皇帝，十年倒有九年荒。

三年水淹三年旱，三年蝗虫闹灾荒。
（鳳陽よ　鳳陽よ　鳳陽はもとはよいとこ。
朱が天子さまになったら　十年のうち　九年災難。
三年洪水　三年干ばつ　あとの三年　いなごの禍。）

これも足し算で，9＝3＋3＋3

5. 諧音と数字の遊び

中国にこのような歇後語（しゃれ言葉の一種で，上の句で下の句の意味を推測させるもの）がある。

　　一二三五六――没四（"没事"－なんでもない）
　　一丈二加八尺――两丈（"仰仗"－頼む）
　　一二三四五六七九十――忘八（破廉恥）

もし"一二三五六――没四"を英語に翻訳すると：

　One, two, three, five, six, ―― There isn't "four".

イギリス人が次のように連想することはない。

　It doesn't matter.　It's nothing.

なぜなら，英語の中の"four"と"matter"，"affair"，"thing"，"business"などとは同音でなく，連想するわけがないのである。

同じように，"忘八"（八を忘れた）の「八」も英米人は特に何らかの寓意を認めているわけではない。中国では，この"忘八"はひどいののしりの言葉である。この"忘八"は二つの意味があり，一つはつぎのことを忘れてしまった人。

　　仁　義　礼　儀　智　信　廉　恥

この八種類は，人のあるべきもっとも基本となる規則であると中国人が考えているものである。従って，この八つのことを忘れた，即ち"忘八"とは，人に相手にされないほど劣った人を指す。

もう一つの意味は，「カメ」や「スッポン」で，「妻をほかの男に寝取られた男」を指す。これはとくにひどいののしりの言葉である。

这就是汉语
家本位と家庭本位

1. 多くの意味をもつ「家」

中国語の"家"は多義語である。

中国語	英語	ロシア語
家	family, household home, house	семья дом

　英語の"family", "household"とロシア語の"семья"はみな人類社会の最も基本的な細胞を表す。"home" "house"と"дом"が指し示すのは空間の中の物理的物質の具体単位である。"family"は倫理・精神・感情・血縁を全て融和したものであり，しかし"home"はこれらと一切無縁である。

　英語とロシア語のこの特徴は，複合詞の中にもあらわれる。社会の一つの細胞とみなす場合，次のような語彙がある。即ち，

　　family tree（家系図）
　　family education（家庭教育）
　　family history（家の歴史）
　　family scandal（家の恥）
　　члены семьй（家族）

物理実体的な家とみなす場合，次のような語彙がある。

　　house work（家事労働）
　　household duties（家事）
　　домяшнее　хозяйство（家事）
　　домяшяя　работа（家事）

しかし中国語ではみなただの「家」である。

2. 中国語の「家」はもともと豚を養う場所

「家」はもともと象形文字である。二つの部分からつくられる。

上面の「宀」はもともと「部屋」を表す。漢代の最も古い字典『説文解字』の中の説明では「交差して深く覆い被さる。象形。」と書いている。かつては次のように書かれた。

一番左は甲骨文字で，次は金文である。両方とも「家屋」の意味である。三番目は小篆である。小篆は丸い屋根，モンゴルのテントの形に似ている。だから"家"の字の上の部分の「宀」（漢字の部首，mian と読む）は家屋の意味の"house"，"дом"を指す。

下半分の「豕」は「豚」，すなわち英語の"pig"，ロシア語の"свчнчня"。中国の延辺の朝鮮人の家では，みな牛を飼う部屋を一つ設けている。彼らには「父がいなくても生きていけるが，牛がいないと生きていけない。」と言うことわざがある。この場合の家は「牛」と結びついているのである。当然この場合は農村での話である。

このように見て来て，この漢字を造った時代の中国人は，"house + pig"あるいは"дом + свчнчня"が，一つの家庭の構成となっていると思っていたのであろう。中国語の"家"の本来の意味は「家庭」である。むかし，『韓非子』〈顕学〉の中で"儒者破家而葬，服喪三年"と言っている。つまり儒教は，家の財産を全部使い果たして葬儀を行い，しかも三年喪に服さなければならない。これによっても分かるように，中国古代の牧畜業は養豚から始められたのである。豚の飼育は当時中国人の生活の中で大変重要な位置にあった。今日でも，中国の多くの農村にとっては，"家"とは，やはり，"house + pig"なのである。

3. 中国人の想像できない house

英語辞典をめくると下記の"house"を見つけることができる。

    a house of correction   改造所

a house of detention　　　拘留所
　　　a house of ill fame　　　娼婦館
　　　an iron house（米俗語）　牢獄

　もしも直訳で中国語をつくると，中国人は卒倒してしまうに違いない。このような所に「家」をつけて呼ぶのは，感情的に，絶対に受け入れることができないからだ。中国人の印象では，「家」が世界で最も神聖で美しいものであるからで，これをこのようなものと同じレベルで論じることはできない。

4. 家本位

　元代に馬致遠（ば ちえん）という文人がいて，「秋思」という有名な短詩がある。
　　　枯藤老樹昏鴉，小橋流水人家。
　　　古道西風痩馬，夕陽西下，断腸人在天涯！
　　　（枯れた藤，老木，夕暮れのカラス。
　　　小さい橋，流水，人の家。
　　　古い道，西風，痩せた馬。
　　　夕日は西に沈み，断腸の人は
　　　天のはてをさまよう。）

　詩人は人の「家」——"house"——"family"を見，自分が遠く天涯にあり，自分の"house"と"family"を離れ，自分の"house"と"family"を考えると，自分を"断肠人"——断腸の人，苦しみの余り，「腸」がちぎれた人——と称した。その時代の人間は，考える器官が腹部にあると信じていた。今でもまだ，"満腹経綸"（才能，学識が豊か）とか"一肚子学問"（腹いっぱいの学問）とか"一肚子坏主意"（腹いっぱいのずるい考え）という。これらはみな古い考え方の遺物である。中国人にとって最も恐ろしく最も苦痛なのは，家が無いこと，あるいは家の喪失である。例えば次のような言葉がある。

　　　无家可归（帰る家がない）
　　　有家难归（家が有っても帰れない）
　　　丧家之犬（帰るべき家のない犬）
　　　倾家荡产（財産を使い果たす）

家破人亡（一家破滅）
　これらはみな,中国人の人生の中でも堪え忍ぶことのできない最大の苦痛である。
　中国人のよく言う諺には次のようなものもある。
　　　穷家难舍（貧しい家は捨てられない）
　　　梁园虽好，不是久恋之家
　　　（梁園はよい所だが，長くとどまる家ではない）
　　　在家万事好，出门一日难
　　　（家に居れば万事が快適，家を出たら一日と言えども過ごし難い）
　　　金窝银窝，不如自家的破窝
　　　（金の家,銀の家といえども,自分のぼろ家にすぐるものはない）
　というのも,中国人にとっての家というものは苦しみに満ちた人生の中で唯一の避難場所であるからだ——中国人はこれを"安乐窝"といい,中国人の一生の事業の始点と終点になる。だから中国人の最大の希望は,
　　　成家立业（家が成ってなりわいが立つ）
ことである。
　この"家"とは"house"や"family"に相当する。このごろの中国の農民は,財産を手に入れたらまず家を建てる。"house"を建てることである。そして都市の青年は"house"を手に入れてやっと結婚できる。だから中国の"house"と"family"は表裏一体のようなもので，硬く結び合っているのである。
　中国の経典『大学』の中には次のように書いてある。即ち
　　　古之欲明明德于天者，先治其国。欲治其国者，先齐其家……
　　　（昔，優れた徳を天に示したい者は，まず自分の国を治める。国を治めようとする者は，まずその家を安らかな状態にする。）
また,
　　　身修而后家齐,家齐而后国治,国治而后天下平。
　　　（自分の身体が安定してこそ，家庭が安らぎ，家庭が安らいでこそ，国が平安になり，国が平安になってこそ，世界が安泰となる。）
　つまりこういうことである。
　昔は世の中で大きな事業をやりとげる人は,自分の国をよく治めること

が最初の課題だった。また自分の国をよく統治したかったら，まず自分の家庭を管理することが求められた。

自分の体と心がきちんとして，それでこそ家庭を管理でき，家庭を管理できてこそ国家を統治でき，国家を統治できてこそ全世界を太平にできる。

家が中国人の観念の中でこれほどにも大切であるのは，中国の封建社会が長く続き，また儒学が中国に大きな影響を与えたからである。そういう事情によって，中国人の家庭本位の意識が形成された。これは中国の古典の中において，特に顕著に表れている。

5. "吃父母"「親に食べさせてもらう」と　"啃父母"「親のすねかじり」

中国人の間でよく使われている言葉がある，それは，

　　　　在家靠父母，出門靠朋友（家では親に頼り，外では友に頼る）

その"在家靠父母"の方は，中国の大半のだらしない連中の人生信条として信奉されている。そのために，中国では今，奇妙な社会現象が現れた。中国語ではそれを，

　　　　吃父母，啃父母

と言う。

これは「チョコレートを"食べる"」時の"吃"と同じ意味で解釈することはもちろんいけない。このような恐ろしいこと（"親を食う"なんて！）をするわけがない。この"吃父母"，"啃父母"とは，親に頼って生活することを指し，最大限に親のスネをかじることを言うのである。自分は働かずに安楽に暮らし，親を酷使し，働かせるのである。

そのために，中国では一生家を離れない，寄生虫のような人々が生まれてしまった。それらの代表人物は曹禺の『北京人』の中の「文清坊ちゃん」である。

6. 家本位

私たちが話すすべての言葉には皆，一つの基準点がある。「彼女は楊貴妃よりずっときれいだ」と話す時は，これは楊貴妃を基準点としていて，

彼女は典型的な美人であることを言う。この参考になるものを"本位"と呼ぶ。中国人が世の中のあらゆる事物を評論するときに一番よく使う基準点が，即ちこの"家"である。この"家"がまさしく，中国人の考えの中で最も心地よく，最も温かく，最も快活で清々しく，最も軽やかで，自由な場所である。このようにして，中国人の"家本位"は形成されたのである。すべてが家と結びついている。"家"は物事の基準としてはかられるのである。

　中国をあちこち歩いてみれば，きっと到る所で，このような看板を見つけることができるだろう。

　　　少年之家　　工人之家　　旅客之家
　　　教师之家　　矿工之家　　渔民之家

　この"家"は，もし英語で訳すと"center"である。「少年の家」はchildren's centerである。ここで不思議に思うのは，なぜこの場合houseやhomeと訳さないのかという点だ。

　中国人の好む言葉は，

　　　亲如一家（一つの家族のように親しい）
　　　爱厂如家（家のように会社を愛す）
　　　爱校如家（家のように学校を愛す）

　中国の賓客を宿泊させるホテルの最も良いサービスの目安は，

　　　宾至如归（客を自分の家にいるようにもてなす）

　これは目的語の「家」が省略されている。意味は，客が自分の家と同じようにくつろげるというものである。「家」の字を省略しているのは，中国人が見れば言うまでもなく，明らかなことだからである。

　中国の主人は客人に「ご遠慮なく，どうぞ家と同じようにしてください」と話す。中国の客人は，もてなし上手な家の主人には，「家にいるのと同じようです」と褒める。

　もちろん英語にも似たような言い方がある。例えば，

　　　as safe as a house（非常に安全）
　　　a homely from homely（家と同じような快適な所）
　　　in a family way（家の人と同じ，礼儀にこだわらない）

　ただし中国語ほど広く普遍的に使われてはいないようである。

7. 色とりどり様々な家

もしかしたら「家」は中国でとりわけ重要であるかもしれない。だから中国語の中の造語能力が特に強く、家に関する様々な表現が生まれた。その中の最も重要な二つの「家」を以下にあげる。一つはある専門的な仕事に従事する"人"、或いはその身分を有する人を表す。例えば、

農家（農家）　　　　　船家（船主）
渔家（漁師）　　　　　田家（米農家）
专家（専門家）　　　　作家（作家）
厂家（メーカー）　　　客家（ハッカ）[2)]
邻家（隣家）　　　　　娘家（実家）
婆家（嫁ぎ先）　　　　公家（公の機関や組織）

もう一つは、学術流派的な"家"。例えば、

儒家　法家　道家　兵家
墨家　杂家　佛家　阴阳家（陰陽家）

中国語の"家"は、量詞にも接尾語にもなる。例えば、

两家人家（二つの家）　　三家工厂（三軒の工場）
五家饭馆（五軒のレストラン）

中国語の中の"两个工厂的工人"という表現は多義語である。

A. 两个工厂的工人 （二人の工場労働者）

B. 两个工厂的工人 （二軒の工場の労働者）

これと同類のものに、次のような例がある。

两个什叶派人居住的圣城卡尔巴拉和纳杰夫已经成为这个国家(伊拉克)什叶派人动乱的中心。（报纸1991年3月9日）（二人のシーア派が住んでいる［或いは、シーア派が住んでいる二つの］聖地のカルパラとナジェフは、既にこの国［イラク］のシーア派の反乱の拠点となったのである）

この文は、二つの意味で解釈することができる。即ち、

A. 两个什叶派人（二人のシーア派の人）
B. 两个圣城（二つの聖地）

Aについて、中国人は、普通違う量詞を使って区別する。

　　A. 两**名**工厂的工人（二名の工場労働者）

　　B. 两**家**工厂的工人（二軒の工場の労働者）

このように分ければ、誤解されることはない。

　接尾語の"家"は、よく人の名詞の後ろに付け、どのタイプの人に属するかを表すのである。例えば、"女人家"（女性）、"姑娘家"（娘達）、"孩子家"（子供達）、"学生家"（学生達）など、みな親しみのこもったニュアンスがある。だから、悪人の名詞の後ろでは付けない。例えば、下のような言い方はしない。

　　強盗家（強盗たち）　　土匪家（悪人、匪賊たち）

　　小偸家（泥棒たち）

　接尾語の"家"は、他にもう一つ特殊な使い方がある。すなわち、男性の名前の最後に加えるか、もしくは、兄弟の順序の最後に付け加え、その奥さんを指すという使い方である。例えば、

　　大龙家（大龍の妻）　　老二家（二番目の兄弟の妻）

　但し、反対に大龍の妻の名"兰兰"(蘭蘭)に接尾語の"家"を付けて蘭蘭の夫を表すことはできない。これは、絶対できないのである。次女の婿も"老二家"と呼ばれない。これは中国の伝統的な男尊女卑、亭主関白主義の典型であり、たとえあなたがスーパーウーマンでも、あなたは夫に属しているものであるから、夫の「家」の一番中心的な内容物であり、男の人は、たとえ意気地なしでも「家長」である。だから"家属"は専ら妻を指し、"家里的"（家の中のもの）と言えば、中国農村の夫人に最もよく見られる通称である。

注

1)　"梁园"はもとは西漢の梁孝王劉武の花園である。転じて「繁華な場所」或いは「劇場」を指す。

2)　"客家"は日本語では「ハッカ」と読み、西晋北宋末中国北方から次第に南方に移動した漢人。現在は広東、福建などに分布。

这就是汉语

やっかいな嫌われたイヌ, 怠けブタ, 間抜けなロバ

1. 趙家のイヌがまたほえている

魯迅の小説『狂人日記』は, 初めからイヌのことに触れている。

　　　今天晚上, 很好的月光。

　　　我不見他, 已是三十多年; 今天見了, 精神分外爽快。才知道以前的三十多年, 全是发昏; 然而须十分小心。不然, 那赵家的**狗**, 何以看我两眼呢?(《鲁迅全集》第一卷427页)

(今晩はとても月明かりがきれいだ。／私は, この月を見なくなってから, もう三十年あまりになる。今晩やっと見ることができたので, 気分がとてもさわやかだ。それで, これまでの三十年あまりというものは, まったく気がおかしくなっていたのだということがわかった。しかし, 今でも十分用心しなければならない。もしそうでもなければ, あの趙家のイヌは, なぜ私のことをちらちらとみているのだろうか。)

また, 次のように書かれている。

　　　黑漆漆的, 不知是日是夜。赵家的**狗**又叫起来了。
　　　獅子似的凶心, 兔子的怯弱, 狐狸的狡猾……

(《鲁迅全集》第一卷427页)

(真っ暗だ。昼だか夜だかさっぱり分からない。趙家のイヌがまたほえている。／ライオンのような荒々しい心で, ウサギのようにおくびょうで, また, キツネのように悪賢く……。)

趙家のイヌにちらちらと見られただけで, この狂人は, 緊張と不安を感じていた。趙家のイヌがまたほえているのを聞くだけで, この狂人の中には一種の恐怖心が生まれたのだった。欧米人は, この狂人の気持ちを, 我々中国人と同じような感覚で理解することができるだろうか。いや, 難しいだろう。

なぜなら, 欧米人はイヌをとてもかわいいと思っているのである。だから, 英語では, 以下のように表現する。

a lucky dog ——幸運児

love me, love my dog ——他人まで広く愛す

Every dog has his day ——誰でもが皆思い通りになる日がある

もしも，これを中国語に直訳したならば，とても受け入れられないだろう。

2. "狗"は人をののしる言葉である

中国では，イヌは好まれない存在である。だから，もし，人をイヌと見なそうものなら，とんでもないことになる。例えば以下の通り。

> 菊香, 这被人象狗一样使唤来使唤去的女人, 在她想要光明正大做人的时候, 却又被人象狗一样地踢开了。(映泉《桃花湾的娘儿们》)
> (菊香は，イヌのように人に指図を受ける女だったが，彼女が公明正大な人間になろうと思っていた矢先に，また人にイヌのように蹴飛ばされて，のけものにされたのだった。)

現代の中国語の中で，"狗"は，人をののしる時に最もよく使われる言葉のひとつである。京劇『紅灯記』の中で，革命を起こした李玉和が彼の母親と娘に言った……

> 门外有狗！（外にイヌがいる！）

この"狗"は，四本の足と一本の尾がついている哺乳動物のあの"犬"とは違う。ここで言う"狗"は，スパイ，悪人，悪党なのである。現代の中国語の中で，"狗"は悪人を指し，人をののしる際に用いられる。老人に対しては，"老狗（おいぼれ）"と呼び，女性に対しては，"母狗（ババァ）"と呼ぶ。

"狗"が人をののしる際に用いられるのは，中国では昔からよくあることである。宋の時代の講談風小説の『快嘴李翠蓮記』の中でこのように描写されていた。

> 老泼狗，老泼狗，教我闭口又开口！……莫怪我今骂得丑，真是白面老母狗！
> (おい，くそババァ。お前は，いつも，おいらに黙れだの，しゃべってみろだの指図ばかりしおって……だから，今，おいらがお前のことを口汚くののしるのも，自業自得だからな。本当に生意気な，くそババァだ!)

中国人が人をののしる言葉は，皆，性と関係がある。この"狗"が，も
しさらに性的な意味合いを帯びて，人をののしる際に用いられれば，とて
も聞くに耐え難くなる。例えば以下のように言う。

　　狗日的（人でなし）
　　狗娘养的（人でなしの親に育てられた奴）
これらは，みな最もきつい罵語である。

3. "狗"を帯びた字には，ろくな言葉がない

現代の中国語の中で，"狗"を帯びた字には，ほとんどろくな言葉がな
い。例えば次のような表現である。

　　狗屁（くだらない話）
　　走狗（手下）
　　放狗屁（でたらめなことを言う）
　　狗屎堆（つまらないもの）
　　狗腿子（手先）
　　看家狗（取り巻き連中，番犬）
　　丧家狗（宿なし）
　　癞皮狗（くだらない人間）
　　落水狗（勢力を失った悪人）
　　狗咬狗（仲間割れする）
　　耍死狗（死んだふりをするんじゃない）
　　狗苟蝇营（恥もなく名利を追いうるさくまつわりつくこと）
　　狗急跳墙（犬が焦って塀を飛び越える＝追いつめられてせっぱ詰まっ
　　　　　　た行動にでる）
　　狗拿耗子（犬が鼠を捕らえる＝余計なおせっかい）
　　狗皮膏药（犬の皮に塗りつけて貼る膏薬＝インチキな薬）
　　狗头军师（好んでさえない入れ知恵をする人）
　　狗仗人势（勢力を笠に着て人をいじめること）
　　狐朋狗党（ろくでもない者の集まり，悪党ども）
　　鸡鸣狗盗（取るに足らぬ技能をもつ者）
　　狼心狗肺（凶悪な性質，どん欲で残忍な心）

偷鸡摸狗（こそ泥を働く，こそこそと悪いことをする）
挂羊头卖狗肉（羊頭を掲げて狗肉を売る＝看板どおりのものを売らない）
羊肉掉在狗嘴里（犬の口に食われては羊の肉の価値もわからない
　　　　　　　＝宝のもちぐされ）
狗嘴里吐不出象牙来（犬の口からは象牙は出ない＝悪人の口からは
　　　　　　　いい言葉は出ない）

中国では，羊肉と犬肉は対立している。羊と羊肉はいい物であり，逆に犬と犬肉は卑しくて，見向きもされない。だから，"羊肉掉在狗嘴里"は，とても，もったいないことを言う。犬肉を売るときは，看板に羊の頭を掛けて，人の目を引きつけて店に入ってもらわないと，だれも見向きもしないわけである。この"挂羊头卖狗肉"は，直訳で英語にしようとするとうまくいかない。英語を話す人に受け入れてもらうのは，とても難しい。このように翻訳するといいのではないかと思う。

　　to sell horse-meat as beefsteak　　ビフテキと称して馬の肉を売る
　　to cry up wine and sell vinegar　　ワインと称して，酢を売る
　　to pass off fish eyes as pearls　　魚の目を真珠として押し通す

"狗肉"は，常に人をののしるのに用いられる。例えば以下のように言う。

　　我刚走到花园前，只见玉箫那**狗肉**在角门首站立，原来替他观风。
　　　　　　　　　　　　　　　　　　　　　（《金瓶梅》25回384页）
　　（私が花壇の方に歩いたとたんに，玉箫，あの犬畜生が門の前に突っ
　　立って，なんと彼のために門番をしている。）
　　　金莲骂道："**怪狗肉！我又怕你爹了？**"　（《金瓶梅》22回342页）
　　（金蓮はののしって言った，「人でなし！旦那様なんか，全然怖くない
　　からね！」）

だから，"狗肉账"は，貸し金や掛け売り代金の焦げ付き，人様に見せられないような背信行為の貸し借りのことをいうのである。

4．"小狗说谎（うそを言ったら，おれが子犬めだ）"

中国の男の子や女の子は，誓いを立てる時や冗談をいうときに，いつも"小狗"という言葉を用いる。彼らの間の会話の中では，"小狗"の二文字は欠かせない。このような話の中で，"狗"は，もうすでに悪い意味が薄

れている。例えば，次のように言う。

  我要再跟你玩，那就是**小狗**！
  （これ以上お前と遊んだら，おれが子犬だ。）
  小狗说谎。说谎是**小狗**。
  （絶対うそなんかじゃないや，うそを言ったら子犬だ。）
  小狗骗人。骗人是**小狗**。
  （絶対騙したりはしないさ，騙したら子犬だ。）

つまりは，彼らも彼女らも，誠実な人であり，決して嘘やでたらめを言わず，人を騙さないと表明している。もし嘘やでたらめを言ったり，人を騙したら，子犬に成り下がってもいいと誓っているのである。そのうらには，無論"小狗"は決していい存在ではない，彼らは決して小狗などになろうとは思わない，という前提があるわけである。

5. 中国のブタは，よく眠る

中国人は，昼まで朝寝坊する人，あるいは，死んだように深くぐっすり眠る人をブタに例えるのである。これは，当然，人をののしり，卑しめる意図がある。だから，ある小説の中の女主人公が自分のことをブタに例えた時，きまりが悪そうに言うのだった。

  老婆不好意思地解释："累了一天，跟**猪**似的，哪有不躺倒就睡着的道理！"（刘震云《一地鸡毛》）
（奥さんがきまりが悪そうに弁解して言った，「今日は一日疲れた。だから，横になったとたん，ブタのようにぐっすりと眠ったのよ！」）

上の夫婦の会話の時に，二人以外の者はいなかった。普通なら，どんな中国人も皆，自分とブタとを関連づけて言うのを嫌がるものである。次の例を見ても分かるであろう。

  鲍小姐走来了，招呼他们俩说："你们起得真早呀，我大热天还喜欢赖在床上。今天苏小姐起身我都不知道，睡得象木头。"鲍小姐本想说"睡得象**猪**"，一转念想说"象死人"，终觉得死人比**猪**好不了多少，所以向英文借了那个比喻。她忙解释一句道："这船走着真象个摇篮，人给它摇得迷迷糊糊只想睡。"（钱钟书《围城》）
（鲍さんが歩いてきて，彼ら二人にあいさつをした。「あなた達，早く起き

たのね，私は，暑い日でさえもベットに居続けるのが好きなのに。今日，私は，蘇さんがいつ起きたかもわからないので，丸太のように寝ていたよ。」鮑さんは最初は，「ブタのように眠る」と言おうと思ったが，一瞬考え直して，「死人のように」と言い直そうと思ったが，そもそも，死人とブタを比べても，いくらもよくならないから，英文からあの比喩を借りたのだった。彼女は加えて自分にいいわけをした。「この船は揺りかごみたいんだから，ついうとうとと，眠ってしまう。」）

「死人のように眠る」という言い方は，おそらく中国とイギリスの共有の比喩であろう。ただ「丸太のように眠る」は，英国人の比喩なので，中国人には理解しがたい。だから「ブタのように眠る」も，中国人の比喩なので，英国人は中国人のように理解しがたいだろう。

鮑さんは，死人とブタを比べても，いくらも変わらないと思った。つまり，中国人にしてみれば，ブタは死人よりもひどいものとみなされるのであるから，言葉としては貶義語であり，人をののしる意味である。

6. ブタの文化的色彩

中国のブタのイメージの多くは次のようになる。

　　肥头大耳（働かないで，太っている。頭が大きく，耳も大きい。）
　　好吃懒做（食いしん坊で，怠け者。）
　　贪睡（寝坊する・ひたすら眠りたがる）
　　脏（不潔である・きたない）

これは，呉承恩の小説『西遊記』と関係がある。小説の中の部分の，猪八戒は頭と耳が大きく，食いしん坊で怠け者，寝坊はするし，不潔で汚かった。このことが，大衆の大脳の中で，ブタのイメージを固めさせたのだった。これによって，"懒猪"（怠けブタ）や，"肥猪"（デブ），"脏猪"（不潔ブタ）のたぐいの，人をののしる言葉が生まれた。

中国の姓の中では，"朱"と"猪"は同音である。だから，中国の朱という名前の人は，いつもみんなに"猪"（ブタ）が来たと，からかわれるのである。

ブタは，文化的イメージが昔から今までずっとよくない。三国時代の魏の武帝曹操は，東呉の首領孫権をとても称賛し，感嘆して言うには，「息

子を生むなら，孫権のような息子を生むべきである。しかし，荊州の刺史劉表のあのような息子は，ただ，ブタやイヌのようなくだらない人間にすぎない。」

　中国語の中で，"狗"と組み合わせて，悪いイメージの言葉を作っている動物は，「狼」（"狼心狗肺"，人でなし・極悪非道）や，「鶏」（"偸鶏摸狗、鶏鳴狗盗"，こそこそと悪いことをする）の次は，ブタである。

　　　（来旺）说："贼淫，还说嘴哩！有人亲眼看见，你还和那没人伦的**猪狗**有首尾！"《《金瓶梅》25回）
（来旺が言った，「ふしだらな女め，これ以上何を言うか！見た人がいるんだぞ，お前は，まだあの畜生めと関係が続いているそうじゃないか！」）

　　　惜惜道："若他再把此身伴别人，**犬豕**不如矣。"《《拍案惊奇》29卷）
（惜惜は言った。「もし，あの人が再びこの身を他人に許すならば，イヌやブタ以下だ。」）

　　　她迅疾地扭转身，啪，啪，啪，将耳光扇在那一张毛孔里盖着油汗的丑脸上，骂道："你是什么**猪狗**，你能娶我吗？你这洗不白的黑炭！你尿尿都是黑水！"（贾平凹《美穴地》）
（彼女は，素早く振り向き，パッ，パッ，パッと，毛穴の中まで脂がぎっしりと詰まっている汗だらけの醜い顔に，なん発もビンタをくらわせ，のしった。「お前のようなブタやイヌのバカ者めが，私を嫁にできるとでも思っていたのか？　洗ってもきれいにならない，黒づくめが！おしっこでさえまっ黒だ！」）

　中国では，悪人をずっと，"猪狗不如（ブタやイヌにも及ばない）"と呼ぶ。何千年来，"猪狗"が悪人や悪党の専売特許にされ，ほとんど，大悪党を指す場合に用いられる。

　英語の口語に"pig"を用いると，不潔や食い意地がはっている人を指す。これは，中国人と同じである。ただし，"pig it"は，「苦しい日々を過ごすこと」を指し，"pig"を，困苦な情況と関連付けて言うのである。これは，中国人には受け入れられない発想である。

7. 中国のロバはバカだ

　中国で，ロバのイメージは，とても悪い。その文化的な特徴は，バカで

愚鈍であるとされる。だから，"蠢驴"（蠢驢，まぬけ），"笨驴"（笨驢，のろま），"老驴"（老驢，老いぼれ），"驴脸"（驢臉，うまづら）など，すべて人をののしる言葉である。例を挙げれば，明の時代の小説，『初刻拍案驚奇』第10巻の中で次のように言う。

　　那二人听得，便怒从心上起，恶向胆边生。骂道："不知生死的**老贼驴**！你前日议亲的时节，誓也不知发了许多！只看婚约是何人写的，如今却放出这个屁来！我晓得你嫌韩生贫穷，生此奸计。那韩生是才子，须不是穷到底的。我们动了三学朋友去见上司，怕不打断你这**老驴**的腿！管叫你女儿一世不得嫁人！"（秦旭卿标点，岳麓书社，1988年）
（その二人がこれを聞き，激昂して，憎悪の感情が一気に生じた。そこで，ののしってこう言った。「明日の自分の身も知れないバカ者め！　先日，お前が仲人を頼みに来たときには，あれだけ誓ったじゃないか。婚約当時，釣り書を，誰が書いたのかだけ見て喜んでおったくせに，今頃になって，こんなことを言い出すなんてとんでもないやつだ。わしは，韓生に財産がないのをお前が嫌がっているのを知っている。だから，このような策略を持ってきたのだな。あの韓生は才子である。きっと，一生貧乏暮らしにはならない筈だ。わしらは，見識のある友人を総動員して裁判所に行かせるから，お前みたいな奴はぶっつぶしてやるぞ。お前の娘を一生結婚できないようにしてやる。」）（句読点は秦旭卿による。）

　　程朝奉做事不成，羞惭满面，被韩子文一路**千老驴万老驴**的骂。
　　　　　　　　　　　　　　　　　　　　　　　（100页，同）
（程朝奉は，思う通りに婚約解消ができなくなり，恥ずかしさで顔が真っ赤になった。韓子文に，ずっと老いぼれと言われ続けたのだった。）

バカにされた対象が老人だったから，"老驴（老いぼれのロバ）"，"老贼驴（老いぼれのロバめ）"と言われた。けれども，どうして怒るときに"小驴"とは言わないのだろうか。現代小説の中で，ある作者はこう書く。

　　你给你老婆说了，你老婆给邻家秉春他妈夸马书记他妈多好多好，叫队上干部听到了，马上就给我报告了，要不然我大清早把你请来，是想看你的**驴脸**吗？（邹志安《粮食问题》）
（お前が女房に喋ったために，お前の女房が，また，隣の秉春のおっかぁに，馬書記のおっかぁがどんだけできているかしゃべって，そして幹部の

耳にまで入ってしまって，俺のとこにすぐ話が伝わったわけだ。でなきゃ，こんな朝っぱらからお前のアホヅラなんか，誰が拝む奴がいるか。)

"驴脸（馬面）"とは醜い顔つきの意味である。中国語の中で，ロバは，やはり「性」と関連のある言葉の1つである。例えば次のものがある。

　　　那女人……对着眼前的碎娃扇了一巴掌："**驴日下的**还不快刨！热闹能把肚子看饱！"(杜光军《浪滩上的女人》)

(あの女が……目の前に居る碎娃にピシャッと，ビンタを食らわせて言った。「バカたれめが，早くかんなを動かさんか，野次馬根性では，おまんまが食えるわけがないだろっ。」)

さらに言えば，ロバの肝臓と肺も皆けしからん物になるのである。

　　　第一次是在一个全国性作家大会的小组会上发言，叔叔以他自己的经验来批判极左路线是多么有害，他说他其实是热心地真诚地赞颂合作化运动，好心却变成**驴肝肺**。

　　　　　　　　（王安忆《叔叔的故事》《小说月报》1991年2期43页）
(初めは，ある全国的な作家大会のグループセミナーの席上で，叔父は自分の経験から，極左路線はいかに悪いかを批判しました。叔父は，自分は心底から"合作化運動"に賛成したのにもかかわらず，悪者にされて，せっかくの好意が台無しになったと言っていました。)

"好心却变成了驴肺肝(好意を台無しにする)"，"好心当成了驴肝肺(同前)"，これは，中国人がよく口にする言葉である。"驴肝肺"が"好心"と互いに対立している以上は，当然"驴肝肺"は，悪い心の代名詞である。

这就是汉语
"肥"や"瘦"のよもやま話

1. 古代中国語の"肥"＝現代英語の"fat"

　人間と動物の体内に脂肪が多い状態を古代中国語はみな"肥"と言い，現代英語はみな"fat"と言う。『礼記』「礼運」では次のように言う。"肤革充盈、人之肥也"（皮膚にたるみがなく肉付きがよいというのは人が太っていることを意味する。）これは決して人をののしって言ったのではない。現代英語の中にある，

　　He's getting fat.（彼は，太ってきた。）
　　He's putting on weight.（彼は，体重が増えてきている。）
　　She's a fat girl.（彼女は，太った少女です。）

これらもみな，人を貶した話ではない。

　しかし，もしあなたがある女性に対して現代中国語で"你很肥"（あなたは太っている）と言ったら，彼女はカーッとなって怒り，言い返すだろう。「あんたに何か悪いことをしたというの？　何でこんなひどいこと言われなければならないの？　私は，豚じゃあるまいし，何で"很肥"と言われなければならないの？　あなたの方がよっぽど太った豚だわ！」

　その女性の方に言い分がある。古代中国語から現代中国語までに"肥"の語義は縮小し，今では動物の体内の脂肪の多さを指すのに用いられているだけで，人には使わない。人の体内の脂肪の多さを言うときは，後の世に生まれた"胖"の字を使わなければならない。つまり，次のようになる。

現代中国語		古代中国語	現代英語
人	——胖	肥	——fat
動物	——肥		

　中国では昔，人々は体型の美的意識に関しては，太っている方が美しいと考えられた時期があった。現代のアフリカのある民族でも，女性の体型

の評価に関しては，依然として太っている方が標準である。魏・晋・南北朝・隋・唐時代の美人肖像画を見てみると，みな丸々と太っている。中国において，おそらく宋時代以後，人々は女性の体型に関して，太っている方から痩せている方に好みが変わり，柳のように細くしなやかな腰を好ましく思い始めた。太っている方が美しいと思われたのは，おそらく，財産と地位に大いに関係があり，権力・勢力・お金を持っている人は栄養のある物を食べるから太ると思われていたからだろう。痩せていることを好ましく思うように変わったのは，財産・地位を誇示した女性の姿に対するある種の反感から来たのだろうか？

2. 近現代中国語の中の"肥・胖"の分岐点

明代の小説『金瓶梅』（第25回）の中で，来旺が外地から帰ってきて，女主人孫雪娥が彼に「太ったね」と言った，

> 那雪蛾満面微笑，説道："好呀，你来家了。路上風霜，多有辛苦！几時没見，吃得黒胖了。"
> （雪娥が満面の笑みを浮かべて言った「やあ，やっと帰って来たね。帰り道ご苦労だったでしょう！しばらく見ない間にすっかり黒く太ったね。」）

彼の奥さんの宋恵蓮の方では彼が"肥了"と言った。

> 恵蓮説道："賊黒囚，几時没有見，便吃得這等肥肥的。"
> （恵蓮が言う「ろくでなし，しばらく見ないうちにこんなにぶくぶく太って。」）

その時代の中国語の中において"肥"はすでに動物だけに用いて，人には"胖"を用いている。女主人の孫雪娥が来旺と普通にしゃべっていたので"胖"を使ったのである。宋恵蓮は奥さんだから，彼女は彼をからかうつもりで"這等肥肥"と言った。この"肥"を人に使うのは罵る時や仲のよくない時であるが，夫婦間に使われると親しみのこもった言葉となるのである。

3. 現代中国語の中の"胖"の婉曲話法

小説『紅楼夢』の中にある絶世の美人林黛玉は，大変痩せている可憐な女性だが，もう一人の美女，ふくよかな薛宝釵はやはり人に「太ってい

る」とほめられたくないのであった。20世紀の80～90年代に至っては，中国の女性も全世界の女性達と同じように，痩せているのが美しく，太っているのは醜いと考えるようになっている。こうした風潮は，農村の女性はそれ程でもないようだが，都市の女性の間ではとりわけ顕著である。だから今日の中国の大都市で，もしあなたが現代的でかわいい女性に対して「あなたは太っている。この頃，また特に太って来たわね。」と言ったら彼女は卒倒しそうになって怒るだろう。それはもう彼女の両親が侮辱されるよりもはるかに激昂するだろう。中国人は婉曲を重んじる。太っている男の人，あるいは女の人に対して，とりわけ少女に対しては，婉曲な言葉を遣う。例えば"富态"(態)(ふくよか)としか言ってはいけないのである。"富态"(富態)は"福态"(福態)とも呼ぶ。だから"发胖"は"发福"と呼ぶようになったわけである。秦基春の小説『殉節者』の中に次のように書かれている。

　　后来乡长出来了，象是自言自语，又象是对没进去的乡亲们说："太可惜了，他妈的，还挺肥的呢。"
　　只听村上人讲，刘会计三十多岁就发胖了，早"发福"的人会有灾祸的。(《小说月报》1990年7期）
（後になって，村長が出て来て，一人言のように，また，中に入っていない村人に聞かせるかのように言った。「全く可哀そうなこった。くそっ，かなり太っているじゃないか。」／その時，村人の誰かが，会計の劉さんは三十いくつの時から太り出したそうで，早くから"福々しくなった"人はどうも不測の災いがあるようだ，と言ったのが聞えた。）

この村長は迫害を受け自殺した農村の娘に対して，"肥"の文字を用いた。この言い方は，彼のこの純真な少女に対する侮辱であり，彼の卑しい心を一気に暴露させた。作者は，迫害を受けたこの少女を自殺に追いやった犯人に対し，婉曲語の"发福"を用い，これは一種の逆説的諷刺であり，"肥"に対し"发福"を使ったことによって，鮮明で強烈的な対比をなしたわけである。

"富态"，"福态"は台湾の書き言葉の中ではつねに"福泰"と書かれている。例えば，

　　虽然谭教授不算怎么胖，总也是六十来岁了，也有个福泰的肚子。

(李黎《譚教授的一天》)

(譚教授はそれ程太ってはいないが，しかし，やはり六十も過ぎているので，ふくよかなお腹が出ている。)

台湾ではその上，"福福泰泰"と言う言い方もある。例えば，

陈启后抬抬眼。月是福福泰泰的圆，昏黄的。(林怀民《辞乡》)

(陳啓後はちょっと目を上げて見た。月は真丸くて円満で平和で，ほのかである。)

"态"の意味は形・状態・様子を表す。"福泰"は幸福の様子を表す。丸々と太っていることは幸福である。"富态"は裕福の様子を表し，丸々と太っていることは裕福であることを示している。

"泰"の意味は平安・無事・安泰を表す。"福泰"は幸福，しかもまた，平安・無事を表し，これは当然，とてもよいことを表している。

"胖乎乎"は太っている子供の形容によく使う。"胖墩墩"は背丈が低く太っていてとても丈夫な人の形容に用いる。もっと生きた言葉で言うならば"胖嘟嘟"と言う。例えば，

她穿了一身白色绒睡袍，头上扎了一个天蓝的冲天结，一张胖嘟嘟的圆脸，又红又白，看着着实叫人疼怜。(白先勇《谪仙记》)

(あの子は白いビロードのパジャマを身につつみ，頭にはスカイブルーの大きなリボンを付け，真丸の白い顔に，赤いほっぺた，ほおずりしてやりたいくらい可愛らしかった。)

"胖嘟嘟"と言う表現は可愛い感じを与えるのだが，しかし，"胖不隆咚"は可愛い気のない形容となる。例えば，

循声望去，那边座位上添了个胖不隆咚的太太。(荻宜《米粉嫂》)

(声のする方に目を遣ると，そこの席にいつの間にかデブのご婦人が一人坐っていた。)

"胖不隆咚"は決して好意を持ってない場合に使う言葉である。

4. 誰が"減肥体操"をする？ 人，それとも動物？

80年代初め，中国大陸でもダイエットが始められ，"減肥体操"，"減肥茶"，"減肥药"，"減肥膏（クリーム）"などが成功し一大ブームになり，瞬く間に全国に広まっていった。さあ，一遍に面倒なことが押し寄せて来

た。"減肥体操"をしたり，"減肥茶"を飲んだり，"減肥药"を飲んだり，"減肥膏"を塗ったりしている大部分は女性ばかり，そのほとんどが年頃の娘達であって，いずれにしても馬・牛・羊・鶏・犬・豚達の動物ではない！どの少女も声を張り上げてこのように不平を言う人がいない。「私は豚ではない。なぜ，"肥"の字の付く減肥体操をしたり，減肥茶を飲んだり，減肥クリームを塗ったりしなければいけないのか」と。

　実に不思議な話ではないか。人間のため，きれいになりたい文明人のために作り出した品物なのに，なんと動物にしか使えない言葉"肥"をわざわざ商品名につけるなんて！

　"胖"とか"富态"とか"福泰"とかいくらでも人間に適している字があるというのにである。本当ならば，次の通りに命名すべきではないのだろうか。

　　　减胖操　　　减胖茶　　　减胖药
　　　减胖膏　　　减富态操　　减福态茶

　現代人は実に聡明である。近ごろある会社が慣例を破って，ある新製品を世に送り出した。その名も"减胖灵"。やっと聡明な方に出会った。

5. でぶ豚，痩せ猿

　物事を検討する場合は，必ず基準点を置かなければならない。中国人が大きいと言うと，それは空のように大きい。また，高いと言えば，山のように高く，小さいと言えば，胡麻粒のように小さい。聡明と言えば，諸葛亮のように聡明である。間抜けと言えば，劉阿斗(劉備の息子の劉禅)と同じで，頭が鈍く，無能で，役に立たない。それでは，人間の肥満についてその基準点は，何だろう？　それは豚で，「まるで，豚のように太っている」などと言う。中国で"肥猪"は太った人達（fat person, fatty）に対してもっともよく用いられる罵語である。

　中国人の「痩身」に関する基準点は2つあり，1つは猿である。痩せた人は猿に似ているので，"瘦猴"はつまり中国のやせた人の通称である。もう1つは，"电线杆（電柱）"である。痩せた人は電柱のように比喩する。電柱に比べてまだ痩せている人を"电线杆子"と言い，痩せた人によくつけるニックネームとなっている。

時には中国の痩せている人が，"芦柴棒（葦の茎）"や"火柴杆（マッチの軸）"に例えられたこともある。夏衍の『包身工』の中では，30年代の上海の少年労働者が"芦柴棒"と称されていた。
　"肥猪"，"痩猴"，"电线杆"，"芦柴棒"，"火柴杆"は当然みな，みばえがよくない。美しいということは，太ってもいなく痩せてもいないその中間にあるようだ。ある著名な女性の作家が書いている。

> 她身材纤长苗条，却丰满匀称，既不像一般中年妇人那样发胖，也没有象她妈那样枯瘦干瘪。(琼瑶《烟雨朦蒙》)

（彼女はすらっとして背が高く，スマートであるにもかかわらず，肉付きがよく均整がとれている。普通の中年の女性のように太ってもいなければ，彼女の母親のように今にも枯れてしまいそうに痩せているわけでもない。）

　中庸を重んずる民族として，中国人の体型美の標準は肥えてもいなく痩せてもいないことである。すなわち，自分の肥満や痩せのことを忘れることができれば，一番楽しく生きていけるのである。

6. "肥(肉)"（脂身の肉）の価値

　中国人の美的観念が変化し，太っていることは醜いと思うようになった。中国人の好み，食欲習慣も変化し，市場にある白身（脂身）の肉は売れなくなり，人々は赤身の肉の多くつく豚を積極的に改良飼育するようになった。そのために物質としての脂身の肉が値下りした。
　しかし，現代中国語の中にある"肥"や"肥肉"は依然として重宝されている。

> 值得注意的是，我国煤炭市场这种苦了两头、肥了中间的现状还在畸形发展。(《半月谈》1988年23期11页)

（我が国の石炭業のように，上と下が苦しんで真中だけ甘みを吸い取る（苦了两头，"肥"了中间）現状が，なお，畸型のまま続いていることは，注意すべきである。）

> 你个憨包！到口的大肥肉你喂了别人，我出两千，快给我追回来。
> (张长《求签》)

（あほったれめが！もうちょっとで手に入るうまみを，みすみす人に取ら

れてしまうバカがいるか。二千出すから，そいつを取り戻せ。）

　为什么这家企业的厂长被不断更换？城关乡政府几位不愿透露姓名的干部说，目前白厂丝行情看涨，丝厂是块肥肉。

(《半月谈》1988年24期)

（なぜこの会社の工場長が絶えず更迭されるか知っているか。名前をふせてほしいと言われた村の党幹部が言ってくれたけど，なんでも今，白廠糸の相場が上がって，生糸工場は金の宝山（是块肥肉）だそうよ。）

　中国人の口語の中で，"肥差，肥缺"はみなよいことを指す言葉である。"肥了你"は「うまい汁を吸ったね」や「得をした」「おいしい仕事だった」などという意味である。「这是一块大肥肉」の"肥肉"は大いにトクをすることを指すものである。だから食卓では中国人は"大肥肉"を嫌がる。大きな脂身ばかりの肉を奥さんや娘さん達に取ってあげたら，恨まれて怒られるが，ことばの中で"大肥肉"と喩えられるものは，奪い合い争うものとなる。なぜならば，この"大肥肉"は宝くじ（5,000元?!）と同じようなものになるかもしれないし，教授の肩書，工場長，書記や何かのポストみたいなとてつもなくすばらしいものになるかもしれないからだ。

这就是汉语

「南来北往」のなぞ

1. わけの分からない中国人

中国の成語に"南来北往"というものがある。いつもよく使われるが,注意して見てみると間違っていることが分かる。

  南来——南から来る。南から北へ向かう。
  北往——北へ行く。南から北へ向かう。
合わせると,
  南来北往＝南から来る＋北のほうへ行く＝南から来て北のほうへ行く！

おかしい！　四方八方にいる中国人は,東へ行くということがないのだろうか。——神様の住む山があり,神仙の居所であり,不老長寿の薬があるという東へ！　また,西へ行くことはしないのだろうか。——仏教徒の極楽浄土の世界があるという西へ！　南へも行かないのだろうか。——開放され,経済特区であり,一番お金儲けができる南へ！　なのに全ての中国人がひたすら南から北へと行くのは,頭でもおかしくなったのではないか？！

その上,このように,南から北へ南から北へと行くならば,ある日,南,東,西の人は一人もいなくなって,北は人であふれてしまい困ったことになるではないか！

そこで,中国の一部の辞書編纂者でも,いよいよこれは一大事だと考えたらしく,彼らは次のように説明している。

  南来北往——南から北へいく人や,北から南へいく人。
         （《成語詞典》511頁,江蘇人民出版社,1981年）

この説明は誤りがある。比較してみてみよう。

  紫气东来——紫気（瑞祥の気）が東から来る。
  佛祖西来——お釈迦様が西から来られる。
  大江东去——長江が東へ流れる。

北上抗日——北へ行って日本の侵略者に抵抗する。

　　渡江南下——長江を渡り南へ攻める。

では，なぜ"南来北往"と言わなければならないのか。

2. これは"互文見义"

中国漢代のある民歌の冒頭に，次のような歌詞がある。

　　战城南，死郭北。

　　野死不葬乌可食。

（戦士たちは城市の南郊で戦い，

戦士たちは一人一人城市の北郊で死んだ。

野外の戦死者を埋葬するものもなくただ鳥の餌食となった。）

これは，奇妙なことである。城市の北郊では戦闘が起きていないにもかかわらず，どこから死者が来たのだろうか。城市の南郊ではあのように残酷な戦闘が起きているのにどうして死者が出ないのであろうか。城市の南郊で決死の戦いをし重傷を負った戦士が，なぜ歩いてまたは這って城市の北郊まで行かなければならないのか。全く理解に苦しむ。

詩人の真の意味はこうである。

　　战城南，死城南。

　　战郭北，死郭北。

彼は，このように言うのはくどすぎると思ったのである。そこで，一句目の上半分と，二句目の下半分を詠んだのである。第一句の下半分と，第二句の上半分を補わなくてはならない。だから，中国の学者はこの二句の詩を次のように解説している。

　　この二句の中の「城南」と「郭北」は「互文見義」（対の形になった文で，その一方で述べてある事を，他方で省略し，互いに補って意味を完全にする文章の構成法。—訳者註）とみなし，これは「城南」，「郭北」両方に戦争があり，また戦死者も両方にあった。

　　　　　　　　　　　　　（《漢魏南北朝詩選注》27頁，北京出版社，1982年）

これは当然対句であるが，ただこのように理解するだけではまだ足りない。

詩人は，読者がもう一歩進んだ想像力を発揮することを願っている。

　　　　战城南，死城南。
　　　　战城北，死城北。
　　　　战城东，死城东
　　　　战城西，死城西
　彼の真の意味は，こうなのだ。「城の四方八方至る所で戦闘が起きた。城のあちこちに死体が積み上げられた。」
　中国の修辞学者は，これを"互文"，あるいは"互文見义"と呼ぶ。これはすばらしい修辞手法の一つである。
　だから，"南来北往"の中に含まれている真の意味は次のようになる。
　　　　南来南往＋北来北往＋东来东往＋西来西往＝从四面八方来，到四面八方去，泛指来来往往！
　（四方八方から来て，四方八方へ行く，広く行ったり来たりすることを指す。）

3. "互文見义"の用い方は広範

中国語の多くの成語は"互文見义"式である。例えば：
　　　　声东击西（口では東を打つように言って，西を打つ。奇計で虚をつく）
　　　　东奔西跑（東奔西走）
　　　　走南闯北（各地を駆け巡る。遍歴する）
　　　　大惊小怪（ちょっとしたことにも驚いたり不思議に思ったりする）
　　　　欢天喜地（大喜びする。歓喜する）
　　　　甜言蜜语（甘い言葉）
　　　　千奇百怪（非常に不思議である）
　　　　千家万户（多くの家家）
　　　　千呼万唤（しきりに催促する。ことがなかなか成就しないこと）
話し言葉や文章の中でも，この"互文見义"の手法はよく使われる。例えば，
　　　　睡在旷野，吃在山巅，过河，是端着枪冲过去的；受了伤，睡在月夜的营地里，谁想到去领略大自然的风光啊．（姜滇《巧克力豆》）
（広野に眠り，山頂で食べ，川を渡る時は，銃をかついで突っ走る。傷を受け，月夜のテントに寝る。大自然の景色などを鑑賞する余裕はあるものか。）

车上——躺着一个

人民骄傲的儿子。

——一个为八亿人

耗尽了最后一丝精力的

伟大英雄。

——一个为三十亿人

倾尽了最后一滴心血的

伟大的战士。(李瑛《一月的哀思》)

(車——人の人間が横たわっている

人民が誇る息子だ

——八億の民に

最後の力を振り絞った

偉大なる英雄。

——三十億の人々に

最後の一滴の血を流しきった

偉大なる戦士なのだ。)

　もし，「広野に眠り，山頂に登ってご飯を食べる」と理解したならば，それは間違いである。実際は，「広野に眠り，広野で食を取り，山頂に眠り，山頂で食を取る」のである。

　同じように，李瑛の詩の意味はこうである。

　　八億人の，そして，三十億人のために，最後のひとすじの力をふりしぼり，最後の一滴の心血を注ぎ尽くした，一人の，偉大なる英雄，偉大なる戦士。

　すべて，"南来北往"と同じように，少しもいいかげんではなく，かつ，内に含まれるものが豊富で，その意味は限りがない。

　"互文見义"という手法の表現は，有限の言語形式の中で，豊富で複雑な語意内容を表することが十分できる。これはよく使われる形式で，用途も広い。しかし，時には誤解も生みやすいので，書くときや読むときには，当然注意を払わなければならない。

这就是汉语
"慢"の話

1. 遅い，それとも早いか

　90年代の始めの春に北京で，アメリカのファースト・フードの店に入り，友達と一緒にケンタッキー・フライドチキンを食べたあと，店に貼ってある表示を見た。
　　　请慢走（ゆっくり歩いてください）
　ファースト・フードの英語は"quick meal"と言う。ファースト・フード部門は"quick-lunch counter"とも言う。ファースト・フードの特徴は，すべて「速い」という点につきるのである。"quick（速い）""快"は，我々現代の社会生活に適している。なぜなら時間は金、時間は効率、時間は命、時間は愛情、時間は勝利、時間がすべてだからである。筋から言えば，ファースト・フードは何事も「速さ」を追求しなければならないものである。さっとフライドチキンを運んできて，すばやく食べ，食べたら，さっと出る。急いで店に入り，急いで店を出るのである。疾風怒濤の勢いで平らげ、星の流れるが如く立ち去らなければならない。
　80年代の中国では，このような，はやいテンポの生活スタイルは，南から，海からはやってきた。ファースト・フード店のスローガンや流儀としては，
　　　请快吃（はやく食べてください）
　　　请快走（はやく出てください）
と言うべきであろう。もし閩南方言，つまり福建語でいうなら，
　　　请食猛
　　　请行猛
　しかし，このアメリカのフライドチキン店の表示は，たしかに"请慢走"と書いてある。この場合の"请慢走"は，以下のように解釈できるのではないかと思う。つまり，
　　　Don't go yet, please.（まだ出て行かないで下さい）

153

Wait a minute, please.（少々お待ちください）

Stay, please.（ここに居て下さい）

はたして，これはこの店のオーナーの本音であろうか。ケンタッキー・フライドチキンを平らげたあとに，この店で3時間もねばって，おしゃべりしようものなら，ウェイトレスににらまれ，しまいには，追い出されることは必至と推察する。

2. ゆっくりすることはいいことだ

"慢"という生活習慣は東洋文化の特徴の一つである。これは西洋人の「行きも帰りもさっそうと素早く」とは明らかな対照をなしている。

中国語の中で，"慢工出細活"という諺がある。－Slow work yields fine products.（時間をかければ良い仕事ができる）。中国人の口癖で「まあ，おちついて，ゆっくり，いそがないで」というのがある。中国の「交通戦争戦線」では，"宁等三分，不争一秒"（一秒を争うより，三分待つほうがよい）というスローガンが，道路の両側のあちらこちらに貼ってある。

中国古代の著名人の一人左思は，10年かけて，三国時代の魏蜀呉三つの国の首都を描いた賦『三都賦』を書いた。賈島は"両句三年得"と自分を語っていた。たった二行の詩に三年かかった。彼らは皆"慢功"（ゆっくりかけて完成する）で有名になり，後世まで伝えられている。どうも，中国伝統文化の中で，"慢"＝"好"（ゆっくりすることはいいことだ）という認識があるようである。

もし，アメリカのフライドチキンの店が"请慢走"を

Walk slowly, please.

Don't go yet, please.

Wait a minute, please.

と翻訳してしまっては，英米人の客はきっとおかしくて，あっけにとられて，「"Why?"どうして"slowly"でなければならないのですか？どうして"quickly"のがいけないんですか」とあきれかえって聞き返すに違いない。

英米人は「早い」は「おそい」よりいいと思っているようである。そのために，英語の中には"slow"は"dull"（愚鈍）の意味を含めている。例

えば,"a slow child"（知恵の遅れた子供）というふうに表現される。その一方で,"quick"は"living"（生きている）の意味を持っている。

例えば,

the quick and the dead（生きる者と死せる者）

というふうに使われている。

以上から,私たちは,ゆっくりした行動を好む東洋人と,急いで行動する西洋人との間の差異がわかる。

3."慢走"は必ずしも「ゆっくり」ではない

"中国三年困難期"と呼ばれた50年代,私はまだ若き大学生だった。ある日,私は郷里の淮安への帰り——淮安は周恩来総理の出身地である——,遠方にいる夫を尋ねるおばあさんをある農村の主婦が見送る光景に出会った。彼女は,バスの外から何度もそのおばあさんに向かって"请慢走,慢走！"と丁寧に別れの挨拶をしていた。そこで,若いバスの運転手さんは茶目っ気を起こして大きな声で叫んだ

ゆっくり行ってほしかったらよ,バスから降りて,足で歩いたらええだが。歩く方がずっとゆっくりになるんだぜ。バスはゆっくりになんかなれないのだから。バスは早くしかできないんだぜ。早いったらありゃしないんだよ,とっても早くてさー。

バスの中にいる乗客は皆爆笑してしまった。その主婦はからかわれて,恥ずかしくなって,やっと"请慢走""请慢走"を言わなくなった。

その後,車に乗る時,船に乗る時,飛行機に乗る時,私は何度も"请慢走"と言ったのを聞いた。おもしろいことに,緊急の用事で出かける時でも見送りは,やはり"请慢走"と言ってくれる。これには実に苦笑させられたものである。よく考えてみれば,人は好意で言ってくれるのだから,その気持ちを大切にしなければならない。ここでは,実は"慢"という言葉は,もはや"慢"（ゆっくり,おそい）という意味ではなくなった。"慢走"というのは「気をつけて行ってらっしゃい」という意味になっている。「むちゃしないで,あわててはいけない」意味でもある。ここで言う"慢走""慢吃"の中の"慢"というのは,実は"take care"という意味である。"慢"（ゆっくりすること）こそが安全を保ち事故を起こさないことで

ある。それに，中国人は冒険精神に欠け，事故になることを最も恐れている。そこで，事故を避けるための一番いい方法、即ち"慢"という言葉を送るのが，相手に対する最大の思いやりとなるわけである。

実は，アメリカのフライドチキン店の中の表示は中英対照である。

　请慢走

　take care please!

"take care"を使って，"慢"を解釈するのは適当である。

4. 请慢走 ＝ good-bye ＝ 拜拜（bye-bye）

もし"慢"が「気をつけて、慎重であること」の意味に変化したのが，第一語義変化であるならば，この場合は、既に第二次語義変化を起こしているのだ。もう「気をつけて、慎重であること」という意味さえ全くなくなっているのだ。ただ，親戚や友人に別れのあいさつをする際に，親しみを込めた記号であり，人間関係を維持するためのプラス作用があり，効果的な記号となったのである。

この記号には二つの役割がある。

第一に、これはいままでのお互いの親密な関係の再確認である。それまでのお互いの関係は友好的で正常で、信頼ができ、何一つ不安要素はなかったのである。

第二に、これは双方がこの友好的で正常な関係を今後さらに強固にし、発展させることに対する期待と保証であり、これは一種の承諾である。今後はお互いに思いやって、お互いに支持、助け合っていこうという合図である。

それは、朝の挨拶「おはよう」或いは、ふだん会う時の「こんにちは」という挨拶と同様である。今までの友好関係を確認するだけでなく、また更なる友好関係を保証するという二重の功用があるのである。

別れの時の"请慢走"は、実は英語の"good bye"と同じである。つまり、

　　慢走 ＝ good-bye ＝ 拜拜（bye-bye）

となるのである。"拜拜"は80年代中国で流行っていた漢語風の"good-bye"である。

5. 中国人も早いのが好き

"快"と"慢"は一対の反義語であり，対をなす。例えば，

　　快车（急行列車）—— 慢车（鈍行列車）

　　快班（早い便）—— 慢班（おそい便）

　　快件（速達郵便）—— 慢件（普通郵便）

　　快步（早歩き）—— 慢步（おそ歩き）

しかし，対にならないものもある。"快"だけがあって，"慢"がないのがある。例えば，

　　快意（快適）——慢意（×）

　　快活 —— 慢活（×）

　　快慰（慰め）—— 慢慰（×）

　　快感 —— 慢感（×）

　　快嘴（早口）—— 慢嘴（×）

　　快乐——慢乐（×）

　　快人快语（さっぱりと，屈託無く話す）——慢人慢語（×）

又，"慢"があって，"快"がないものもある。例えば，

　　慢词（曲の調子やのリズムの緩慢な"词"など）——快词（×）

　　慢坡（ゆるい坂）——快坡（×）

　　慢性子（温厚な人）—— 快性子（×）（"急性子"ならばある）

現代中国語の中で"快"は"慢"より語彙の数が多い上に，プラス指向の意味を含めている。例えば，

　　すばやい、めざとい：脑子快、眼尖手快、快当

　　さっぱり、痛快、あっさり：爽快、痛快、快嘴、快人快语、快刀斩
　　　　　　　　　　　　　　乱麻（快刀，乱麻を断つ）

　　楽しい、嬉しい、快適：快乐、愉快、快活（愉快だ）、拍手称快（快
　　　　　　　　　　　　　哉をさけぶ）、大快人心（溜飲を下げる）、
　　　　　　　　　　　　　快慰、快感

以上を見て来て分かるように，中国文化では，必ずしもひたすら"慢"尊び，"快"を否定する文化というわけではない。中国文化の中でも"快"を尊ぶ一面をも持ち合わせている。

"慢"の話　157

大詩人，李白は，自分のことを「一度筆を下ろせば萬言を成し，馬に乗りかけ，出発の準備をしている間に詩文ができてしまう。」というほど早いと自負していたのであるが，中国人達は，彼のその「一斗の酒を飲めば詩百篇を書き上げる」ような早さをこよなく愛した。 中国人も関羽の"快"（すばやい）を賞賛する。一杯の酒がまだ冷えないうちに，だれも太刀打ちできない敵軍の大将の首を取って来たのだから。

　中国語や中国伝統文化に対して，一面のみをほめ，片方を批判すべきではない。二つの面の比重と使われ方を具体的に分析し，これまでの変遷を研究し，現代の激変する生活リズムの中で現れる新しい構造を求めるべきである。仮にある日，宇宙船に乗って，見送りの友人から"请慢走"と言われたときは，気にしたり，笑ったりしないで下さい。社会は進歩し，科学は発展し，考え方も新しくなったが，言語は保守的である。"请慢走"は，永遠に不滅である！

语林漫步

语林漫步
略称の笑い話と現実

1. 略称の規則を笑えない

略称は,既にコメディアンの笑いのネタにされている。流行の漫才師の中には,おかしい簡略した言い方がよく出る。例えば:

"上吊"（自殺する）——上海吊車工場

"上厠所"（お手洗いに行く,"厠"と"測"は同音）——上海測量研究所

"怀孕"（懐孕）（妊娠,"孕"と"运"（運）は同音）——懐（怀）来県運輸会社

"自杀"——自貢県殺虫剤

私は漫才師の方達の言語に対する敏感度には敬服する。彼らは,今,略称を乱用する社会風潮に目を向けたのである。

しかし,私は,略称のためにちょっと弁解をさせてもらおう。コメディアンのネタにされたこれらの簡略した言い方は,実生活中に存在してはいないし,かつて使われたこともなかったのであるが,しかし,この略称の作り方は,完全に現代中国語の略称構成法則に沿ったものであり,全く合法的なものである。ただよくない,不潔なイメージの同音語を連想させやすいだけである。例えば,

　　　　上測所（上海測量研究所）——"上厠所"（お手洗いに行く,"厠"と"測"は同音）

　　　　怀运（懐運）（懐栖県運輸会社）——"怀孕"（妊娠,"孕"と"运"は同音）

そのため,社会用語としてパスすることができなく,笑い話のネタにしかならないわけである。しかし,笑われようとも,現代中国語における略称の法則は,取り消される訳にはいかないのである。

2. 略称に反対できない

言語学の大家である呂叔湘先生は,かの名著の『語文札記』（私は,何

時も言語学学習者の諸君にこの本を推薦している。再三読む価値のある本だからだ。）の中に，次のことを述べている。

次に挙げるものは，一般の新聞や雑誌に載せるべきではない言葉であるにもかかわらず，載せられている例である。

　　　民品（民用産品）
　　　达标（達到体育鍛錬標準）
　　　死缓（死刑緩期執行）
　　　人流（人工流産）
　　　糖心病（糖尿病性心臓病）
　　　内矛（人民内部矛盾）　　（上海教育出版社，1984年版）

八年間過ぎて，呂先生に批判された六つの略称のうち，四つが既に完全に適正用語として認められている，それは，

　　　民品　达标　死缓　人流

である。もう反対を唱える人はいないだろう。

ただ"糖心病"だけが，相変わらず"自杀"や"上吊"と同じように笑い話の材料にされえるのである。"内矛"は，まだ流行り出していないが，"正处"（"正确処理人民内部矛盾"，人民内部の矛盾を正確に対処する）や"唯批"（"唯物主义还是经验批评主义"，"唯物主義"かそれとも"経験批判主義"か）などの略語は，特定の範囲内での使用は差し支えないであろう，しかも禁止しても効果がないのではないか。

こうして見ると，略称は，いまのようなうつりかわりの激しい世の中では，欠かせないものとなってきたし，人々の主観的な反対では，反対し切れるものではない。

3. 略称の多様性

"简称（略称）"の"简"は，「簡単」の「簡」を言うのであるが，その実は，きわめて多彩である。

二つの看板を一緒に並べているのを道端でよく見かける。

　　　汽修厂（汽車修理工場）
　　　停车场

"汽车"（日本語の「自動車」）を簡略して使うならば，前の一字を取って

使えばよい。例えば，"汽配"（"汽车配件"，車部品）などのように。また，後ろの一字を取って使ってもよい。例えば，

　　　　车站（駅）　　　车票（切符）

　略称は，前後文脈から独立できるものと，一定のコンテクストに依らなければならないものとがある。つまり，略称が全文に取って代わって，コミュニケーションの中に使用され得るものと，略称が全文と同時にコンテクストに出され，交互に使用されるものとがあるのである。略称が一旦前後文脈から独立でき，全文に代わって，独立して自由に色々なコミュニケーションの中に顔を出すことができれば，それは，既に語用事実から言語体系に組み入れられたことになり，言い換えれば，個人的な，個別的な「閉じた"言语"世界」から社会的，普遍的な「開かれた"语言"世界」へと転じたことになるのである。そして，コンテクストに依らなければならない，全文と同時に出され，互いに使用される略称は，あくまでも"言語事実"のままで，言語の世界のものであり，まだ言語体系の中に入ってないものである。

　略称は，誤解されやすいものである。略称を使う人は，誤解されることに気を遣わなければならないが，しかし，誤解される心配は要らない——何故なら，すべての言葉は，みな誤解される可能性があるからだ。略称に対する誤解もまた色々とある。許容範囲内のものもあれば，許容範囲外のものもある。許容範囲内のものは，例えば，"五官"にたいしては，同じ見解がなく，諸説紛々，一致した結論がない。許容範囲外のものは，例えば，南京に居るとき，天津の南開大学のことを，"南大"と簡略して言えば，必ず南京大学のことかと誤解される。だから，略称を誤解しやすいという理由から，それを反対し，禁止すべきではないと思う。特定なる前後文脈から離れて，抽象的に誤解が生じてわかりにくいなどを論ずべきではないと思うのである。だから，新聞の標題に引用符付きのおかしい略称が書かれていても，本文の中に，ちゃんと略称の全文が載せられていれば，それでよいのではないかと思うのであり，いちいち出所の詮索をしなくてもよかろう。

语林漫步
"牛话"——牛の話

1

"牛话"は多義的である。

第一に，"牛话"は，牛が話した内容を言う，もし牛が話せるならば。童話や民話の中では，牛は確かに話せるのである。

第二に，"牛话"は"话牛"でもある。即ち，牛に関する雑多な話である。牛を対象に書いた随筆である。

第三に，"牛话"は，"牛性子"（頑固な性格），"牛脾气"（偏屈な人），"顶牛"（意見対立）の話や，反体制，異議を唱える，愚痴をこぼす，合点のいかない話かもしれない。

本文では，その第二義の，牛の四方山話をさせていただこうと思っている。

2

"牛"，インドでは，バラモン教教徒の崇拝の対象である。バラモン教において，"牛"は神の象徴である。紀元前1500年以前の古代インドの偉大なる教典『ベーダ』（Veda）の『教義集』の中では，人類の言葉を「牝牛」と言い，呼吸を「牡牛」と言う。「言語」という牝牛と「呼吸」という牡牛から，人間の心が生まれたのであるという。バラモン教を信ずる人々は，「言語」を女神と見なし，しかも最も偉大なる女神であると考える。彼らは，永久にこの「言語」という女神に魅惑され，平伏し，意のままに操られる……のである。

3

"牛"，古代中国でもやはり，最も大切な動物である。このことは，漢字の部首からでも分かるように，牛偏があるばかりでなく，牛偏の字がまた

特に多い。

エスキモーの言葉の中に，十いくつものアザラシを言い表す言葉があるそうだ。このことから，彼らの生活におけるアザラシの重要度を表すことがわかる。とすれば，古代中国において，牛を表す漢字もやはり，格段に多いのである。例えば，

犊 —— 幼い牛

㹇 —— 一歳の牛

牬 —— 二歳の牛

犙 —— 三歳の牛

牭 —— 四歳の牛

牻 —— 白黒雑毛の牛

犗 —— 背中が白い牛

牨 —— まだらの文様のある牛

犥 —— 黄白色の牛

㹎 —— 虎文様の黄色牛

特 —— 背中が白い牛

㸴 —— 黒い唇の黄色牛

㹔 —— 白い牛

犤 —— 背中の長い牛

牷 —— 毛の色が一色の牛

牥 —— 水牛

牠 —— 角のない牛

牐 —— 水の中の牛

䏰 —— 黒い目の牛

犍 —— 野牛

犦 —— 黒い牛

犎 —— 野牛

現代人の目から見れば，これは不思議なことである。一体，なぜこれほどにも詳しく分ける必要があろうか。しかし，当時としては，このように煩雑な区分けは，大変実用的な価値があったに違いない。現在では，"牛"という字だけが残っている。他の字は，みな消え失せた。これまで，我々

は，言語や文字は，簡単から複雑へ，低級から高級へと進化したのだといつも説いて来た。では，このように，いくつかの漢字とその代表する語が消失し，たった一つの"牛"だけしか残っていない事実について，どう説明すればよいだろうか。進歩したと見るべきか，それとも，後退したと見るべきか。公正な見地から言えば，これは進歩であり，発展である。簡単から複雑へは，発展と進歩であるならば，複雑から簡単へもまた発展と進歩なのである。

4

古代中国における牛への崇拝は，"物"という漢字で説明することができる。後漢の許慎が『説文解字』の中で，次のように言っている。

 物，万物也，牛为大物，天地之数起于牵牛，故从牛，勿声。
 （物は天地の間の全ての物である。牛は大きい。天地の数は，牽牛から始まる。だから，牛偏であり，勿の音を持つ）

すべてのものを「牛」を用いて表すのであるから，牛は重要なものというべきであろう。

古代中国では，専門に牛を飼育する役人，"牛人"がいることからも，牛を重視していたことがわかる。『周官』の中では，「"牛人"は国の公牛を飼育し，以て政令を待つ……」と記されている。

古代中国では，"牛"はまた悲劇の主人公でもある。このことは，"牺"（犠）と"牲"という二つの字からでも，その一端を窺い知ることができる。

 犧（牺），《说文解字》："宗庙之牲也。"
 （犠は，『説文解字』に「廟にささげる生け贄である」）
 牲，《说文解字》："牛完全，从牛，生声"。《礼记》："祭宗庙之礼，牛曰'一元大武'"。
 （牲は，『説文解字』に「牛の完全な物である。牛偏で生の音を持つ。『礼記』に，「廟を祭る儀礼では，牛を'一元大武'という」という。）

"牛"は，祭祀の時のお供え，人々が幸せを求めるため，神に献上する"犠牲"である。ゆえに，"犠牲"は，古代に祭祀の時に殺す牛のことである。（もちろん，他の家畜を含む場合もあるが。）これが"犠牲"という言葉

の語源である。

5

"牛"と言えば，今の中国では，昔ほどもてはやされなくなってきたようである。

"牛"の部首にあれほど多くの漢字があるということからも分かるように，古代の牧畜——農耕社会において，「牛」は漢民族の先祖にとって，大変重要な動物であった。当時の人々の生活と生産には，ほとんどと言ってよいほど，牛とは切っても切れない関係にあった。当時，牛は意気揚々であった。古代のうら若い，モダンなお嬢さんは，こう詠っていた。

髧彼两髦，实维我特。(《诗经》《鄘风・柏舟》)
（垂れ下がったあの二つのみずら それこそ我が背の君）

ここの"特"と言う字，元は「若い牡牛」のことである。転じて，恋愛の相手，白馬の王子，ボーイフレンドを指す。

古代では，樹齢一万年以上の大きな木は，木の精となり，"青牛"と化けると信じられていた。だから，青い牛は，いつも風格ある仙人と一緒に描かれ，老子（道教の太上老君）の乗り物となっているわけで，これもまた，なかなか風雅である。

しかし，現代になると，"牛"に関する言葉は，もはや話にならないほど名声を失墜させてしまったのである。例えば，

牛脾气（頑固な性格）
牛劲（強情）
牛脖子（意地っぱり）
牛气（強情）
牛性（頑固な性格）
吹牛皮（ほらを吹く）
钻牛角尖（徒に重箱のすみを突っつく）
牛溲马勃（なんの価値もないこと）
作牛作马（捨て身になって働く）
牛鬼蛇神（妖怪）
牛头马面（容貌の凶悪醜悪なこと）

牛头不対马嘴（話しが合わない）
　　　老牛拉破车（のろのろしている譬え）
　　　鞭打快牛（更に厳しい要求をする）
　　　懶牛上阵屎尿多（怠け者ほど用足しが多い）
　少しましな表現は，強いて言えば，次のものくらいであろうか。
　　　执牛耳（リーダーシップをとる）
　　　牵牛鼻子（問題の中心点をしっかりと掴む）
　　　老黄牛（人民のために犠牲となって奉仕する人）
　牛耳る人は盟主であるから，威風堂々としているし，牛の鼻を引っ張る人は，聡明で仕事ができて，能力がある。しかし，牛はどうしたかというと，盟主に耳を割かれ，結盟をする人達に飲ませるため，血を取られる。鼻を引っ張られたときは，牛にとって，少しも名誉な所がないのである。
　してみると，現代中国語の中では，牛を賛美する言葉は，たった一つ，"老黄牛"のみである。しかも，この"老黄牛"精神も，五，六十年代では大変人気があったのだが，いまのこの八，九十年代になったら，また歓迎されなくなり，"千里马"に席を譲ったのである。ちょうど古代の幼い牡の牛が，現代の白馬の王子に，アイドルの座を譲ったのと同じである。

6

　"牛"の四方山話をするなら，"斗牛"（闘牛）に触れないわけにいかない。
　闘牛には，二種類ある。スペインの場合は，人と牛の闘いである。人間が牛に攻撃を仕掛けるのである。しかし，中国の雲南・石林一帯及び浙江・金華一帯では，人間が，牛同士を闘わせるのである。無論，これもやはり闘牛である。ただし，前者の「闘牛」の「闘」は，攻撃の意味であるが，後者の「闘牛」の「闘」は，牛を挑発して，闘わせるのである。中国人が言う"斗羊"（闘羊），"斗鸭"（闘あひる），"斗鸡"（闘鶏），"斗蟋蟀"（闘蟋蟀）等々は，みなこれらの動物や昆虫を攻撃するのでなく，挑発して，これらの動物や昆虫にお互いに闘わせて，人間を楽しませるか，賭事とするためのものばかりである。

7

英語の"cowboy"は、"cow"（牛）+"boy"（男の子）である。『現代高級英漢双解辞典』はこう解釈している。

> man（USU. on horseback）who looks after cattle in the western parts of the U.S.A.〔アメリカ西部の牛飼い（普通，馬に乗って牛などの家畜を世話する）〕

張其春の『簡明英漢辞典』では，

> （ヨーロッパ）牛飼い，牧童，（アメリカ）馬に乗っている牧童

この"cowboy"を中国語の標準語で言えば，"牛郎、牧童、牧羊人、牧马人"であり，北京方言で言えば，"牛倌、羊倌、马倌"であり，呉方言で言えば，"放牛娃、放羊娃"であり，広東方言で言えば，"牛仔"となる。現在では，南方の広東方言が大変人気があるため，"牛仔"が他の"牛郎，牧童，牧羊人，牛倌，放牛娃"などに打ち勝って，主流となったのである。そのために，80年代の中国語の中には，

牛仔裤（ジーンズのズボン）

牛仔裙（ジーンズのスカート）

牛仔服（ジーンズの洋服）

牛仔衫（ジーンズ生地のシャツ）

牛仔帽（カーボーイ・ハット）

牛仔鞋（カーボーイ・ブーツ）

牛仔热（ジーンズ熱）

牛仔潮（ジーンズ潮流）

などが勢揃い。普段は大きな牛公を見ると，腰が抜けるほどびっくりして嫌がる娘たちも，競って"牛仔～（ジーンズ製のなんとか）"という"牛"にちなんだ名前の製品を身に付けることを自慢するようになった。牛飼いなどは鼻であしらう現代のお坊ちゃまたちも，片時も"牛仔～"製品を放さない。これが即ち，"牛"のいない，"牛仔"のいない"牛仔～"の世の中である。我々の祖先達が創造した"牛"の形態に関するたくさんの漢字は，こうして消えてしまって，その見返りに，"牛仔～"が大流行したわけである。

私は，"老黄牛"を褒め讃える。"小公牛"（若い牡牛）も"小母牛"（若

い牝牛）も褒め讃える。若い牡牛の"初生牛犊不怕虎"（若者は怖いもの知らず）の精神を褒め讃える。若い牝牛の無私の精神で，その"牛奶"（牛乳）を子供，大人，お年寄りに分け与える，崇高な精神を褒め讃える。

　もし"牛仔～"のなんとかジーンズ製品を着て，若い牡牛や若い牝牛の背中に跨り，両足で牛のお腹を夾み，両手でその頭を軽く叩いて，首を優しく撫でて，気持良さそうに草の上に歩かせ，金色の日射しの中を風に吹かれて，小鳥のさえずりを聞きながら歩くことができれば，きっと素晴らしい牧歌調の絵になるであろう。しかし，このような情景は，"牛仔～"のなんとかジーンズ製品が好きな若者とは縁もゆかりもないのだ。中国の牛飼いたちは"牛仔～"のなんとかジーンズ製品を身に付けないし，それを身に付ける人は本当の牛飼いでもない。これもやはり，一種の形式と内容のズレといえようか。

8

　最後はやはり"牛"という漢字について，少し言及しよう。"牛"という字は，元は，

Ψ

と書くのである。
　清朝の王筠が『文字蒙求』の中で記した，この象形文字に対する解釈が，実に的を射ている。

　　　　上曲者角也，｜之上为项之高耸处，中则身，末则尾，一则后足也，
　　　　此自后视之之形。牛行下首，故不作首。又无前足者，为腹所蔽也。
　物事を観察する場合，ある視点から見なければならない。もし，視点が適切でないと，この象形文字の謎を解くこともできなくなるだろう。王筠のすぐれた所は，造字者の視点を適切に探り当てた所にある。

　　これは，後ろから見た牛の形である。なぜなら，牛は，歩く時，頭を高く挙げない――傲慢さがなく，至って謙遜である――ので，頭が見えない。前の二本の足も見えない，牛の大きなお腹に視線を遮られたからである。

　　この"U"字型は角である。この"一"は，牛の二本の後ろ足であ

る。簡素化，線状化，符号化されたので，あまり形が分からなくなっているが。二本の角の間にある｜は，牛の首の高くなった部分である。二本の角と二本の後ろ足の間にあるのは，牛の体の部分である。二本の後ろ足の間にぶら下がっているのは，尻尾である。

　このように，王先生に丁寧懇切に教えていただくとよくわかる。"牛"という字の四つの筆画は，実に絶妙な具合に組み合わされていて，且つ奥深いものがある。古代から伝来した我々の漢字には，まだまだたくさんの暗号が秘められていて，謎が解かれるのを待っているのではなかろうか。

語林漫步

"我"を論ず

1. 中国文化史上の"我"の謎

　今日,老荘思想は人気を博するようになった。欧米諸国でも評価されているそうで,我々としても誇りを感じる。外国で評価されるようになったために,80年代の我が国の知識青年の間でもかなり注目されるようになったのである。

　しかし,私にとって,あの博大で不思議で,かつ奥深く難解極まりない『荘子』のことを思うと,いつもその中の"我(わたくし)"を含む文を思い出さずにはいられない。例えば,

　　（1）吾以为得失之非我也。（《庄子》田方子）

　　　　（私は地位の得失が自分の本質とは関係ないと思っている。）

　　（2）故善吾生者,乃所以善吾死也。（《庄子》大宗師）

　　　　（自分の労役である生を善しとするなら,実は,自分の休息である死を善しとすることになる。）

　　（3）吾思夫使我至此极者而弗得也。（《庄子》大宗師）

　　　　（私は,私をこれほどの状態に追い込んだのは何であるかを考えているのだが,しかし分からない。）

　同じ人を指すのに,"我"と"吾"の二つの第一人称を用いている。これは,実は先秦時代ではよく見かける現象である。そして,孔子と孟子に関わる文献にも見かけることがある。

　　（4）如有复我者,则吾必在汶上矣。（《论语》雍也）

　　　　（もしまた私に薦める者がいたら,私はきっと汶水のほとりに行くだろう）

　　（5）我善养吾浩然之气。（《孟子》公孙丑）

　　　　（吾は「浩然の気」をうまく養うことができる）

　　（6）彼以其富,我以吾仁；彼以其爵,我以吾义。（《孟子》公孙丑）

　　　　（彼が財産を持ち出せば,私は仁の心を持ち出し；彼が爵位を持ち出

せば，私は義の心を持ち出す。)

実際，当時の第一人称は，この二つだけではなかった。ほかにもまだ数多くある。我が国の誇る辞書『爾雅』の「釈詁」篇の中に，

　　卬、吾、台、予、朕、身、甫、余、言、我也；朕、余、躬、身也
と述べられている。

このように見てくると，上古の時代において，我々の先祖の中国語の中には，10もの"我"があることになる。ちょうど天に，10個の太陽があるのと同じ事になるが，しかし，太陽の方は，のちに，羿と呼ばれる人に矢で9個を射ち落とされたことになっている。10個の太陽，10個の"我"，みな中国古代文化のなぞである。

では，この10個の"我"は，いったいどういう事情を持っているのだろうか。

これは，「地域変体」——即ち方言の差異か，「文法変体」——即ち異なる"格"の変化か，それとも，「社会変体」——即ち話し手の身分，コミュニケーションするときの環境，感情色彩の変化であろうか。

この学術的論争は，長い間決着がつけられなくて，何代もの文法学者が巻き込まれた。更には，青い目の中国文学者までもこの件について発言したのであるが，しかし，今日に至るまで，100％満足する解答は見出せないでいる。われわれは，なるべくこの渦に巻き込まれないようにする方が賢明で，ただ，昔はこのようなことがあったということを知ればよいのではなかろうか。

2.「地域変体」と「文法変体」

近現代の中国語の中にも，少なからぬ"我（わたくし）"が存在している。しかし，それは，主に，「地域変体」，即ち方言差である。例えば，

　　北方方言——俺　咱
　　呉方言——阿拉
が挙げられる。

実際の使用例をいくつか挙げてみよう。

　　（1）（正旦日）存孝，今日父亲饮宴，唤俺两口儿，俺见阿妈，阿者去。
　　　　　　　　　　　　　　　　　　（关汉卿《邓夫人苦病哭存孝》）

（正旦曰く：旦那様，今日父上が宴会をなさる故，私たち夫婦をお呼びになったので，私はこれからおばばさまとじいやのところに一声を掛けて参ります）

（２）（正旦曰）咱过去见阿妈去来。（同上）

　　　（正旦曰く：私はちょっとおばばさまの所にご挨拶して参ります。）

（３）香恋，你就打俺两下，为了俺不知道你还要有个钱包，打呀。

(张一弓《寻找》)

　　　（香恋さん，おれを殴ってもいいよ，君には他に財布も要ることなんか知らんかったもんで，いいよ，殴っても。）

（４）但愿诸公切勿死守我的教科书，免得大人一不高兴便说阿拉是反动。（鲁迅《公民科歌》）

　　　（どうか，みなみなさま，私の教科書のいう通りにやらないで下さい。いつお役人さまが気にいらないことがあれば，わしを反動派と決め付け兼ねませんからね。）

　インド・ヨーロッパ語族の言語は，多くが"我（わたくし）"を一つ以上持っている。ただし，ほとんどが，「地域変体」ではなく，「文法変体」であり，つまり"格"の変体である。たとえば，英語の"I"と"me"は，主格（主語）と賓格（目的語）の関係にある。ロシア語の中には，六個もの"わたくし"がある。即ち，

　　　　Я——Меня——Мне——Меня——Меной(-его)——Мне

変化した格ごとに，"わたくし"（I、Я）の文の中での地位をあらわしている。むろん，このような変化も例外がないわけではない。たとえば，英語の場合は，"I"と"me"の論争が起こっている。"It is me"が正しいか，それとも"It is I"の方が正しいか。一部の文法学者は，正統派の"It is me"を擁護しようとしたが，しかし，"It is I"を言う人が段々増えてきたので，文法学者もやむなく，遂に，"It is I"を認めることになったわけである。

3. 言語応用上の変体

　既に出来上がっている"我"がいくつもあるというのに，私たちは，時にはわざわざ，その"我"を使わずに，他の表現を使う。例えば，"人家"や"他（她）"，"你"など。例えば，私たちは，よくこういう風に言う。

"我"を論ず　173

> 你干啥，人家又没得罪你，这么跟我过不去。
>
> （どうしたというのよ，わたし（人家）が何か悪いことをしたわけでもないのに，なんでこんなにも辛く当たるのですか。）

ここの"人家（他の人）"が，実は，自分のことを指すのである。

また，日記の中では，私たちは，"你（あなた）"で自分を呼ぶのである。あるいは，独り言や，気持が高揚したときにも，よく"你（あなた）"を使って，自分のことを指す。

> 你真傻，你怎么忘了现在是20世纪90年代了呢？唉，你呀！
>
> （おれ[你]は本当にバカだな。いまはもう，20世紀の90年代だよ，しょうがないやつだな，おれ[你]は。）

この"你（あなた）"もやはり，話し手自身のことである。

もし，ある男性がある女性に，以下のように言う場合は，

> 有一个小伙子爱上你了。他可是真心的，他人同我一般高，各方面条件同我差不离……（ある人があなたを愛してしまったんだ。彼は，本気だぜ。彼は，僕と背の高さが一緒で，条件もほとんど同じだけどさ……）

この"彼"というのは，実は，自分自身である。

> 有一位姑娘早爱上你了，就怕你对她没真心，耍弄她，所以迟迟没说，她要我问问你……（ある人がずっとあなたの事が好きなんだ，でもあなたの本心が分からなくて，一時のお遊びではいやだから，それでなかなか自分から言えなくて，私に聞いてくれってと頼んだの……）

むろん，この"彼女"は，このお嬢さん自身である。

上に挙げた例は，「地域変体」でもなければ，「文法変体」でもない。一定の文脈及び特定の関係の中という条件付きで，一時的に存在する。この場合は，むしろ"我"という字の"语用変体"と呼ぶべきではなかろうか。

もし「地域変体」と「文法変体」が言語内の現象であるというなら，"语用変体"は言語の中の現象の一種であると認めなければならない。

4."我"に対する忌み嫌い

われわれの文化の伝統の中に，確かに呂叔湘先生の言われる通り，"你我（あなた，わたし）"を忌み嫌うのである。

中国の封建社会では，長幼尊卑の間での会話は，節度を重んじる。

一般的な三つの人称代名詞について,目上の人が目下に対して用いるのはよいが,しかし,目下の人が目上の人に用いてはならない。地位が同等の人間同士でも,それほど近しい関係でもない限り,やはり人称代名詞をなるべく使用しないのである。《《近代汉语指代词》》
　宋の沈括は『夢渓筆談』の中で,次のように述べている。

　　　　賈魏公为相日,有方士姓许,人未尝称名,无贵贱皆称"我",时人谓之"许我"。

　　(賈魏公が大臣だった時,許という姓の道士がいた。誰も彼の名を呼んだことがなく,誰に対しても「我」と言ったので,彼を「許我」と呼んだ。)
　この人は,"我"を使い過ぎて,貴賤を問わず,自分のことを誰に向かっても,"我"と言ったため,当時の世論を沸かせ,教養のない人間だ,礼儀をわきまえてない,言葉遣いが美しくないと誹られた。それで,"許我"(私を許して下さいとの意を掛けて——訳注)というあだ名を付けられたのである。沈括が著書『夢渓筆談』の中に入れたほどであるから,このことは,当時大きな出来事であったに違いない。"我"を気安く口にしてはならなかったわけである。
　この忌諱は,清の時代になっても,状況は変わらなかった。だから,『紅楼夢』第55回の中で,王熙鳳が,平児に,「また何を焦っているのだい？"あなた"だの,"わたし"だのって,聞き苦しいったらありゃしないわ。」となじる場面がある。当時の礼儀習慣にすれば,王熙鳳は正妻であり,平児は家に入れてやった女中上がりの妾——第二夫人——にすぎない。二人の間の尊卑の境界線は,"楚河漢界"(中国将棋盤の中央にある境界線——訳注)ほど明確に分けられていたはずであって,断じて越えてはならないのである。だから,平児が,目上の王熙鳳に向かって,"あなた"と呼んだり,自分のことを"わたし"と言ってはならなかったのである。
　実は,中国の解放前まで,この習慣は続いたのである。だから,ペンネームが"男士"という人が書いた『女性に関して』(1945年)という本に中に,

　　　お前は親切で言ってくれているのはよく分かるけど,奥様としゃべっているときは,落ち着いてお話をしなさい。"わたし"だの,"あなた"だのと言って,礼儀の一つも知らないのか。

"我"を論ず　175

というわけで、古い時代では、目下の人が目上の人に、身分の賤しい人が身分の高い人に対して、もしくは、年下の人が年長者に対して、"奴、妾、婢、小的、臣、职、仆、奴才、在下、不才、愚男、不孝子（女）、贱妾、罪臣……"と自称しなければならない。とにかく、自分の呼称の前に、"卑"、"奴"、"贱"などの標記を付けなければならないのである。

5. "侬"の反逆

"侬"は、中古時代の中国語では、第一人称の代名詞であり、現代中国語の"我（わたくし）"に等しい。古代中国語の"吾"と同義語である。呂叔湘は次のように述べている。

> 侬、《玉篇》："吴人自称我"とある。『広韻』ではただ、"我也"のみ記している。ただ、口語の場合は、「呉地方の自称」となっているが、文語の場合は、その他の地域にも広がっている。"侬"は、南朝の民歌に多く見られ、『楽府詩集』に収められている清商曲辞の中に最も多い。（《近代汉语指代词》）

例えば、

（1）天不夺人愿，故使侬见郎。（《子夜歌》）
　　（天、人の願いを奪わず、故に儂をして郎に見（あ）わしむ。）

（2）吴人之鬼，住居建康，……自呼阿侬，语则阿傍。（《洛阳迦蓝记》）
　　（呉の人の幽霊は、建康に住んでいた。……自分のことは「阿侬」といい、「阿傍」と名乗った。）

（3）侯印几人封万户，侬家只办买孤峰。（司空图《白菊杂书》四首之三）
　　（侯印 幾人か 万戸を封じ 儂が家 只だ孤峰を買うを辦す。）

しかし、現代中国語の中では、使い方が違って来ている。

"侬"（「儂」）[noŋ¹³]

代词。①你：～拔错脱牙齿，还要向我算铜细？（独脚戏《大阳伞拔牙齿》）（おれの歯を間違って抜きやがったくせに、よくも金をくれと言えたものだ。）｜喂！～踏得慢真好哉，用弗着介快！（《杂格咙咚集》）（オイ、お前、ゆっくり踏めばいいからな。急がなくてもいいぞ。）◇《苏州府志》："相谓曰侬。"（お互いに呼び合うときは「儂」と言う。）②旧时、苏州等地中老年妇女称"我"为"侬"。（昔、蘇州などでは、中老年の女

性は自分のことを「儂」と言った。）◇《昆山新阳合志》"称我曰侬"。
（私を「儂」と言う。）

(《简明吴方言辞典》174 页，上海辞书出版社 1986 年）

　つまり，中古時代から現代の間で，呉語の"侬"は，一人称から二人称の指示代名詞へと変わったのである。中古時代，一人称の"侬"は既に消失しつつあり，古い時代では，まだ年配の女性の間に残っていたが，今では，もしかしたら，もう舞台から降りたのかもしれない。だから，現代中国語の呉語では，"侬拉"，"侬搭"は，みな"你们（あなたたち）"の意味である。ただし，"阿侬" だけは，依然として，一人称のままである。だから，《泸谚外编》の中の，「东南风凉爽，吹进阿侬房间。（南風は爽やかに，"阿侬"の部屋に入っていく）」は，歌い手の部屋に入っていくのであり，聞く人の部屋に入っていくのではない。

　補償の原則でいけば，"侬"は，一人称の資格を失っているのであるから，呉方言は，もう一つの一人称を創り出すしかない。それが"阿拉"である。

　ふざけた言い方をすれば，これが即ち「元も子もなくなった」ということであろうか。呉方言地域の賢い人達は，婉曲的で含蓄ある語気を示すため，自分のことを二人称で自称していた。しかし，いつの間にか，考えが災いし，正真正銘の一人称代名詞の"侬"が，二人称に取られてしまったのである。言い方を変えれば，一人称の"侬"が，裏切って，二人称に寝返りしたのだともいえるわけである。

6．"我"は一つだけではない

　上古の時代に，我々のこの小さな地球で，一番最初に現代意識を持った人間は，中国の荘周ではないかと思う。当時において，既に，この人物は，次のように言っていた。

　　　　昔者庄周梦为蝴蝶，栩栩然蝴蝶也，自喻适志与！不知周也。俄然觉，则蘧蘧然周也，不知周之梦为蝴蝶与，蝴蝶之梦为周与？
　　　（昔，荘周は夢の中で蝶になった。喜々として蝶になっていた。ただただ楽しく，心ゆくまで飛び回っていた。自分が荘周であることを忘れていた。はっと目を覚ましてみると，確かに自分は荘周である。荘周が蝶の夢

を見ていたのか，それとも，蝶が荘周の夢を見ていたのか，私にはわからない。）

　上は，荘子の名著「斉物論」の結びの言葉である。その本の出だしの部分に，このように書かれている。

　　　　不亦善乎，而問之也！今者吾喪我，汝知之乎？
　　　（ああ良い質問だ，今私は我を忘れていたのだ。それがおまえに分かったのだな）

　これは，南郭子綦が顔成子游の問いに答えた内容である。ある人は，これを次のように翻訳した。

　　　あなたは大変良い質問をした。ご存じないであろうが，私は今自分の形骸を忘れ，自分の先入観をも破り捨てたのだ。

　この訳は，明らかにぎくしゃくして，しっくりいかない。今風の若者の言葉を借りて訳した方がぴったりすると思う。「いま，僕は自分を見失ってしまった」，「いま，僕は自我を喪失した」。

　現代小説家の黎汝清が長篇歴史小説『皖南事変』の中に，新四軍政治委員項英の忠実な部下でありながら，最終的には，項英を殺害する劉忠厚という人物を創造した。小説の中では，こう描いている。

　　　彼は二つの自分に分裂した。一人は，獲物に跳びかかろうとする貪欲で獰猛な虎のような自分であり，一人は，獲物の安全を守ろうとする勇敢なライオンのような自分である。二人の"我"（自分）とも勢力が伯仲している。（822頁）

　こういう風に見れば，我々の誰もが一人だけの"我（わたくし）"が存在するのでなく，少なくとも，二人の"我（わたくし）"がいることになる。もしかしたら，三人の"我（わたくし）"がいるかもしれないし，"小我"と"大我"，今日の"我（わたくし）"と昨日の"我（わたくし）"や，天使の"我（わたくし）"と動物の"我（わたくし）"がいるかもしれない。

　改革開放の80年代の中国青年にとって，一番影響力のある思想家は，おそらくオーストリアのフロイトではないかと思う。彼の学説は，人間には，三人の"わたくし"がいるという：「自我」，「超自我」及び「リビドー」。「リビドー」は，我々人間の本性の欲望のようなものであり，「超自我」は，我々の自我の理想である。フロイトは我々人間の中に，いくつもの自分が

いることを明らかにしてくれた。それならば，言葉による表現をするとき，自分のことを，"おまえ"と呼んでみたり，"彼"と呼んでみたりするのも，あながち科学的ではないとも言えないのではなかろうか。我々自身の中にあるいくつもの"我"も互いに対話し，コミュニケーションをし互いに問うたり，相互に討論をしてもよいわけであろう。

7. "我"の失落

清の時代に，石金成という揚州の人が書いた滑稽談集『笑得好』の中に，"私が居なくなった"という話が載っている。全文は以下の通りである。

　　罪を犯した坊さんをある間抜けなお役人がお役所に護送することになった。出発する時に，身の回りのものを忘れてはいないかと，慎重に点検したうえに，覚えやすいために，語呂合わせをした句を二つ作った。即ち「包み傘枷，文書坊さん俺」である。途中，歩きながら，これを唱え続けた。坊さんは，この役人が間抜けであることを知ると，役人を酒で酔わせてから，役人の髪を剃り，首枷をはめさせ，自分は逃亡した。役人が酔いから醒め，「さあ，点検するぞ，包み傘，有る。」と言い，首の枷を触り，「ようし，枷も有る。」続いて文書を触り「有る！」そこで突然驚いて，「しまった，坊さんが居ない！」暫くして，丸坊主の頭を撫でて，「幸いにも坊さんはいるが，しかし俺のほうが居ない」

読者は，当然"俺"という自分がいなければ，一体誰が傘や文書などを触ったり，しゃべったりしているのか聞くだろう。もし本当に坊さんがいるならば，坊さんがしゃべっていることになる。すると，坊さんの言っている"俺"は，坊さん自身を指す筈であって，「俺が居ない」とは言えなくなるし，また，坊さんの言う"俺"は間抜けな役人を指すこともできないわけである。

　　即ち，間抜けな役人の"我（俺）"という観念は，
　　　　俺＝（間抜けな役人）＝髪の毛
　　　　彼＝（罪人の坊さん）＝丸坊主の頭
　　　　俺（間抜けな役人）― 髪の毛＝彼（罪人の坊さん）

彼（罪人の坊さん）＋髪の毛＝俺（間抜けの役人）
　そこで，得た結論は，彼——罪を犯した坊さんは，まだ居る，何故ならば，俺——間抜けな役人は，もう髪の毛がなくなったが，それいて，俺である——間抜けな役人が居なくなったからである。
　類似している笑い話は，明，清の時代に，再三登場した。このことは，資本主義の芽生えに伴って，明，清時代の人々は，自我を追い求めはじめたことを物語っているのである。この自我を求める道の途中で，一部の人達は，また自我を見失った。彼らは初めから，自我は何であるかを知らなかったからだ。歴史は同じことを辿るものである。改革開放の八十年代に，自我を探し求める，自分で設計する，私は私自身の神様である。このような言い方が，一種のファッションになり，流行言葉になった。しかし，狂ったように必死に自我を追い求めた人は，やがて，やはり追い求めている最中に，自我を見失ってしまったのである。ちょうど，あの間抜けの役人のように。
　石成金の笑い話は，非常に価値ある問題を提起している。その問題の中に，言語学の問題，哲学の問題，心理学的な問題，神経病理学的な問題，人類の起源の問題，宗教的な問題，形式理論的な問題，法律問題，等々がある。この間抜けな役人は，多種多様な姿となって，絶えず我々の目の前に現れるであろう。時には，うら若き娘に化けて，恋愛問題で悩んでいる時に，我を見失い，自問自答をする：「私は？　これが私なの？　元の私はどこに行ったの？　どこに行けば元の私をみつけることができるの？」このようなことは，とても一言や二言で説明できるものではない。
　自我の失落といくつもの"我（わたし）"との衝突が，80年代の中国の青年達を迷いの淵に陥れた。90年代になったら，この悪夢から覚めることができるのだろうか。

语林漫步

"和"という字と修辞

"和"は，現代中国語の常用字である。四巻の『毛沢東選集』に使われている3002字の中では，頻出度から見れば，この"和"という字は七番目になる。"的、是、一、国、民、不"の六つの字の後である。

文法の機能から言えば，"和"は実詞（例えば，"和稀泥"（いい加減に仲を取り持つ）の"和"は動詞である）であると同時に，虚詞でもある——つまり，接続詞としても，前置詞としても使用できるのである。

修辞学の角度から見れば，まず，接続詞としての"和"と，前置詞としての"和"の区別に注意しなければならないのである。例えば，

（1）一切丰足，浩无边际，和天空，太阳，月亮和行云合为一体。

(ホイットマン『歓楽の歌』)

（すべてが満ち足りて，果てしなく広い，空，太陽，月や雲と一体になる。）

この文の中の二つの"和"とも前置詞であれば，その構造は，次のようになる。

和天空、太阳、月亮和行云合为一体

"和天空……"と"和行云……"は連合関係である。

もし前の"和"が前置詞で，後ろの"和"が接続詞である場合，構造は次のようになる。

和天空、太阳、月亮和行云合为一体

このような分析の方がこの文の意味内容に合っているのである。

正式な書面用語では，"和"と"同"の用法は別々である。"和"は接続詞であり，前置詞として使用することができないし，"同"は前置詞であり，接続詞として使用することができないのである。例えば，

（2）在这同时，我们要同包括台湾同胞、港澳同胞和国外侨胞在内的全体爱国人民一道，努力促进祖国统一大业。(《全面开创社会主义现

代化建设的新局面——在中国共产党第十二次全国代表大会上的报告》）

（これと同時に，我々は，台湾の同胞，香港マカオの同胞及び国外の華僑を含むすべての愛国的人民と共に，祖国統一の大事業を促進すべく努力しなければならない。）

（3）现在,还有形形色色的敌对分子从经济上、政治上、思想文化上、社会生活上进行着蓄意破坏和推翻社会主义制度的活动。我国现阶段的阶级斗争,主要表现为人民同这些敌对分子的斗争。（同上）

（現在，まだ様々な敵対分子が，経済上，政治上，思想文化上，社会生活上において，社会主義を故意に破壊し，転覆しようと企んでいる。我が国の現段階の階級闘争は，主に人民とこれら敵対分子との闘争である。）

上に挙げた例のように，"和"と"同"の使用法をはっきりと区別すれば，異なる解釈や誤解を生ずる心配がなく，文章の表現効果を高めることができる。先に挙げた例（1）のホイットマンの詩を，もし次のように翻訳すれば，意味がはっきりするようになる。

（4）一切丰足，浩无边际，同天空，太阳，月亮和行云合为一体。

故に，書面用語の"和"と"同"の使い分けを徹底すべきであると思うのである。

次に，接続詞の"和"は，連合構文の間の前後関係を区別する役割を持っているので，分類の作用があることに留意していただきたい。例えば，

（5）从听到这声音的一刹那,他的全身的肌肉和皮肤,线条和纹路,姿势和表情立即发生了奇迹般的变化……（王蒙《悠悠寸草心》）

（この声を聞いた瞬間から，彼の全身の筋肉と皮膚，皮膚の線と皺，姿勢と表情に，忽ち奇跡的な変化が現れたのだった……。）

（6）我仿佛记得曾坐小船经过山阴道,两岸边的乌桕,新禾,野花,鸡,狗,丛树和枯树,茅屋,塔,迦蓝,农夫和村妇,村女,晒着的衣裳,和尚,蓑笠,天,云,竹,……都倒影在澄碧的小河中……

（鲁迅《野草・好的故事》）

（私は，どうも小舟に乗って，山陰道を通ったような記憶がある。その時，両岸のナンキンハゼ，植えたばかりの稲の苗，野の花，鶏，犬，

木々の茂みと枯れ木，茅葺きの家，塔，伽藍，農夫と村のばあさん，村の娘，干している服，和尚，蓑笠，空，雲，竹……みな澄み切った小川の水面に映されていた……。)

(7)满屋子都是人:本村的和外村的，带亲的和不带亲的，认得的和不认得的，全对金狗嚷，全对着金狗笑，那声音硬要把屋顶掀起来。

(曹玉林《苏醒原野》)

(部屋中いっぱいの人:村の人とよその人，親類の人とそうでない人，知っている人と知らない人，全員が金狗に向かって叫んだり，笑ったりしていた。その声は，屋根も吹き飛ぶほどだった。)

　上の文章の中の"和"は，連合構文を再分類しているので，文の構造を一層明瞭にさせてくれた。

　第三に注目していただきたいのは，現代中国語の"和"は，現代英語の"and"とは，大きな違いがあることである。つまり，多くの項目を羅列する時，"and"を連用してもよいのだが，しかし，"和"は一回しか使うことができず，通常最後の二項目の間，あるいは，二つの類別の間に用いるのである。ただし，現代英語の"and"の影響であるのか，修辞の必要であるのか，それともなにかの特殊表現効果を表すためであるのか，ときには，接続詞の"和"も，複数項目の並列の時に，連続して使用しても可能である。例えば，

(8)我徘徊着，欣赏他的敏捷的答话，和他的来回的移动和跳舞。

(惠特曼《自己之歌》楚图南译)

(私は徘徊して，彼の機敏に富んだ答えと，彼の往復している動きと踊りを楽しんでいた。)

(9)从梵乐希那个故事中，我们见到音乐和建筑和生活的三角关系。

(宗白华《美学散步》)

(梵楽希のあの話の中から，我々は，音楽と建築と生活の三角関係を見出した。)

(10)他刚要跨进大门，低头看看挂在腰间的满壶的簇新的箭和网里的三匹乌老鸦和一匹射碎了的小麻雀，心里就非常踌躇。

(鲁迅《故事新编·奔月》)

(彼が門に入ろうとしたとき，腰に掛けていた壺いっぱいの真新しい矢

と，網の中の三羽の鳥と，一羽の撃ち砕かれた雀を見て，躊躇した。）
(11) 钻进山东,连自己也数不清金钱和兵丁和姨太太的数目了的张宗昌将军,则重刻了《十三经》。

(鲁迅《且介亭杂文二集·在现代中国的孔夫子》)

(山東省に潜り込んで入ると，お金と兵士と妾の数を自分でさえはっきりと数えられない張宗昌将軍は，『十三経』を再版した。）

(12) 那些年,上和下,左和右,你和我和他,怎么那么亲近呢？

(王蒙《悠悠寸草心》)

(あの頃，上と下，左と右，私とあなたと彼は，どうしてあんなにも親しくすることができたのだろか。）

(13) 红柳、松柏、梧桐、洋槐；阁楼、平房、更衣室和淋浴池；海岸、沙滩、巉岩、曲曲弯弯的海览公路，以及海和天和码头，都模糊了，都温柔了，都接近了，都和解了，都依依地联结在一起。(王蒙《海的梦》) (ギョリュウ，松，桐，ニセアカシア，楼閣，平屋，更衣室とシャワー室，海岸，砂浜，聳え立つ岩，くねり曲がった海岸線沿いの高速道路，及び海と空と埠頭，これらの何もかもぼやけて見えて，何もかも優しく感じてきて，何もかも溶け合って，切なく寄り添って一体となったようだった。）

(14) 也骂鸡和猪和牛。(周立波《山乡巨变》)

(また，鶏と豚と牛もなじってやった。）

(15) 丈夫和书和朋友。(標題 陳吉蓉作)

(旦那と本と友達)

例（8）は，明らかに英文原文の影響を受けたようである。その他の例は，ある程度の修辞的色彩を帯びていることが分かる。しかし，一般的な使い方は，こうである。

(16) 那里有颗心在膨胀着,跳跃着,那里有着一切的热情,愿望,希求和抱负。(惠特曼《我歌唱带电的肉体》)

(そこには，膨張し続けて，跳躍している心がある。そこには，すべての情熱，願望，希望と抱負がある。）

上の場合は，接続詞の"和"は，一回しか使われていない，ほとんど最後の項目の前か，もしくは，二つの類別の間におかれている。例えば，

(17) 爸爸、妈妈和哥哥、姐姐都不在家。
（父，母と兄，姉，みんな家に居ない。）

最後に，次の例を挙げることにしよう。

(18) 它们永远和海，和月，和风，和天空在一起。(王蒙《海的梦》)
（彼らは，永遠に海と，月と，風と，空と一緒にいるのだ。）

(19) 雏菊的小花和许多别的植物的某些部分一样长成螺旋形状，这些形状与数论和黄金分割有联系。(《科普文摘》)
（雛菊の小花は，多くの他の植物のある部分と同じく，螺旋状の形をしている。この形は，数学理論と黄金分割率に関係がある。）

あくまでも"和"と"同"は使い分けされているものであると主張する方は，上の例をどう見るのであろうか。一体どの"和"（"与"をも含む）が，"同"に置き換えることができるのか，また，置き換えるべきなのか。

このように見て来ると，"与"，"和"は同義連詞，つまり同じ意味の接続詞である。相違点は，"与"は書面語体であり，"和"は書面語体と口語体両方通用するところにある。もう一つの同義連詞の"跟"は，口語体のみ使用されるのである。

"和"という字と修辞

语林漫步
名前のあれこれ

1

　名前は，人間の符号，標識，代名詞ないしその人自身である。作家の王蒙は小説『悠悠寸草心』の中で，次のように書いている。

　　1967年，この町の至る所に，そして食堂の柱や公共便所のドアまでも，アスファルトや石灰，あるいは色々なペンキで，大きく書かれた字で埋まっていた。曰く，"坚决镇压"（徹底鎮圧），"实行专政"（専政路線堅持），"罪责难逃"（言い逃れを紊す），"叫他灭亡"（滅ぼせ），"砸烂狗头"（叩き潰せ）。これらの革命めいたスローガンは，全部「唐久远」という名前と関係があったのだ。しかも，「唐久远」という名前を，"曲丫兒"という風に書いて，いかにもその人は，既に心身ともめった打ちされて，へなへなと倒れ崩れたことを示そうとした。甚だしいのは，この三つの字の上に，赤い筆で×を書いて，彼は既に死刑を下され，三回もピストルで打たれたのだと表そうとしたのだ。

　このような言葉や文字に対する拝物癖的な迷信——言葉や文字と客観事物の間に，名前と人との間に，何らかの神秘的な関連性があるという一種の考え方——のために，名前もその持ち主が悲惨的な不運に遭うと，さらなる悲運に遭わされるのである。

　もちろん，自分の姓や名のお陰で，すばらしい幸運を掴んだ人もいる。たまたま皇帝と同姓であるだけで，とたんに高貴な身分に相成り，下にも置かない待遇にしてもらえる。やれ宮家のお坊っちゃまだのお姫様だのともてはやされ，威光を振りかざすのである。権勢，栄華を欲しいままにする。——もちろん，それは長きにわたる封建時代の話であるが。しかし，今日にも，名前の魔力に魅せられる者がいる。"たおやかで，見目麗しい"名前を見ただけで，一目惚れするような若者もいるのだ。謝僕は小説『爬窓』の中に次のように書いている。

　　……僕は，僕の演説を支持してくれた娘の名前が"白蘭"であるこ

とだけをしっかりと憶えていた。なんという素晴らしい名前だろう。僕の田舎の山では、白蘭の木が特に多く生えていた。枝、幹から花や実までも、みな良い香料になる。白蘭さんの眉毛の間からもきっと魂までうっとりさせてくれるかぐわしい香りがただよう違いないと想像した。

　このように、名前は実に不思議な魅力を持つものである。

　自分やご先祖様の姓名でとんでもない災難に遭った人もまたいる。昔、鬼才と言われていた唐の詩人李賀は、科挙の一つである"進士"の試験を受けることができなかった。なぜならば、彼の父親の名前は「李晋粛」の「晋」の発音は、「進士」の「進」と同じであるからだ。魯迅はその著作の中に、近代の人である康有為もその名前のために、当時の保守派の人々から非難されたことがあったと記している。

　　康有為は帝位を纂奪したいに違いない、だからその名も「有為」と言うのだ。「有」は、「富有天下」の「有」であり、「為」は、「貴為天子」の「為」である。乱を企むこと明白である。（魯迅《忽然想到》）

　姓名上の拝物癖がひとたび東洋式の嫉妬ないし覇道と手を結べば、たちまち次のような怪現象を生むのである。

　　其の一：（梁元帝蕭繹）性好矯飾，多猜忌，于名无所假人。微有胜己者，必加毀害。帝姑義興昭長公主王銓兄弟八、九人有盛名。帝妒害其美，遂改寵姫王氏兄王珩名琳以同其父名。（李延寿《南史》梁本紀下）
　　（梁の元帝の蕭繹はわがままな性格で、人を疑うことが多く、他人が自分よりも優れることを許さなかった。少しでも自分よりも優れるものがいれば、必ず殺害した。元帝の叔母の義興昭長公主の子の王詮兄弟は八、九人も名の知られた人がいて、元帝はその名を妬み、寵姫王氏の兄王「王珩」の名を「王琳」と改めた。それは、父の名と同じだから、という理由であった。）

　　其の二：大约最初的一回他就告诉我是姓赵，名平复。但他又曾谈起他家乡的豪绅的气焰之盛，说是有一个绅士，以为他的名字好，要给儿子用，叫他不要用这个名字了。所以我疑心他的原名是"平福"，平稳而有福，才正中乡绅的意，对于"复"字却未必有这么热心。

　　　　　　　　　　　　　　　（鲁迅《为了忘却的纪念》）

(確か最初に会った時から、彼は私に、姓は趙、名は平復だと教えてくれた。だが、彼はいつか、彼の郷里の豪農はいかに権勢を振るっていたかを話してくれたことがあった。なんでも、ある土豪は、彼の名がいいと気に入って、自分の息子に使わせるから、その名を使うのを止めよと命じたとのこと。それで、彼の元の名は"平福"ではないかと私は内心思ったわけである。平穏にして、福が有る。これでこそ土豪の意に沿う名前であり、"復"なら、それほど執着する事はなっかたのではなかろうか。)

実におかしくて、悲しい話である。このような言語拝物癖、東洋式嫉妬、専横覇道なるものは、断じて許すわけに行かない。一掃されなければならないのだ。

2

姓名を論じるときは、まず「姓名」と「非姓名」を分けなければならない。これは、時にはかなり難しい作業である。古代の中国では、人名と非人名が混同されたため、狼狽する羽目になった例は、いくらでもあった。例えば、『金史』115巻「完顔奴申伝」の中に、劉祁が金国末年の政事を評論するときに、次の事を述べている。

> 又多取渾厚少文者置之台鼎,宣宗尝责丞相僕散七斤:"近来朝庭纪纲安在?"七斤不能对。退谓郎官曰:"上问纪纲安在,汝等自来何尝使纪纲见我。"

(飾ったところが無く、剛毅なところのある人物を側近に数多く置いた。宣宗は大臣の僕散七斤に「最近、朝廷では、紀綱（風紀）はどこに存在するのだ」というと、七斤は答えられなかった。退いてから、郎官に言った「陛下は「綱紀はどこに存在するのだ」とおたずねになった。君たちは、なぜ、紀綱に会わせてくれなかったのだ」。)

実は、"紀綱"とは、"綱紀"ともいう、即ち法制、人倫のことである。"愛情、友情、人生観、失落感"などと同じ抽象名詞である。もちろん、宰相の「僕散七斤」の所に連れていくこともできなければ、カラー写真を一枚撮って「七斤大臣」に見せることもできないわけである。つまり、ここのおかしな所は、非人名を人名と間違えた点にある。

その反対に、人名を非人名とした間違いが起こった事もある。

国初,将军王景咸当守荆州。使臣王班衔命至郡。景咸饮之座中,厉声曰:"王班满饮。"景咸以为官也。左右曰:"王班姓名也。"景咸大愧。责左右:"尔辈何不先教我?"座中大噱。(《渑水燕谈录》)
(国家の草創期,将軍の王景鹹は,荊州の知事になった。王班が命を受けて郡の役所にやって来た。王景鹹は宴席に王班を呼び,声をあげてこういった,「王班,よく飲め」と。王景鹹は「王班」を官職名と勘違いしたのである。側近は「王班は名前です」と告げると,王景鹹は恥じ,責めて言った,「君らはなぜ,先に教えてくれなかったのだ」。一同,大笑いした。)

王将軍は,王班を官吏の名と間違えたのである。人の名をそのまま呼ぶこと自身もまた,そもそも大変失礼なことでもある。特に大衆の面前では。それを,王班が人の名でなく,官名であると間違えたため,王将軍はとんでもなく狼狽してしまったわけである。しかし,名をそのまま呼ぶことが失礼だとは,一概に言えないのである。時として,その方が親しく聞こえる場合もある。例えば,

鲜于伯机一日宴客,呼名妓曹娥秀侑尊。伯机因入内典馔,未出,适娥秀行酒。酒毕,伯机乃出,客曰:"伯机未饮酒。"娥秀亦应声:"伯机未饮。"座客从而和之曰:"汝何故亦以伯机见称?可见亲爱如是"

(《山居新语》)

(鮮于の叔父の機は,ある日,宴席で名妓の曹娥秀を呼んで客の杯に酌をさせた。機はその間,食事をとり,まだ出ていかなかった。客に対して酌が終わるとやっと出ていった。客が言った「機は酒をまだ飲んでいない」。娥秀も声を揃えて「機様,お酒がまだです」と言った。客は,「おまえは何故「機」と呼ぶのだ? そこまで親しいというわけか?」と言った。)

名だけで,姓を呼ばないのは,親しい間柄の表れであり,昔から今までずっと変わらないのである。実際,呼ぶ時いちいち姓と名を一緒に言うのも,時としては,大変効果的である。例えば,

庚戌,帝(北周武帝宇文)帅诸军八万,置陈东西二十余里,乘常御马,从数人巡阵。所至辄呼主帅姓名以慰勉之,将士感见知之恩,各思自励。(《北史》周本纪下)

(庚戌の歳,北周の武帝は,八万の軍を率いて,東西二十里に軍を置き,いつも馬に乗って数人を従えさせて巡回していた。どこに行っても,将軍

名前のあれこれ 189

を姓名で呼び，激励した。将軍は親しくしてくれたことに感激し，それぞれ発憤した。)

　このような効果的な演出は，話し手の身分，話し手と聞き手との関係や，コミュニケーションする場などの要素で決まるのである。

　姓名そのものは，もちろん一定の社会的意義があり，そして，その社会的意義は，昔と今とでは異なる場合がある。『水滸伝』の中に，李師師，張惜惜，李嬌嬌など，畳音字で命名する女性は，ほとんど妓女や，お座敷で小唄を唄う女と決まっていた。つまり社会地位の低い女性だけで，名門や良家のお嬢さんは決して畳音字で名前をつけないのである。『西遊記』第23回の中に，賈莫氏が自分の三人の娘を紹介するときに，こう言った："上の娘は，名は真真と言い，今年二十歳。次女の名は愛愛，今年十八。三女の名は怜怜，今年十六。"ここでは，作者の呉承恩は，暗にこの三人の娘子は大した美人ではないことを言いたかったのである。しかし，今日では，畳音字を用いて命名した女性は，大体教養のある家の出身が多く，甘やかされて育ったお嬢さんばかりである。例えば，"婷婷，立立，莉莉，斐斐，雯雯"など，名前からだけでも，艶やかで，なまめかしい，或いは，たおやかで，上品な感じを人に与えるのである。もし，これらの名前の持ち主は，大柄で，色黒で，不美人であれば，これは騙されたと悔しがったり，これは名実に沿わない名であり，彼女は自分の名に申し訳が立たないと一人で憤慨したりするものである。また，『水滸伝』の中に出てくる，「唐牛児」，「孫佛児」，「迎児」，「錦児」などの名の人達は，皆大した地位もなく，身分も低い輩である。しかし，今日では，接尾語の「児」は，幼名や愛称などに使う字となっている。例えば，「羽児」，「春児」，「虹児」などは，みな愛くるしい印象を与える名である。「春児」は，孫利の『風雲初記』の中の可愛いヒロインでもある。

　一般に，男性の名は，動物名が多く，女性の名は，植物名が多い。なになに花だの，草だの，蘭，菊，芳，香などが多い。また，"女"偏や"玉"偏も多い。「張龍」や，「趙虎」などが典型的な男性の名前と見てよいし，「張芸芳」や「王菊」などは女性の典型的な名前であり，まさしく中国の「陽鋼陰柔」の男女観，美学観の現れである。

3

　二人以上の人の名前を並列して書くのは，中国では一種の文化であり，学問である。この中には，言語学的な問題もあれば，社会文化的な問題もある。例えば，

　　李杜（李白，杜甫）　　　　　刘项（劉邦，項羽）
　　屈宋（屈原，宋玉）　　　　　王谢（王導，謝安）
　　毛刘周朱（毛沢東，劉少奇，周恩来，朱徳）

　一般的に言えば，無論前の方が位が高く，後ろの方が低いのであるから，人々は，姓名の配列で争いが絶えないのである。例えば次のようなことが起こる。

　　諸葛令（恢）、王丞相共争姓族先后，王曰："何不言'葛王'，而言'王葛'？"令曰："譬言'驴马'，不言'马驴'，驴宁胜马邪？"

　　　　　　　　　　　　　　　　　　　　　（《世说新语》「排调」）

　（諸葛令と王丞相は名前の後先を争った。王が言う，「どうして"葛王"と言わないで"王葛"というのだ」と。諸葛令が言った，「例えば，"驢馬"とは言うが，"馬驢"と言わないね。驢がどうして馬に勝てようか」と。）

　諸葛恢は，機転のきく人であった。確かに，何かを並べる時，どれを先に，どれを後にするのは，単なる習慣に過ぎない場合があり，別に尊卑序列の意味がある訳ではない。「将帥」の場合などは，「将軍」の方が「元帥」より上であるという意味ではないのだ。上の例では，諸葛恢は冗談としては，勝利を獲得したわけであるが，しかし，公平な立場から言えば，彼は，一を以って，十を制する論法で言っているに過ぎず，ややもすると，詭弁の誹りを逃れられないのである。王丞相の高飛車な態度はもちろんいただけないが，しかし彼の，名前の配列は前尊後卑だとする認識は，大多数の状況に合致するものであるから，間違いではない訳である。だから，初唐詩人の四傑を「王楊盧駱」と人は言うのであるが，当の本人の盧照隣は，"喜居王后，耻居骆前"（喜んで王の後に列するが，駱の前では恥じる）と言う。しかし，これはつまり，「王勃」の後に甘んじて列するのは本当の気持ではあるが，「楊炯」の後に列するのは，嫌だという巧妙な文句に過ぎないのである。

　諸葛恢と王丞相の論争について，余嘉錫は言語学の見地から，精細な説

明を行なっている。曰く,

> 凡以二名同言者,如其字平仄不同,而非有一定之先后,如夏高、孔颜之类。则必以平声居先,仄声居后,此乃顺乎声音之自然,在未有四声之前,固已如此。故言王葛、驴马,不言葛王、马驴,本不以先后为胜负也。如公穀、苏李、潘陆、邢魏、徐庾、燕许、王孟、韩柳、元白、温李之属皆然。(《世说新语》「笔疏」)

(すべて二つの名を同時に言うときは,字の平仄が違う場合は,一定の順番(例えば,夏高・孔顔など)がある場合以外は,必ず,平を先にして仄を後にする。これは発音の自然な順序に従ったのであり,四声の区別がある前にはすでにあった。だから,「王葛」「驢馬」といい,「葛王」「馬驢」とは言わないのは,前後を以て優劣が決まるといったものではない。「公穀」「蘇李」「潘陸」「邢魏」「徐庾」「燕許」「王孟」「韓柳」「元白」「温李」の例もそうである。)

諸葛恢は冗談を言っただけが,余嘉錫は本物の学者である。彼は,名詞を並列するときの,声調の制約理論を発見したのである。これはすぐれた指摘である。

4

中国では,姓名もまた,笑い話と遊びの好材料である。小さい時,田舎の老人たちに聞いた笑い話であるが,ある地主がある小作人に"米田共"という名を付けたそうである。すると,小作人は,地主に向かって言った。"もうこれ以上,この米田共を食べる(搾取する)わけにいかんだべ。"地主の完敗である。なぜなら,米+田+共=糞,うんち!

姓名でもって冗談をするのは,しかし,ちょっとした修辞技術がいるものである。例えば,

> 唐有僧法軌,形貌矮小,于寺开讲。李荣共议论。僧高坐诵诗曰:"姓李应须李,名荣又不荣。"应声曰:"身材三尺半,头毛犹未生。"
>
> (侯白《启颜录》)

(唐代に法軌という僧侶がいた。背は低く,寺で仏道の教えを広めていた。李栄がこの僧と議論した。僧は高いところに座って詩を詠んで言った,「李という姓を持つなら,すももになるべきであるし,名が栄であっても

栄えていない」と。すると、李栄は「身体は三尺半で、髪の毛はまだ生えていない」と応酬した。）

次は、名前を見て、すぐその意味が分かる、いわゆる「顧名思義（名から実質を判断する）」の技法である。

　　（徐之才）嘲王昕姓云："有言則訕,近犬便狂,加頸足而为马,施角尾而成羊。"卢元明因戏之才曰："卿姓是未入人,名是字之误,'之'当为'乏'也。即答曰："卿姓在上为虐,在丘为虚,生男則为虏,配马則为驴。"（《北史》徐之才传）

（徐之才は王昕の姓をからかって言った。「"言"があれば"訕"となり、犬が近寄れば"狂"になる。首と足を加えれば"馬"となり、角としっぽをつければ、"羊"となる。」と。盧元明は徐之才をからかって言った。「あなたの姓は"人"に入っていない。名前は字の間違えで、"之"は"乏"であるべきだ。」と。すぐに返答した。「あなたの姓は上にあっては"虐"となり、丘にあっては"虚"となり、男に生まれれば、"虜"となり、馬と交配すれば"驢"となりますね。」と。）

これは、漢字を偏や旁をばらしたり、合わせたりして吉凶を占う、いわゆる"析字"の技法である。

杭州で出版している『幽黙大師』の1989年第3期の中に、趙丁が編著且つ描いた"影人謎趣"（映画スター名字のなぞなぞ）という一文がある。

　　斉天大聖視察工作（"斉天大聖"が視察に来た）――孙道（到）临（"斉天大聖"は孫悟空の別名、"道"と"到"は同じ発音）

　　皇上娶一个老婆（皇帝様が"一人の"嫁さんをもらう）――王丹（単）凤（皇帝の奥様は一人しかいないの意、鳳凰は皇后の象徴でもある、丹と単は同じ発音）

　　张飞审瓜（張飛が"瓜"を審判する）――张艺（意）谋

　　经常搬家（常に引越しをする）――秦怡（勤移）（"勤勉に"移動するの意、"秦怡"と"勤移"は同じ発音）

　　古老的传说――陈述（陳は古いの意もある）

　　美猴王自吹自播（"美猴王"である孫悟空が自我自賛をする）――孙傲（"美猴王"は孫悟空の別名、"自吹自播"は自画自賛、つまり驕傲である。）

　　多亏菩萨（菩薩のお陰）――谢添（天）（菩薩のお陰、故に、天に感謝す

名前のあれこれ　193

る。"添"と"天"は同じ発音)

多年的土围子 (古い"土囲子")――陈强 (墻) (古い壁。"土囲子"は方言で「壁」の意。"强"と"墻"は同じ発音)

老君爷炼仙丹 (仙人様が仙丹を練る)――赵丹 (造丹) (仙人の妙薬を造る,"赵"と"造"は発音が近い)

一夜秋风百花残――谢晋 (尽) (一夜の風でお花は尽く落ちてしまった,中国語で「凋」"謝"という。"晋"と"尽"は同じ発音)

左右逢源八面玲珑 (誰にも調子良くする)――周璇 (旋) (円滑に世間を渡り歩く)

これらの諧謔的な謎解は,なんと当意即妙ではないか。

ここで読者諸君に気を付けてもらいたいのは,人の名前で冗談を言う時は,凡俗に流されず,そして,決して相手の気分を害さないようにすることが肝心である。くれぐれもご注意を!

注

1)「徐之才」の姓「徐」の「余」の部分を分析すれば「未入人」と分解することができ,即ち「人間の部類に入らない」と諧謔的に言うのである。

语林漫步
『儒林外史』の言葉遣いこぼれ話

1. 関連詞と主語の位置

『儒林外史』第51回に，次のように書いている。

(1) 凤四老爷道："不但我生平不会做诗，就是做诗送人，也算不得一件犯法的事。"

(鳳四爺さんは言った。「わしゃ，生まれてこの方，詩なんか作ったこともないし，たとえ作って人様に差し上げたとしても，違法なことにはなるまい。」)

"不但……就是"のような関連詞を使用するとき，もし主語が異なっていれば，それぞれ主語の前に用いる。即ち，

不但 A ……就是 B

(2) 不但我没有看过这部电影，就是爱看电影的你也没看过呀！

(私がこの映画を見たことがないばかりか，映画好きなあなたでさえ見たことがないではないか。)

もし主語が同じであれば，関連詞は主語の前に用いる。

A 不但……就是……

(3) 我不但没有看过这部电影，就是听也没有听说过。

(私は，この映画を見たことがないどころか，聞いたことさえない。)

この二つの文の主語と関連詞の順序を反対にすることはできない。

(4) 我不但没有看过这部电影，爱看电影的你就是也没有看过。

(5) 不但我没有看过这部电影，就是听也没听说过。

例 (4) と (5) は不自然でおかしい，適切ではないのである。例 (1) と (5) は同じ類型の文であるため，例 (3) 式に改めなければならない。即ち，

(6) 我不但生平不会做诗，就是做诗送人，也算不得一件犯法的事。

呉敬梓でもあろうお方が，例 (1) のような文を書くというのは，故意にしたのであれば，人物の言語個性化を強調するためであって，鳳四爺さんの文化教養及び言語習慣を突出したいためであろう。またもし故意でな

195

ければ，これはもう書き誤りであって，玉に瑕と言わねばなるまい。

これに類似したのが，曹雪芹の『紅楼夢』第33回の中にある例である。

（7）宝玉**一则**急了，说话不明白；**二则**老婆子偏偏又耳聋，不曾听见是什么话，把"要紧"二字，只听做"跳井"二字。

（一方，宝玉は焦り出したため，話しが分かり難くなったし，他方，婆やがあいにく耳が遠くて，はっきりと聞こえなかったので，"要紧"を"跳井"と聞き違えた。）

上の例は，二つの短文の主語が異なっているので，主語を全部関連詞の後ろにすべきのではないかと思うのである。即ち，

（8）**一则**宝玉急了，说话不明白；**二则**老婆子偏偏又耳聋，不曾听见是什么话，把"要紧"二字，只听做"跳井"二字。

上の例は，人物の対話ではないので，作者の不注意であったとしか言いようがない。

2. 趨向語の重複

『儒林外史』第23回の中に，次のような箇所がある。

（1）茶馆里**送上**一壶干烘茶，一碟透糖，一碟梅豆**上来**。

（茶屋では，ひと急須の干烘茶，ひと皿の金平糖，ひと皿の梅豆を出してきた。）

近現代中国語では，動詞の趨向連帯詞は二つに分かれて用いる。即ち，

　　動詞＋上＋……来（捧上水果来）（果物を持って上がる）

　　動詞＋……上来（捧水果上来）

の2種類である。

長文の中でも，補語や目的語が特に長い文において，筆者が文章の文脈や前後関係を忘れて，つい動詞の後と目的語の後の両方に"上"を使ってしまうことが起きる。

つまり，

　　動詞＋上＋……上来

と，"上"が重複するのである。日常会話上ではそんなには気にならないものの，活字になってしまうとすこぶる目障りに映るもののようである。

これと同じような"一个（一個）"の重複にはこのようなものもある。

即ち,

(2) 我们老太太最是惜老怜贫的，比不得**那个**狂三诈四的**那些**人。

(《红楼梦》第39回)

(私たちのところのおかみさんはいつも老人や貧者を憐れんでいて,あんなでたらめなぺてん師のようなやつらなどとは比べようもない｡)

(3) 竟变了**一个**最标致美貌的**一位**小姐。(《红楼梦》第19回)

(とうとうそのお嬢さんは絶世の美女に変わってしまった。)

(4) 妙玉听如此说，十分欢喜，遂又**寻出一只**九曲十环一百二十节蟠虬整雕竹根的**一个**大盏**出来**。(《红楼梦》第41回)

(その言葉を聞いた妙玉は,おおいに喜び,「それならば」と今度は九曲十環百二十もの節のある竹の根でできた大杯を探し出してきた。それには,とぐろを巻いた蛟が精巧に彫られていた。)

(5) 我是**个**蒸不烂煮不熟捶不匾炒不爆响当当**一粒**铜豌豆。

(关汉卿《不伏老》)

(おれは蒸しても,煮ても,叩いても,焼いてもくたびれない,パリパリの好い男さ。)

(2) では"那个"(あの)と"那些"(あれら)が重複している。(4)では"寻出"(探し出す)と"出来"が重複している。(5)では"个"(個)と"一粒"が重複している。なお(4)に出てくる"寻出"と"出来"の重複は文章のリズムを整えるためのものでもあり,二音声の言葉のほうは安定感があり,単音節の言葉のほうが言いにくいからであろう。

3. 語義の転義について

『儒林外史』第18回に登場する文に，下記のものがある。

卫先生估着眼道："前科没有文章！"匡超人忍不住，上前问道："请教先生，前科墨卷到处都有刻本的，怎的没有文章？"……卫先生道："所以说没有文章者，是没有文章的法则。"匡超人道："文章既是中了，就是有法则了。难道中式之外，又另有个法则？"卫先生道："长兄，你原来不知。文章是代圣贤立言，有个一定的规矩，比不得那些杂览，可以随手乱做的，所以一篇文章，不但看出这本人的富贵福泽，并看出国运的盛衰。洪、永有洪、永的法则，成、弘有成、弘的法则，都

是一脉流传，有个元灯。比如主考中出一榜人来，也有合法的，也有侥幸的，必定要经我们选家批了出来，这篇就是传文了。若是这一科无可入选，只叫做没有文章！"

(衛先生は目をパチクリさせて、「前回の試験では"文章"というものがなくて」と言った。匡超人は耐え切れず、身を乗り出して尋ねた。「恐れ入りますが、前回の試験の答案は、どれも出版されています。"文章"がないとおっしゃるのは何故でしょう？」衛先生は答えた。「文章がないと言ったのは、文章に法則がない、ということだ」。随超人は言う。「その文章で合格したのだから、それには法則があったということになりませんか？ まさか合格に相当する文章以外に、法則があるということでしょうか」。衛先生は言う。「貴殿はご存知ない。文章というものは、聖賢に代わって言を立てるものであり、一定の規矩がある。書きなぐるあの雑文とはわけが違う。だから、一篇の文章には、書いた人の富貴や運勢が窺えるのみならず、国運の盛衰も読み取れるのだ。洪武・永楽の時代には、その法則がある。成化・弘治の時代には、その則るべき規範がある。どちらも相伝えられ、規範に則っている。例えば、試験官が選んだ合格者のなかには、法則に合致したものもあれば、運良く選ばれた者もいる。だから、必ず我々選文家が目を通して選ばれた文章だけが、後世に伝えるべき文章と言えるのである。もし、選に入るものがなければ、"文章がない"と言わざるを得ないのだ。」)

ここで衛先生が用いた「文章がない」という言葉は「良い文章がない」という意味を含んでいるわけであるが、匡超人はこれを「ページ数の多くない短篇作品」あるいは「著書」ではないという意味に誤解した。これは"歧义"（異なった解釈）であり、誤解である。ゆえに匡超人はここで語意の解釈の"偏离性"が生じること、つまり"构造性语义偏离"（構造上の語義の転義）が生じることを理解できなかったのである。

中性名詞はある動詞の後ろにつくとそこにつづく文の解釈の取り違えを招くようになる。

例えば、

　　有／没有文章——有／没有文章的法则，或有／没有好文章

　　（文章がある／ない→文章の法則にのっとっている／いない，または良い

文章がある／ない）

有／没有模样――有／没有好模样

（容貌がある／ない→きれいな顔かたちである／ではない）

有／没有水平――有／没有高水平

（レベルがある／ない→高いレベル（学問など）である／ではない）

などの例が挙げられる。これらの例は肯定的で積極的なニュアンスへの転義である。当然否定的で消極的なニュアンスへの転義もある。例えば,

有／没有脾气――有／没有坏脾气

（気性が激しい／激しくない→癇癪もちである／ではない）

有／没有味道――有／没有坏味道

（味わいがある／ない→いやな匂いがする／しない）

などの例である。呉敬梓は言語学の大家であり，彼自身は"语义偏离"に関して十分自覚しているために，匡超人の単細胞さや，知的レベルの低さや言葉に対する感性の足りなさなどを細かいところまでいともたやすく描写することができたわけである。

4. 言葉の挿入位置錯誤

『儒林外史』第38回に登場する文に,

父亲料想不肯认我了！

（父は想像するに私を息子として認めようともしない積りらしい！）

という文が出てくる。

この文章は深層における文章構造の上では本来,

料想父亲不肯认我了！

（思うに，父は私を息子として認めようともしない積りらしい！）

とされる。

"料想"（思うに）とか"我料想"（私が思うに）というのは挿入語である。挿入語の入るべき位置については十分な融通性があり，たとえ主語と述語の間に挿入されても，それぞれの主語に構成関係や語意のつながりを発生させ，また主語と述語の構成関係や語意のつながりを破壊することができない。同じような性質を持った文はとても多い。

例えば,

小张**估计**已有朋友了。（小張はもう友達ができたと思う。）
春花**想来**结婚了。（春花は多分結婚したでしょう。）
小李**保证**不来了。（小李はきっと来ないと思う。）

などである。このような挿入語は，この文に対する語り手の評価の度合いを示すものである。これはまた，中国語の文を理解するプロセスにおいて，語義が表層的な構文や語順にくらべてさらに重要であることを示している。つまり，語順が語義に追従するのであり，語義が語順に追従するのではないということである。

5. かけことばいろいろ

『儒林外史』第7回に王恵の神託占いについての記述がある。

　　那乩运笔如飞，写道：
　　羡尔功名夏后，一枝高折鲜红。大江烟浪杳无踪，两日黄堂坐拥。
　　只道骅骝开道，原是天府夔龙。
　　琴瑟琵琶路上逢，一盏醇醪心痛。
　　（筆は飛ぶように動いた。
　　汝の功名の夏后たりて 一枝 高く鮮紅を折るを羨む
　　大江の煙浪 杳として跡無く 両日黄堂に座して擁す
　　ただ道う 驊騮の道を開き、元来、天府の夔龍たると。
　　琴瑟琵琶 路上に逢い、一盞の醇醪に心痛む。）

第8回には，

　　王道台心里不胜骇异，才晓得关圣帝君判断的话直到今日才验。那所判"两日黄堂"便就是南昌府的个"昌"字。
　　（王道台は，関聖帝君の判じた内容が今日になってやっと現実のものになったのだと知り，内心ひどく驚いた。あの時の「両日の黄堂」は，つまり，南昌府の「昌」の字であるのだ。）

表面上は"两日"は"两天"という意味であるが，"两日"というのは"日"をふたつ重ねたもの，すなわち"昌"という字を表す隠喩であり，これを"组字相关"文字の組み合わせによるかけことばということができる。

つづいて，さらにこうも書いている。

听见左右的人说，宁王在玉牒中是第八个王子，方才悟了关圣帝君所判"琴瑟琵琶"，头上是八个"王"字，到此无一句不验了。
(左右の者が，「寧王は皇室の系譜では第八王子である」と言ったのを聞いて，やっと，関聖帝君の判じた「琴瑟琵琶」の頭には八つの「王」の字があることをハッと気がついた。もうここまできたら，どれもみな当たったのだと分かったのである。)

これが即ち"拆字相关"（析字相関）である。文字の組み合わせ（組字）や漢字の偏旁の分析によるかけことばは中国文化における特殊現象であり，元の時代の演劇，戯曲や明や清の時代の小説，民間伝承などのほとんどに見られ，中国人が最も好むものである。

6. 不完全な表現の補完的表現による完全化

呉敬梓は『儒林外史』の中でこのような3つの文を書いている。
（1）因问女儿要了一只鸡，数钱去镇上打了三斤一方肉，又沽了一瓶酒，**和一些蔬菜之类**，向邻居借了一只小船，把这些酒和鸡、肉都放在船舱里。（11回）
(そこで，娘に鶏一羽をもらい，金をいくらか出して，町で三斤位の肉の塊と，酒を一瓶と，それから多少の野菜などを買い，隣の家から小船を借りて，船倉に，酒も鶏も肉などもいっしょくたに放り込んだ。)
（2）众猎户拿出些干粮，**和獐子、鹿肉**，让郭孝子吃了一饱。（38回）
(狩人はわずかばかりの乾飯（ほしいい）と，それからキバノロ（鹿の一種）と，鹿肉を出してきて，郭孝子におなかいっぱい食べさせた。)
（3）又拿出百十个钱来，叫店家买了三角酒，割了二斤肉，**和些蔬菜之类**，叫店主人整治起来，同肖云仙吃着。（39回）
(また百なにがしかの銭を出してきて，店の者を呼んで3角相当の量の酒を買い，肉を2斤と，それから少々の野菜などを買い，店の主人に調理をさせて，肖雲仙と一緒に食事をした。)

例（1）の中の"和一些蔬菜之类"，例（2）の"和獐子、鹿肉"，例（3）の"和些蔬菜之类"などの表現は，すべて前の文にも後ろの文にも関係なく，それぞれの文章の中から遊離し，独立した不完全な成分である。このように共通的な部分があるため，ここに集めて，検討しているわけであ

る。
　例（1）において，もしつぎのように構造分析をすれば，
　　又沽了一瓶酒和一些蔬菜之类

動詞と目的語がうまく組み合っていない文となる。なぜならば"沽"というのは購買するという意味であるが，しかしもっぱら酒のようなものを目的語として示す表現であり，酒以外のいかなるものにも用いることができないため，"沽肉，沽烟，沽巧克力，沽电影票，沽彩电，沽冰箱"などという言い方を，いまだかつて聞いたことがない。そんな使い方をすれば，笑われることは請け合いだ。呉敬梓はおそらく"沽一些蔬菜之类"などのような出来の悪い文を作るほど言語にセンスのない人ではあるまい。
　では仮に次のように分析するとすれば，
　　和一些蔬菜之类，向邻居借了一只小船

この"和一些蔬菜之类"と"向邻居借了一只小船"の間にはどのような関連性があるのだろうか？並列関係？陳述関係？支配関係？修飾関係？そのどれでもないし，そうなる可能性も全くない。もし呉敬梓に尋ねるにしても，この大先生にも答えられないだろう。ゆえに，このような文章構造の分析の方法も当然間違っているのだ。
　ここでは，例（1）について呉敬梓大先生にまだまだ難癖をつけることができる。
　「酒と鶏や，肉を船倉に放り込んだ」ということは，「多少の野菜など」はどうしたのだろう？どこかに放り出したままなのだろうか？船に運ばなかったのだろうか？もしそれらがすでに船に運ばれていたのであれば，それではどうして野菜を船まで持ってこなかったのだろうか？もしそのことがくどくかつ重複した表現になってしまうことを配慮したためであれば，酒や鶏や肉についてもくどく重複的表現になってしまうことを配慮しないのだろうか？
　もし冷静に考えてみるとすれば，当然このような答えになる。
　この「多少の野菜など」もすでに船倉に運び込まれていたのだ。もし呉敬梓が形式や論理性のみを重んじる先生であったならば，以下のような2

種類の解釈が考えられる。

　　Ａ　酒と鶏と，肉及びこれらの野菜類をすべて船倉に放り込んだ。
　　Ｂ　これらのもの（材料）をすべて船倉に放り込んだ。
　しかしながら呉先生は形式や論理性を重んじる先生ではない，彼は小説家であり，言語学者である。
　彼はそのようには書かない。彼はＡをくどすぎると考え，Ｂをあまりにくだらないと断定した。これらのものに対して"東西（材料・原料・物質）"という上位概念（付録参照のこと）を持ち出すほどでもないと思ったのではないか？彼は当然野菜を船に運び入れなければならないと思っているに違いない。そうでなければ，こんなことを書く必要もないだろうし，また運び込まなければ，次は何を食べればいいのか，鶏肉と豚肉だけで野菜なしでは食べづらいだろう。これはもはや常識の範疇で判断することであり，いまさら重箱の隅をつつくようにあら探しをする人もいないだろう。筆者のように考える読者諸氏は滅多におられないだろうが，奇特にもそのような方がおられたならば，もはや『儒林外史』など改めて読まれる必要がないだろう。
　この不完全な部分において，呉先生はほんとうのところ，
　　鶏，肉，酒，和一些蔬菜
というふうに想定していたのではないかと思われる。
　"和"というのは並列関係を表す接続詞であり，同じ系統のものごとを表し，あるいはひとつの母概念とそれに続く子概念とを対等な関係にもっていく接続詞である。本文で示される鶏，肉，酒，野菜はすべて口にすることができるものであり，"和"を用いて並列関係を表すのは当然といえば当然である。
　問題なのは呉先生が深層的に考えていた表現の構成というものが表面化するかたちで転換したときに，動詞化され，順序づけられたのは鶏，肉，酒だけであり，野菜類ははからずも書き漏らしてしまったのだ。言い換えると，この例（1）の表層的文章構造には表層的文章構造として処理されていない深層的文章構造の部分的原型が残っているわけである。これらは深層的文章構造においては理にかなっていても，表層的文章構造においてはかえって不完全で，非合理的である。

例 (2) については，我々はその深層的文章構造から以下のような文章の流れを解析することができる。

  A 众猎户拿出些干粮来（狩人たちはわずかばかりの乾飯を持ってきて）
  B 干粮和獐子、鹿肉（乾飯とキバノロと鹿肉を）
  C 让郭孝子吃了一饱（郭孝子にお腹いっぱい食べさせた）
  D 郭孝子吃的是干粮、獐子和鹿肉（郭孝子が食べたのは乾飯とキバノロと鹿肉である）

しかし表層構造では，乾飯とキバノロと鹿肉は決して並列関係にあるわけではない。

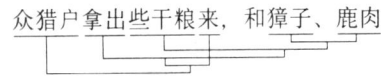

  众猎户拿出些干粮来，和獐子、鹿肉

このような文章構造の区分のしかたは非合理的である。不連続直接成分説を用いて文の解釈をしようとしても筋が通らない。
もし以下のように分析したとしても，

  （干粮）和獐子、鹿肉让郭孝子吃了一饱

これまた非合理的である。なぜなら"让"の前に動作を行ったものが置かれなければならないからである。つまり次のようにしなければならない。

  众猎户让郭孝子吃了一饱

しかし，これも例 (1) と同様に表層構造化されたときの徹底しきれなかった産物である。言い換えれば，表層構造に現れた深層構造である。
 ついでにいうと，「獐子、鹿肉」については以下の2段階に分析することができる。

  A．獐子、鹿肉

  B．獐子、鹿肉

 Aのような方式の区分をすることを支持する理由としては，中国語においては肉といえば豚肉を指し，その他の四つ足の肉類には「牛肉，鹿肉」

のように必ずその動物の名称をつけなければならず、鳥類や魚に関してだけは肉という字を加えず、その生き物の固有名詞のみを用いるということに根拠をおいているからである。

　例 (1), (3) において「打了三斤一方肉 (3斤ぐらいの塊り肉を買った)」と「割了二斤肉 (肉を2斤切り売りしてもらった)」というのはすべて豚肉のことである。再び『儒林外史』から。

　　　邹三捧出饭来，鸡、鱼、肉、鸭、还有几样蔬菜。摆在桌上。(第9回)
　　　(鄒三は飯と、鶏、魚、肉、鴨、さらに何種類かの野菜を持ってきてテーブルの上に置いた。)

　　　管家捧上酒饭，鸡、鱼、鸭、肉、堆满春台。(第2回)
　　　(管家は酒や肴を捧げ持ち、鶏や魚や鴨や豚肉などをお膳の上にあふれかえるほど並べた。)

ここで狩人たちが郭孝子に食べさせたのはキバノロではなく、キバノロの肉であるのは明らかなので、以下のように表現してはいけない。

　　　郭孝子吃獐子吃了一饱。(×)
　　　郭孝子吃鹿吃了一饱。(×)

正確にはこのように表現しなくてはいけない。

　　　郭孝子吃獐子肉吃了一饱。
　　　郭孝子吃鹿肉吃了一饱。

これならば中国語の慣習に符合する。ゆえにA方式の分析は合理的であって、「キバノロ肉＋鹿肉」という意味になる。

しかしA方式ではリズムや押韻などの流れに関して大きなタブーを犯している。漢民族は心理的に安心できる対称のとれたバランスというものを文章に求めるものである。言語に対しては漢民族は (2／2) のリズムに慣れており、Aのような (2＋1) ＋1の音の組み合わせというのは漢民族の好みではなく、拒絶反応を示し、耳障りに感じるのである。言語的にはむしろB方式の (2／2) のリズムがよい。

中国語を分析する際、文法や意味が発音や韻律と抵触をするとき、聞き手は通常、文法や意味を犠牲にして語音のほうを尊重するものである。

従ってB方式の分析は合理的な一面があるわけである。単音節の"牛, 羊, 狗, 鹿, 熊, 猫"にはすべて"肉"が後ろにつき、たとえば"牛：牛

肉：肉"のような対立関係となる。しかし動物に関する2音節以上の名詞の場合，方法としては老虎→虎肉，獐子→獐肉のように単音節に省略したり，あるいは正式な場合には，獐子肉，野猪肉のように"肉"という字をあえて加える。また略式の場合は肉という字を加えずに直接二音節の動物名で肉という意味を持たせるようにする。そうすると二音節から成る動物名は多義的になり，その動物そのものを指したり，またその肉という意味も持ち合わせるようになったのである。

例(3)と例(1)，(2)の性質は同じものである。

今の問題としては，この表面構造上不完全な語句を，例の呉敬梓大先生がどうして再三にわたって繰り返したのかということである。もし一回くらいであればそれは一時的なミスということであえて提示するまでもなく，校勘学を専門とする先生方がちょっと触れるくらいで済むところである。いまたくさん出てくるということは，つまり我々に呉先生があえて作り出したものなのか，はたまた文章を作り出す策略というものを我々に研究してくれということなのだろうか？これが第一の問題である。

第二の問題として，我々読者はどうして問題の内容に軽く触れただけで一向にその不自然さを不審に思わなかったのだろうか？どうして間違いとわかっていても間違いと思わずにこれらの語句を受け入れるのだろうか？どうしていったん誰かが指摘すると，余計なことをするものだと，もっぱら非難される羽目になるのだろうか。聞き手はどのような方針でこれらの問題に臨むのだろうか？

これを心理学的にいうと，ゴスター（格式塔）深層心理学的な解釈を適用することになる。大まかにいうと，聞き手はあらかじめ全体像をもっているわけで，不完全な部分に関しては，自ら意味などを補足することで，形を整えるわけである。

これは例えば我々が林の茂みに小さな手を見たとする。可愛い子供がそこで隠れん坊をしていると思うことはあれ，ばらばらにされた子供の手が木にぶら下がっているとは思わないだろう。それは人の心理構造が不完全な部分を意識下で補完したので，不完全な部分があったということに気づかないのである。その人の頭の中で，文章に対する完成されたイメージというものが，不完全な部分に投影され補完されて，一つの完璧な形になる

のである。ゆえに，こちらが不完全だと言っても，他の人が不思議に思うわけである。これはきっとあなたの頭がおかしいに違いないと思う——林の茂みに隠れているのは手足など五体満足に揃った子に違いないのだから，手だけがぶら下がっているわけがないだろうと思うわけである。

　これはまた，漢民族が中国語の語句を理解するプロセスにおいて，言葉の意味を重んじていることを証明するものであり，米国バークレーのカリフォルニア大の学生並びに研究生に対して行われた心理学実験によって証明されている。

　　　中国の被験者はみな言葉の意味を根拠にして文章を理解するため，言葉の意味には注意を払うものの，文章構造については軽視しがちな心理的傾向に陥る。
　　　中国人が中国語を理解するとき，言葉の順序はあまり重要な要素ではなく，もし言葉の順序とその意味に矛盾が生じたとき，言葉の意味を優先して理解する。(繆小春「中国語の文章の理解に至るプロセス——中国語の文章の理解における言葉の順序と語義の作用」『漢語語義学論文集』下巻454頁，湖南人民出版社，1986年)

　呉敬梓は何度もこのような文を作り，読者はこれらの文を抵抗なく受け入れた。漢民族が文章を作ったり解釈する上では，言葉の意味が重要な要素になること，文章構造に制約があること，が証明される。

付録

　"上位概念"と"下位概念"とは相対的なものである。上位概念は抽象的包括的なものであり，下位概念を含むものである。下位概念は具体的であり，上位概念に属している。

　例えば，

人 ｛ 男，女
　　　いい人，嫌な人
　　　中国人，外国人
　　　黄色人種，白人，黒人

"人"は上位概念となる。"男，女"などは上位概念である"人"の下位概念である。

说话的情理法

说话的情理法

"Y"歌体と"386061部隊"

1. "y歌"体と"y歌"形象

『反義成語詞典』,『同義成語詞典』,『朱自清散文語言芸術』などの著作を出版されている蒋蔭楠先生は,私に若者の流行言葉を書き集めたカードを見せて,その中の修辞技法を研究し,何か短文を書いてくれるように言われた。

そのカードの一枚にこう書かれていた。

大学生は全く頼りにならないが,彼らの創造力は無限である。今流行のある"y歌"という歌は,彼らのこの時代の意識をよく表している。歌に曰く:

本人今年刚 Twenty　　（20岁）,（俺は今年20になったばっかり）
有幸进入　　University（大学）,（運良く大学に入ることができた）
考试只要　　Sixty　　（60分）,（試験は60点あればいい）
没钱只管求 Daddy　　（爸爸）,（金は親父にせびればいい）
生活本来就 Dry　　　（枯燥）,（生活なんざ,味気ないものさ）
何必整天去 Busy　　（忙碌）,（汗だくになることないぜ）
大学生活不 Happy　　（快乐）,（大学生活は楽しくもないから）
不如赶快找 Lady　　（太太）,（早いとこ彼女をみっけて）
将来生个胖 Baby　　（小孩）,（太った赤ん坊を生んでもらおう）

これは,今の大学生の精神が空虚であることを証明しているものだ。（《文汇报》1988年4月5日）

こういうものを見るのは,全く初めてというわけではない。前にも似たような文を見たことがある。

数年前,黄小波という名の大学生が私に,教室の机の落書き,いわゆる"课桌文学"を一度研究してはどうかと薦めてくれたことがあった。彼は更に,おもしろいものをいくつか写し取って,私の研究のために提供してくれた。

三,四年前,私も安徽大学の校庭で,学生たちがお遊びで書いた"征婚啓事"(結婚相手の募集)なるものを見たことがある。一年前の春節の前夜,研究生の芮月英は私に,年越しには帰省するように姉に催促した彼女の妹の手紙を見せてくれた。この手紙は,一言とて,常識で理解できるような言葉では書かれていなかった。今も憶えている一節は,「あなた,遺体はいつ運ばれ,私に死に顔を見せてくれるのかしら?」とある。湖南省のある大学院を卒業したばかりで,大学教員になった鄭慶君氏もこのような感じの文面の手紙を書く。ある時は,こう書かれていたのを憶えている。「私は暗い隅に身を寄せ,感動し,数滴の鰐の涙を流した」と。
　これらすべてを"y歌"体と呼んでいいだろう。
　"y歌"体の出現は,決して偶然のものではない。これは第四世代(1990年代の20歳代の若者を指す)の人々が,現状に不満を持ち,精力が過剰となり,伝統に反発し,刺激を要求する内心衝動の発散でもある。これはまた,第四世代人が文化の一部分を代表して作ったものであり,言語文学を代弁して作り出した一種の表現でもある。"y歌"体現象は,一種の社会文化現象であって,だれかが一時的にふと考えついたことではない。
　"y歌"体は,目下発展中である。おそらく,第四代人の生活の他の領域にも入り込み,小説や詩歌,散文,広告などにも出現してくるであろう。これは,修辞学者や言語学者,社会学者たちの研究に値するものである。
　"y歌"体の言語上での特徴は,以下の通り。
　意識的に言語や文学の運用規則に違反し,故意に言語や文学の伝統と対決する。矛盾し,互いに対立し,決して相容れない言語材料を臨時に条件つきで一つに縛り,奇妙で,でたらめで,世の中を茶化しているという感じを人に与えるのである。
　これは,第四世代人の反伝統的時代文化の特徴と一致する。
　ここにおいて,修辞と世代差という新しい課題がうまれた。あるいは,世代間の修辞差と呼ぼう。この方面の研究は,たぶん社会から歓迎されるであろう。
　修辞学者のみなさん,象牙の塔から出れば,世界はこのように広いのである。

2."386061部隊"

蒋蔭楠先生は，私に以下のような言語現象に注意するよう言われた。

例えば，巷では，良くこのようなことを言うのだそうだ，「今，中国の農村の農業労働の主なものは"386061部隊"を寄りどころにしている」と。

386061部隊とは，何であろうか。どこの大軍だろう。司令員はどの将軍なのだろうか？　実は，こうである。

"38"→三月八日→三八婦女節。全世界の労働婦人の祝日であり，半日休暇で，みんなが映画を見に街に繰り出したりする→婦女を指す言葉。

"60"→六十歳で，退職の年齢→退職した人を指す言葉→農民は退職がないことから転じて年老いたおじいさんやおばあさんたちを指す。

"61"→六月一日→六一児童節，国際子供の日で，学校は休み。食べたり飲んだり遊んだり，実に楽しい日→少年や児童のことを指す。

そして「部隊」と名付けたのは，たんにふざけて呼んだだけである。

蒋先生は，更に似た言い方を一つ聞かせてくれた。彼が「文革」期間中に鄭州大学に赴任したとき，河南の農村では「4351部隊ようこそ支佐へ！」というのが流行ったそうだ。

つまり，「4351部隊」とは大学卒業生のことだそうである。なぜなら，その年の始め，大学卒業生の一年目の給料は43元で，二年目の給料は51元であった。河南省では，なんと給料をもって人を指す言葉としたのである。

蒋先生は私に，このような現象を説明し分析して欲しいと注文した。

私は，これは"多層次借代語"(多重転喩)——つまり，何度も転じて，遠回りにして言う，その上に，ほかの手法をも兼ねて用いた転喩——であると名付けた。遠回しに言った上に，ほかの修辞技法を用いたため，語意に含蓄があり，意味深長となり，表現力がとても豊かである。ただし，時に，隠語や"黒話"(やくざなどの仲間内の隠語)に近いこともある。その核心は実は相関関係であるため，転喩に分類したわけである。

(原載《語文月刊》1989年5期)

付記：

本文発表後の6月13日，面識のない読者，凌暁軍という子供から手紙を受取り，つぎのような例もあることを教えられた。

うちの地元では，次のような言い方がある。

  天兵天将——外で営業販売する人
  楊門女将——家で内職する人
  蝦兵蟹将——残ったその他の人

また，商売をしている人を"5471部队"（「5月4日」が青年の日であり，「7月1日」が共産党員の日であることから，若者と共産党員を指す—訳注）と言い，家で内職をしている人を"3861部队"（「3月8日」は女性の日であり，「6月1日」はこどもの日であることから，女性と子供を指す—訳注）と言う。

（葉永烈「中国改革の実験区——温州地区」《青春》1987年8期）

天兵天将——楊門女将——蝦兵蟹将——386061部隊——5471部隊——3861部隊……，我々の共和国は「小米＋歩槍（歩兵銃）」の国，つまり，粟のような粗食に耐えつつ，革命解放で勝ち取ってできた国なのだ。我々は"国民皆兵"の国家で，我々のこのような民百姓からなる兵隊は，実に人々に愛されて止まないのだ。だからこそ，どこでも，いつでも，何事も，軍事上のあらゆる言葉を愛用し，民事上の人物や事件の例えとする。もし，「よい鉄は釘にしない，よい男は兵隊にならない」と言われた旧社会であったならば，これらの換え言葉は生まれなかったであろう。

天兵天将——楊門女将——蝦兵蟹将，これは，比喩式換え言葉で，しかも順次位が下がる方式である。

386061部隊——5471部隊——3861部隊——4351部隊，これらはすべて，転喩式による数字の換え言葉である。

蒋蔭楠先生は，ほかの言い方の387161部隊というのも教えてくださった。38，61は転喩式による数字の換え言葉であり，71は象形で，7は鋤（すき）に似た形をしており，1はてんびん棒に似ている。だからこれは，形似関係であり，比喩式代称である。これなどはまさしく転喩かつ比喩式数字代称といえる。

「5471部隊」の中の「71」は相似関係，転喩である。「387161部隊」の

「71」は相似関係，比喩関係である。この「71」は，違う数字代称の中で，多義的な意味を持つ。それならば，数字式双関代称を構成することができるのではないだろうか。（原載《語文月刊》1989 年 11-12 ）

附：「386061 部隊」への補充

少し前，去年の《半月談》を見ていて，「860631 部隊」という用例を見つけた。これよりも，もっと珍しい話を見つけた。《扭曲与挣扎》という文である。ペンネーム「古難全」という方が武漢から郵送してくれた《今古伝奇》1989 年 4 期 179 頁に書かれていた。全く，視界が広がった思いである。

事件の始まりはこうだ。

ある省の二人組の購買部員が地元に来た。仕事が一段落してから，彼らは，自分の所属部門に電報を打った。電報の内容は，"〇〇さんへ，任務遂行。'大冒'か，それとも，'小冒'にするか。どのぐらい'0198 部隊'を出動させようか。速やかに指示を乞う。すぐに取りかかるので。"

優れた「階級闘争教育」を受けた電報局の職員は，この内容を見て，反革命的な連絡用暗号に違いないと即断した。「大冒」とか「小冒」などは，爆発事件を起こさせることを指すだろう。「0198 部隊」はなんだかの地下特殊組織に違いない。電報局の職員はすぐさまにその電文を持って，上層部の省革命委員会に報告したのは言うまでもない。

拷問に次ぐ拷問，誘導尋問，政策的な心理作戦など，あらゆる手段を駆使された。その結果，数ヶ月で，巨大な反革命組織を摘発することができた。なんと，国民党は，我々の多くの革命委員会内部に完全無欠なネットワークを造っていたのだ。革命組織内部の人々と同じ生活をし，しかも党費も払う。最後の結審報告では，全く度肝を抜くような結果となっている。階級闘争はこれほどにも複雑になっているとは，誰一人想像しなかったのだ。

この案件は，1977 年になってから，ようやく再審理され，名誉回復された。実は，あの二人は，生産資材を買い出しのために，当地に訪れたのであった。当時は物資が極端に欠乏していたため，コネを付

けたり，裏口取引を図ったり，接待，心づけなどを，当たり前のように行なっていた。接待の時は，当然ビールが出る。ビールは泡が立つ。従って，「冒泡……」(泡が立つ) は，宴会をはることを指すのである。一回の宴会の料金が300元以下の場合は，「小冒」と言い，300元以上の場合は，「大冒」と言った。工場のトップは，出発前に，購買部員にこう指示した。「無事買い付けができた場合，一回ぐらいは接待しても良い。但し，どのぐらいお金を使うかは，電報で指示を仰がなければならない」と。あの二人は，贈答用の物品をも用意して持ってきた。「0」はたまごで，「1」はたばこ，「9」は酒 ("9" の発音は "酒" と同じ)，「8」はピーナツである。品物を送る場合，略して「0198部隊」を出動させると言ったそうだ。当時，あの二人の購買部員は，その通り審理する職員に説明したそうであるが，信じてもらえなかった。その上，拷問で，無理やりでっちあげた罪を告白させられ，他人に罪をなすりつけ雪だるま方式で，数百という人間を無実の罪で陥れたのであった。(韶華《ばか娘のばかげた話》)

この「0198部隊」は象形の「0、1、8」＋諧音の「9」の混合式である。これは小説であるが，信じることの出来るものである。

(1989年7月18日)

「y歌」体への補充

「y歌」の変体は非常に多い。このような例もある。

　ある学生は，俗世を悟ったと見えて，教室の机に，こう書いている：「何必整天努力"study"(学習)，不如找个好"lady"(姑娘)生个胖胖"baby"(娃娃)，做个模范"daddy"(爸爸)」

(《解放日報》1990年2月20日)

(なんで朝から晩まで，あくせく勉強する必要があるのさ。それよりさっさとステキな彼女を見つけて，ぷくぷくとかわいい赤ちゃんでも生んでもらって，模範的な親父にでもなったほうがいいぜ。)

说话的情理法
言語の中の空符号

　万事万物にそれぞれ名前があり，名前を持たないものはない，と人々は思っている。しかし，それは我々が無知で，多くのものの名称をしっかり学んだことがなかったにすぎない。というのは，万物はすべて名前を持つという考えが誤解であり，事実に合っていないからである。確実に言えることは，多くの事物は確かに存在しているが，それにふさわしい言語符号を持っているとは限らないのである。

　英語を初めて学ぶ人は，現代英語のなかの"φ"（"鸡"（鶏））：[horse（馬）──ox（牛）──sheep（羊）──"φ"（鶏）──dog（犬）]に，驚かされる。現代英語には現代中国語の鶏に相当する言葉，現代英語の，horse──ox──sheep──dog と並ぶ言葉がない。だから，ただ"φ"（空符号）と書くしかない。

　どんな種類の言語にも，この空符号は存在する。その数は多いのである。

　ある人は，これは人との交流に不必要であるので表に現れないと考えるかもしれない。しかしそれは適切でない。多くの空符号が表示する事物は，人々が日常生活に欠かせないもので，現代の英米人はほとんど毎日，鶏とつきあいがある。それにもかかわらず，鶏を表す言語符号がない。

　多くの状況のもとでは，人々はこれらの空符号があるがゆえに交流が困難であると感じることはない，いや，これまではなかった。しかし，これは自国の言語を使用する人にとってだけ言えることである。現代の英米人は，この"φ"「鶏」という空符号が存在することによって意志伝達の面で不便を感じるということはかつてなかった。しかし，「鶏」という言語符号を使用して考えることを習慣とする中国人にとって，"φ"「鶏」は全く不便この上なく，多くの状況下において，話のしようがないのである。仮に，現代英語を使って「私は鶏が好きです」と言いたいときには，まず次のことをはっきりさせなければならない。つまり，好きなのは，「雄鶏」

か,「雌鶏」か,「若鶏」か。雄鶏,雌鶏,若鶏のどれがもっともかわいいかを答えなければならないし,そのことはあなたの性格や好みとつながっているから,実に面倒なことである。

　言語の空符号は,対比を通して発見することができる。
　例えば,

sheep （羊） { A　ewe　　　　　　("母羊",雌の羊)
　　　　　　 B　ram　　　　　　("公羊",雄の羊)
　　　　　　 C　lamb　　　　　 ("小羊",子羊)

φ　（鶏） { A　hen　　　　　　("母鸡",メン鶏)
　　　　　　 B　cock　rooster　 ("公鸡",オン鶏)
　　　　　　 C　chick　　　　　 ("小鸡",ヒヨコ)

ox　（牛） { A　cow　　　　　　("母牛",雌の牛)
　　　　　　 B　bull　　　　　　("公牛",雄の牛)
　　　　　　 C　φ　　　　　　　("小牛",子牛)

dog （犬） { A　φ　　　　　　　("母狗",雌の犬)
　　　　　　 B　φ　　　　　　　("公狗",雄の犬)
　　　　　　 C　φ　　　　　　　("小狗",子犬)

　英米は,あれほど犬が好きであるのに,意外にも現代英語の中では狗の空符号が特に多いとは全く不思議なことである。

　別の種類の言語と比較してみると,その言語の中にある空符号が容易に発見される。現代中国語と比較した場合,現代英語がたくさんの空符号を持っていることがすぐ分かる。

　　φ（哥哥）　　φ（姐姐）
　　φ（弟弟）　　φ（妹妹）
　　φ（伯伯）　　φ（叔叔）
　　φ（姑妈）　　φ（舅妈）

　古人曰く,"各人自扫门前雪,休管他人瓦上霜"（各々自分の門前の雪を払い,他人の瓦の霜にかかわるべからず）。いつまでも現代英語のことばかり詮索をしても仕方がない。余裕があれば,我々自分たちの現代中国語という大きな存在をじっくり考えてみるがいい。

　我々の現代中国語のなかにも,空符号がとても多く,想像さえできない

くらいである。

  φ（"哥哥＋妹妹"，「兄＋妹」）
  φ（"哥哥＋姐姐"，「兄＋姉」）
  φ（"弟弟＋姐姐"，「弟＋姉」）
  φ（"父＋母＋子"，「父＋母＋子供」）
  φ（"夫＋妻＋公公"，「夫＋妻＋舅」）
  φ（"夫＋妻＋婆婆"，「夫＋妻＋姑」）
  φ（"东边＋南边"，「東＋南」）
  φ（"西边＋北边"，「西＋北」）
  φ（"师母＋学生"，「先生の奥さん＋学生」）
  φ（"外公＋外甥女婿"，「母方の祖父＋姉妹の娘の夫」）
  φ（"姐姐的丈夫＋儿子的妻子"，「姉の夫＋息子の妻」）

どう呼んだらいいの？どのように呼べるか？分からない。だれも知らない。なぜなら我々の言語の中には，もともとこのような符号はなかったのだ。

 現代中国語の内部対比を通して，我々は現代中国語の中のこれらの空符号を把握することができる。例えば：

  彩电（カラーテレビ）　――　φ（黒白电视）白黒テレビ
  彩照（カラーカメラ）　――　φ（黒白照相）白黒カメラ
  彩卷（カラーフィルム）――φ（黒白胶卷）白黒フィルム
  彩印（カラー印刷）　――　φ（黒白印刷）白黒印刷
  彩扩（カラー写真の引き伸ばし）　――　φ（黒白扩大）白黒写真の引き伸ばし

人間というのは，しばしば極端に走り，新奇なものが好きで，異常なものに対して注目する一方で，一般的で普通のことに対しては，見ていながら気がつかない，聴いていても注意を払わない。そこで，またたくさんの空符号ができてしまった。

  长　――　φ――　短
  大　――　φ――　小
  美　――　φ――　丑
  好　――　φ――　坏（壊）

　　　　厚 ──　φ ──　薄

　長くもなく短くもない，大きくもなく小さくもない，美しくもなく醜くもない，このように普通であることに相応する言語符号がない。
　多くの空符号の存在が，我々の思惟活動，意思疎通に不便をもたらしたことを認めざるをえないであろう。例えば，

　　　φ　（親指以外の４本の指）
　　　φ　（親指＋小指）
　　　φ　（親指＋人差し指）
　　　φ　（親指＋中指）
　　　φ　（小便＋汗）
　　　φ　（痰＋唾）
　　　φ　（痰＋鼻水）
　　　φ　（痰＋鼻水＋唾）
　　　φ　（顔＋首）
　　　φ　（脚＋すね）

　もし，これらの空符号を実符号化でき，空白を埋めることができるならば，相当の言葉が生まれ，不便さを減らせるだろう。例えば，道端に「痰やつば，鼻水を吐くべからず，吐く者は五毛の罰金」という紙切れを貼る場合，「吐φ罰金五毛！」（この場合の"φ"は仮に"痰＋唾＋鼻水"を意味する）と書けば，大変面倒が省ける。なぜならば，「痰，唾，鼻水を吐くと，五毛の罰金」と書くのは面倒でやっかいである。そのうえ，痰，唾，鼻水の違いを区別するのはこれもまた大変やっかいなことだ。また，"洗φ"（この場合の"φ"は仮に「顔＋首」を意味する字である）あるいは"洗φ"（この場合の"φ"は仮に「くるぶしから先の部分＋すね」を意味する字である）といえば，子供が首やすねを洗うのを忘れることはないであろう。何といいことだろう。
　言語の研究は，実符号（実在の言語符号や，実符号に含まれる仮の符号，例えば，仙女，観音菩薩，ビーナス等を含む）の研究だけでなく，同時に空符号の研究も必要である。
　空符号の研究も言語学の任務である。
　どのような空符号の研究が必要か，なぜ空符号が出現したか，空符号が

思惟や意思伝達においてどのように不便であるか，人々が空符号をどのように避けてものを考えたり，意思を伝えたりしているか，空符号と実符号の相互転化，空符号の外語教育への影響などなど。

　私は，空符号の研究は議論する意義があり，また実用価値があると信じている。　　　　　　　　　　　　　　　（原載《語文月刊》1989 年 2 期）

说话的情理法
名称の芸術

1. 書名がよい本は売れ行きがよい

　日本のある企業家がこう言った。「新製品によい名前がつけば、半分成功したも同じだ」

　全く道理にかなっている！ 倪宝元教授の手紙によると、今ちょうど本を書いているところで、とりあえずは『成語九章』という仮題をつけて、正式な名前を考えているが、なかなかよい名前が見つからないそうである。友人の干根元も私に言った。彼らが本を一冊を編集し、『語文評論集』と名をつけ注文を募ったが、結果はよくなかった。しかし、書名を『詞語評改五百例』と変えたところ、なんと、二十万冊の注文が来てしまった！

　このとき、私は、『喩世明言』、『警世通言』、『醒世恒言』の作者である馮夢龍を思い出した。彼にはもう一冊、『古今談概』という本がある。「概」とは要約、概略の意味であるが、書名につけることによって、なかなか優雅になったのである。文芸理論家の劉熙載は、とりわけこの優雅な「概」の字を好み、『文概』『詩概』『詞曲概』など、実にいい書名をつけたのである。しかし、清代初期の朱石鐘三兄弟は『古今談概』の文章を削って簡潔にしたあと、書名を『古今笑』に変えてしまった。

　大文人の李漁は「同じ本でも、初め『談概』とつけても、問うて来る人は少なく、『古今笑』と名を変えたところ、万人向きになり、買った人は、購入するのが遅すぎたと言わんばかりであったろう」と言った。しかし、李漁は、また名を『古今笑史』と変えてしまったが。

　名前のことは、本当に大切である。もし、魯迅の十六冊の雑文集が、『雑文一集』、『雑文二集』、『雑文三集』……という名であったら、なんと味気ないことであろうか。もし、ある演劇の名が『張飛審案』(張飛が案件を審判する) であったら、金を払って見に行く人は果たして何人いただろうか。しかし、『張飛審瓜』(張飛が瓜を審判する) であったから、人はいくらかお金を払って見てみようという気も起こるであろう。『孔雀東南飛』

や『紅楼夢』を知っている人は，それらの別名の『古詩，為焦仲卿妻作』や『石頭記』を知っている人より，ずっと多いだろう。中国では「王子復仇記」という名の映画の方が，"哈姆雷特"（ハムレット）よりはるかに人に受け入れられる。当然，読者の心理を考慮するとともに，作品自身をも決して忘れてはならない。どのような内容でも，流行りの，「〇〇恋」，「〇〇奇跡」，「〇〇伝奇」，「〇〇ロマンス」，「〇〇スリラー」一辺倒では，毎回毎回，読者が引き付けられるとも限らない。そして，それよりも大事なのは，そのようなありふれた名称を付けることで，恥をかくことになったり，作品の価値を失ったりするのである。

2."语义换位法"

「張飛審瓜」ではどんな修辞法を用いたのであろうか。

事実は，張飛が調べたのは案件であり，人であって，瓜ではない。しかし，この案件のカギは瓜であって，瓜を捕らえ，人を調べれば，事件を調べることができる。つまりそういうことなのだ。

「張飛審瓜」は，"语义位移"（語意の位置転換），あるいは"语义换位"（語意の転位）といわれる。これは効果的な修辞法の一つである。次を見てみよう。

《似乎耸人听闻，实非无中生有——"五分钱"修理美国》
(《光明日报》1988年3月29日 标题、作者司马达)

(「一見人騒がせであるような流言，実は根も葉もある——"0.5ドル"でアメリカを修理する」)

《在"叶塞尼亚"家做客》
(《文汇报》1985年12月6日 标题 作者杨树田)

("イエサニア"の家で接待を受ける)

前者はこうである。レーガン政府は，国庫は残高不足の上，赤字は膨大であるため，一ガロン毎に0.5ドルの増税をせざるを得なくなった。総額5,500億ドルの修理費を引き出し，道路や橋，下水道，都市の運輸系統の維持修理に当てた。実際は，5,500億ドルを使って，道路などの修理に使った。この中の二つの文頭は，"语义位移"がなされている。つまり，"0.5ドル"を，5,500億米ドルの代わりにする。なぜなら，5,500億米ドルと

いうのは，一つ一つの0.5ドルの集まりである。"アメリカ"を道路の代わりにする。なぜなら，道路等はアメリカに所属し，アメリカの一部であるからである。片方は縮小し，もう片方は拡大することによって，強烈で鮮明な対照をなすのである。

後者は，"イエサニア"を用いて，イエサニアの女優ヤクリン・アンドレイの代わりとしている。"语义位移"を用いることによって，この二つの標題が読者の好奇心を強く誘うことができた。

30年代の上海の新聞紙上に，次のような標題があった。"看救命去！"（救命を見に行く）。断っておくが，私はこの新聞を見たと言うわけではない。当時，私は父と母の双方の中に存在していたからだ。私は，『魯迅全集』の中にそれを見つけた。

どんな意味なのだろうか？ なんとこれは，慈善公演，つまり水害の罹災者を救済するための慈善公演であった。あなたがチケットを一枚買えば，そのお金で罹災者を救うことができる。そういうわけで，あなたが観劇すれば，また人の命を救うことになる。この劇は人を救うために演出されるから，あなたが劇を観に行くことは，つまり「救命」を観に行くことである。

魯迅は，この標題をけなした。

しかし，修辞法から見ると，これも間違いなく"语义位移"であるのである。

3. 芸術化の名称

小説家の陸文夫は中篇小説「井」の中でこのように書いている。「徐麗莎は……ついに新薬の××を作り出し，国内の空白部分を埋め，専門家の好評を得るに至った。だが，人々は，それがいったいどんな新薬なのか，はっきりと聞いたことがなかった。あるいは，聞いても理解できない。なんでも，ピリドキシンだか，ピリジンだとか，フタールなんとかの類で，聞いていると，くしゃみでも出そうな名前である。」どうも物を作ることは難しく，命名もまた容易ならぬ。だから，私は呉承恩を敬服している。『西遊記』第十四回の，三蔵法師が出会った六人の強盗の名前は，

　　　眼见喜（眼見喜）　　　耳听怒（耳聴怒）

鼻嗅爱（鼻嗅愛）　　舌尝思（舌嘗思）
　　　意见欲（意見欲）　　身本忧（身本憂）
　全く粋なネーミングである。なお，評論家の張書紳は，この中に奥深く含まれる意味を発見した。
　「六賊」とはなんぞや？ 耳，目，鼻，舌，身，意であり，およそ悪しきことを好む悪者は皆これである。乱れた心が正道に帰ったというのは，つまり以前は酒や船を盗み，「六賊」の欲しいままに任せ，正道ではなかったのである。名前は六つあるが，実際は一つの心に集まり，故に心が正しければ，皆正しくなり，心が正しくなければ，皆正しくなくなり，邪悪なものとなる。要するに，心を正しくしておけば，邪念はおのずと生まれてこないし，この六賊の所在も跡形ないのである。（張書紳注『新説西遊記図像』北京中国書店1985年）
　張書紳のこの説は，すこぶる道理があると私も思う。
　また，第四十一章の号山枯松澗火雲洞の妖王，牛魔王の息子紅孩児の部下に六人の主将がいる。その名前は，
　　　云里雾（雲里霧）　　雾里云
　　　急如火　　　　　　　快如风
　　　兴烘掀　　　　　　　掀烘兴
　これもやはり，風流で，意味深いものである。
　董説の《西遊補》の人名もとりわけ趣がある。第十二章の中の，三人の目が見えない年頃の娘の名前は，
　　　隔壁花（隣の花）　　摸檀郎（彼氏を触る）
　　　背转娉婷（すらっとして，しなやか）
　まさに，詩情画境の趣がある。
　葉文玲の小説『小渓九道湾』の中に，三人の主要人物がいる。
　　　谷雨（穀雨）　　葛金秋　　春蕉
　「穀雨」は「葛金秋」を愛し，「葛金秋」は「穀雨」を愛す。しかし，「春蕉」は何も知らず，「穀雨」を愛してしまった。結局どのようになったか？名前自身が，すでに我々に暗示している。「穀雨」は春のものであって，秋のものではない。「穀雨」と「春蕉」は恋人になり，その後結婚し，「葛金秋」は身を引くこととなった。

揚州に"菜根香"という名の大きなレストランがあり，合肥市に"吃吃看"という"燒餅"（小麦粉にゴマなどを練り込んで焼いた食品）の店，蚌埠に"君再来小吃店"というのがある。どれもみな，とても人気がある。
　これらの名称は，一つの符号であるだけでなく，よくかみしめて味わう値打ちのある芸術作品といえる。

说话的情理法
不朽の名句

1. 絶えず進歩を求め，追求を怠らない

私は，『漢語修辞学』の中で以下のように書いた。

　　文法に合っていない語句は，ある特殊な場合において，非常によい修辞効果をあげることもできる。例えば，人物の個性，身分，教養を表現する時，ジョークやユーモアの効果を出すことができる。例えば，

　　　　顧（很自負地）我頂悲劇，頂痛苦，頂熱烈，頂没有法子。
　　　　　　　　　　　　　　　　　　　　　　　　（曹禺《日出》）
　　　　（顧（かなり自慢げに）わしは実に悲劇で，実に苦痛で，実に情熱的で，実にどうしょうもないんですわ。）

　　この中で，文法に合わない語句は，修辞手法として運用している。それは，顧八ばあさんの身分と教養の程度を表現したいためである。
　　　　　　　　　　　　　　　　　　　　　　（《漢語修辞学 22 頁》）

しかし，1985 年出版の『日出』（四川人民出版社）の中で，この名句は，次のように改められてしまった。

　　　　顧八奶奶（很自負地）所以我最悲観，最痛苦，頂熱烈，最没有法子办。

私の院生の王さんは「このせりふは名句ですのに。先生も引用したことがあり，誉めておられましたが，改める必要があったのでしょうか。余計なことをしてかえって悪くなってしまいました。」と言った。

私は「悪くなった？ どこが悪くなってしまいましたか？ どのように？」と聞いた。彼女は「"最 zuì" は，"頂 dǐng" より発音が難しいです。原文の四つの "頂" を繰り返すことによって，読みやすく，響きもよく，そして力強く感じます。四つとも "最" に変えられるならそれでもよいでしょうが，こともあろうに三つだけ "最" に変えて，一つは "頂" にするなんて，ぴったりしないし，すらすら言えないし，耳障りですよ」と言った。

そこで私はこう答えた。

「もし，四つの"頂"が全部"最"に変えられ，つまり，四つの"頂"字反復話法が四つの"最"字反復話法に変えられたなら，改悪された，あるいは悪くも良くもないと言える。この場合は，変えても，変えなくても，たいして違わない。しかし，ここでは，四つの"頂"の字が三つ変えられ，一つの"頂"が残されたことは，作者曹禺が意識的にしたことで，賢いやり方だ。これは顧八ばあさんのせりふであって，作者の会話ではなく，また，方達生や陳白露のせりふでもないことに注目してほしい。顧八ばあさんとは，どんな人だと思いますか。金持ちの裕福な奥さんで，低俗でくだらない人間，文化程度が低く，無教養な女性ですよ。作者は，故意に彼女にこのような，言いにくく，耳障りで，ぎくしゃくした言い方をさせた。これは，さらに深く人物像を作りあげるためです。『北京人』の中に出てくる，もう一人の下品で文化教養の低い奥さんも，筋の通らない変な話し方をしているでしょう。これらの角度から言えば，あなたの意見は半分だけ正しい。あなたは，変えられた後のセリフが変わる前より悪くなり，ぎくしゃくしてしまったと言ったが，これは，セリフそのもの善し悪しでいっているわけです。だが，もしこのセリフの主人公の顧八ばあさんの人格と合わせて分析してみたら，わかると思うのだがね。曹禺先生も杜甫と同じく，人をあっと驚かせるほどの名句を追求したのである。だから，このような人口に膾炙するほどの名台詞でも，さらによくしようと，あれこれと繰り返し直していたわけだ。果たして，この通り，直した後の台詞の方が，やはり，よりよく顧八ばあさんの個性と人格を突出させ，彼女の像がさらに鮮明になった。だから，この点でいえば，あなたの改悪論は当たっていない。やはりこれは改善と言うべきだろう。」

2. "的"の改訂

話や文章の中で，"的"と付き合わずにすますことはできない相談に近い。"的"を上手に用いることはかなり難しい。やはり，曹禺のように，磨きをかけて追求しなければならない。例えば，

(1)(原句) 她好读书，书籍教她认识现在的世界，也帮助她获得几个热心为她介绍书籍以及帮助她认识其他方面的诚恳的朋友。(《日出》)

(彼女は勉強好きだ。本を読むことによって，世の中のことを知ることが

できるし、そしてまた彼女に熱心に本の紹介をしてくれたり、いろいろのことを教えてくれる友達を得ることができる。)

新版の中では、この"其他方面的诚恳的朋友"が"其他方面的诚恳朋友"と改められた。また、例えば：

(2)(原句)他穿一件古铜色的破旧的缎袍，套上了肥坎肩。(《原野》)
(彼は銅の古錆びれた色をした、ボロボロの緞子の長着を着ていて、その上にだぶだぶのチョッキを重ねている。)

(改句)他穿一件古铜色的破缎袍，套上了肥坎肩。

多分、曹禺は呂叔湘先生主編の『現代漢語八百詞』を読んでいないと思う。この本の中にこう書かれている。(135頁)

並列の"的"の字を用いた短い語句が一つの名詞を修飾するのはとても自由であるが、二つの"的"の字を用いた短い語句が重ねて一つの名詞を修飾する"A的＋(B的＋名)"のは、語音のリズムから言うと協調性に欠け、語義の順序から言っても明確性に欠ける。できるだけ避けるようにするのが良い。三つ以上の「的」の短い語句が順次重なる結合構造"A的＋［B的＋(C的＋名)］"あるいは"(A有＋名)的＋(B的＋名)"は、ほとんど使えない。次のような方式で処理するとよい。

a，重なり分を減らす；内容の構造を直接組合せた名詞の短語に改める。

高山上的稀薄的空气→高山上的稀薄空气
小张的方案的主要的内容→小张方案的主要内容

呂叔湘先生たちは、大量の言語事実を分析研究し、この結論を出すことができたのである。曹禺は、長期にわたる言語運用の実践によってこの点を会得した。呂叔湘先生は、これは自覚し理性的に認識しているが、曹禺では、自覚をしないままに出来上がったものである。だから、もし作家の曹禺も言語学者の著作をいくらかでも学んでいたら、自覚して、さらに多く、早く、良く、無駄なくできたであろう。また、もし言語学者の呂叔湘先生が、作家の改訂本を多く収集したならば、さらに多くの語法修辞規則を帰納・総括でき、さらに多く、早く、良く、無駄なくできたであろう。

曹禺は旧作を改訂した時、多くの"的"を削除した。例えば、

(原句)浮出一丝笑的影。(《原野》)(笑いのようなものを浮かべた)

(改句) 浮出一丝笑影。
(原句) 瞎子卷来黄的纸填入土缸的肚子，火焰更凶猛地飞舞起来。

(《原野》)

(盲人は黄色い紙を丸めて土缶の中に入れると，炎は更に激しく燃え上がった。)

(改句) 瞎子卷来黄钱填入土缸的肚子……

これらの改定は，構造階層を減少させる効果をもたらしている。

3. 主目的語の語意差

『北京人』の中で，次のような改訂がされている。

(原句) 愫方（感动地）不要这么说话，你还小，孩子生下来，大家就高兴了。(愫方(感動して)：そんな風に言わないで，あなたはまだ小さいから，子供さえ産めば，みなが喜ぶのよ。)

(改句) 愫方（感动地）不要这么说话，你还小，生下小孩子，大家就高兴了。

"孩子生下来"は，"生下孩子来"の意味ではないのか。それなのに，何を変えるのか？

いや，"孩子生下来"≠"生下孩子来"なのである。

現代中国語の中では，主語はほとんど既定のもので，話し手の双方が既に内容を知っている事柄である。

鱼买来了／书看完了／客人来了

人找到了／信寄走了／稿子抄好了

この中の"鱼、客人、信、稿子"はすべて既定のもので，既に知っているものである。決して不特定のものでも，未知のものでもない。もし，未定のものや未知のものなら，次のように言わなければならない。

买了鱼了／看完书了／来了客人了

找到了人了／寄走了信了／抄好了稿子了

だから，"孩子生下来"の中の"孩子"は，特定の子供を指し，この子供がほとんどすべてを左右してしまうのである。しかし，"生下小孩子"の中の"孩子"が指すものはどんな子供でもよく，特定の子供ではない。一人の女として，子供さえ産めば，きっとみなが喜ぶし，それに，あなた

不朽の名句 229

はまだ若いから，いずれ子供を産む，と作者は言いたかったと思う。この手直しによって，まず一つには，愫方の話の説得力が増したことである。相手のその娘は健康な娘で，いずれ必ず子供を産むだろうし，きっとみんなを喜ばせ，自分も幸せな日を送れるのである。二つ目には，特定のものを不特定に代えることによって，相手側に刺激を与えるのを避けることができる。相手側は年若い女性だから，一人の特定の子供のことを言えばきっとあまりいい気持ちがしないであろう。言うほうも聞くほうも都合がよいし，愫方の教養や人格，話し方が上品で適切であり，他人の心をうまく汲み取ることができることをよく表している。

4. "你"と"您"の心の透視

"你"と"您"の区別を，曹禺は十分注意している。

例えば，

(1) (原句) 福升：陈小姐，您别着急，我这就跟您收拾。(《日出》)
　　(福升：お嬢さん，心配なさらないで下さい，すぐに片づけ致しますから。)

(2) (改句) 王福升：是，陈小姐，您别着急，我这就给你收拾。
　　(原句) 福升：(赔着笑脸) 陈小姐，您早就回来了。(《日出》)
　　(福升 (愛嬌よく)：お嬢さん，もう帰ってらしゃいましたか)
　　(改句) 陈小姐，你早回来了。

例 (1) には，二つの"您"がある。改訂したとき，一つの"您"を残し，もう一つの"您"は"你"に改めた。もし，二つとも"你"にしたら，王福升が陳白露に対して軽蔑を表わし，尊重をしていないことを表しただけになる。作者の上手いところは，一つだけ変えた点である。この王福昇はまず白露小姐を"您"と呼んで尊重し，後は不用意に"你"と言い，軽蔑の気持ちを露出させた。これは，虚栄心が強く，俗っぽい王福昇の性格を更に浮き彫りにしている。陳小姐を"您"と言ったのは，わざと飾ってやったのであり，無意識のうちに出てしまった"你"こそが，陳白露に対する蔑視の心情を表している。

しかし，文章を吟味するのはやさしいものではない。人物や言語の個性化について言えば，曹禺でも，改訂したものがすべてよくなったというわ

けではない。例えば、

　（3）（原句）乔：（望着露）oh my!我的小露露，你今天这身衣服一露：（效他神气的样子，替他说）simply beautiful!

　（乔[露さん]を見て）：oh my! 露露ちゃんよ、今日のこのいでたちは、まあ、なんと申しましょうか……）

　露（彼の表情を真似して、言葉を代わりに続ける：simply beautiful!）

　（改句）陈白露：（效他那神气的样子，替他说）美丽极了！

　陳白露に中国語で言わせた"美丽极了"は、英語の"Simply Beautiful!"のようには雰囲気が出せない。なにより、英語のほうがあの時代の上海灘の社交界のヒロインである陳白露の身分に合っている。それに、彼女が"偽西洋人"の張喬治に対する軽い嘲りの態度が表現されている。

　（4）（原句）乔：你们想，连禽兽在中国，都这样感受着痛苦，又何况是人！（《日出》）（乔：考えても見てください、中国では獣でさえ、これほどにも苦痛を味わっているのだよ、まして人間は……）

　（改句）张乔治：你们想，连禽兽在中国，都这样痛苦、呆不下去，又何况乎人！

　"都这样感受着痛苦"とは"痛苦"であり、"感受着幸福"とは"幸福"なのだ。しかし、改訂されたものは原文よりさらに口語化され、流暢になった。この点から言えば、改訂文は原文よりよいと言える。しかし、張喬治が、自分は中国語を話すより英語を話すほうが楽、といっていることから考えると、元の台詞のほうが知識階級らしいしゃべり方で、より彼の身分に合っているように思う。

　"又何况是人"は"又何况乎人"より口語化され、"是"が"乎"に変えられ更に良く張喬治の個性を表しているので、この句に限って言えば、改訂後のほうがよくなったと言うべきだろう。

5. 正確さを追求

　曹禺の『北京人』の改訂においては、多くの場合一字一句の差異であり、名監督の苦心のあとがうかがわれる。

　（1）（原句）江泰：（口里叼着一个烟斗，冒出缕缕的浓烟）（156頁）

　（江泰［口にパイプをくわえ、パイプから濃い煙を出しながら]）

新版343頁では，"浓烟"の修飾語"浓（濃）"の字が削除された。その理由は，たばこをくわえているがぷかぷか吸い続けているわけでもないので，「濃煙」とはならないはずである。また，"缕缕"という量詞を使っている。"缕缕"というのは細長いものの量詞であるから，"浓"はありえない。

（2）（原句）……有时在这里补补课，无味了，就打瞌睡。（11頁）
（……時にはここで補習したりするが，退屈したら，つい居眠りしてしまう場合もある。）

新版275頁で，"补补课"は"补神课"に改訂された。まず第一には，"补神课"は"补课"よりも明確である。また，動詞の重複"补补"は動作の短いことや試みを示しているが，この封建的な家庭において，"补神课"は実際にかなり厳粛な行為であり，時間が短いはずがなく，態度も非常にまじめに行うものである。また，"无味"も"无聊"に改められた。なぜなら，"无味"（面白味がない）の意味は広く，"无聊"（退屈である）ほど明確ではない。その上，この封建的な大家族の主人たちの生活気分と更に合った表現になるからである。

（3）（原句）小柱子年约十四五，穿一身乡下孩子过年过节才从箱子里取出来的那套新衣裳。（25頁）
（小柱子の年格好は十四五才の感じで，着ているものといったら田舎の子供が正月や何かのお祝いのときにだけタンスの奥から持ち出して着飾る新しい服であった。）

新版282頁で，連帯修飾語の"那套"は削除された。なぜなら，この中の"乡下孩子"（田舎の子供）や"过年过节"（正月や何かのお祝い）は不特定のものであり，不確定なものを指している。だから，"新衣裳"も不特定であり，特定指示代名詞"那套"を使うことは適当ではない。

（4）（原句）思：……这种女人看见就知道想勾引男人，心里顶下作啦。（71頁）
（思：……このような女性は，男を誘惑しようと企んでいることぐらい，見ればすぐ分かりますわ，まったく卑しい女ですよ！）

（改句）思：……这种女人我看见就知道想勾引男人，心里顶下作啦。
原文の中の"这种女人"と"看见"は，主語・動詞の関係と誤解されや

すく、「このような女性が何を見たのか」という意味に取られかねないが、"我"を加えることによって、"我看见就知道"（私は見て、すぐ分かった）と"这种女人想勾引男人，心里顶下作啦。"（このような女性は男性を誘惑したいと企んでいる、まったく卑しい女ですよ！）との関係が生じ、意味が更に明確になってくるのである。

　　（5）（原句）愫：（摇头，哀伤地）还提这些事吗？（167页）
　　　　（[仕方なさそうに頭を軽く振り、悲しい表情で]まだこんなことを
　　　　言っているんですか。）
　　　　（改句）……还提这些事干么？（349页）
　　　　（まだこんなことをぶりかえしてもしかたがないのに。）

実際に相手側は既にこれらの問題を出してきているので、普通の疑問型では無駄な口を聞いたことになる。"吗"を"干么？"に改めれば、疑問文形式を用いて願望を表す働きになる。つまり婉曲にやめさせたいと願っている気持ちがあらわされ、人に言えない愫方の苦しみ、その心痛が反映されているわけである。

　　（6）（原句）园：啊，十七岁你就要当父亲了，（拍手）十七岁的小父亲。
（198页）
　　（まあ、十七歳でもうお父さんになるのか、（手をたたいて）十七歳の小さ
　　なお父さん！

新版360頁で、"父亲"を"爸爸"に、"小父亲"を"小爸爸"に改訂した。これは会話の中の言葉であって、書面語ではないからである。

6. 規範を守る

芸術化の言語は新しく作られたものでなければならない。ただし、それは必ず規範化の基礎の上に立脚したものであるべきであって、言語学の先生方は規範化に十分注意を払い、それを厳守し、全力を傾注しなければならない。

ここにざっと数例を挙げる。

　　（1）（原句）老者很同情于祥子，而且放心，这不是偷出来的。

　　　　　　　　　　　　　　　　　　　　　　（老舎《骆驼祥子》）
　　（その年寄りは、祥子に同情し、そして安心もした。これは盗ん

不朽の名句　　233

だものではないのだ！）

　　　（改句）老者很同情祥子……。

規範に合わせて、"于"を削除した。

（2）（原句）屋内悄无一人，只听见右墙长条案上一**条**方楞楞的古老苏钟迟缓低郁地迈着他"滴滴答答"的衰弱的步子。（曹禺《北京人》）

（部屋の中に人がなく、静まりかえっているのでした。ただ、右の壁沿いにある長机の上の四角い老いぼれの置き時計が、のろくて憂鬱そうな「チークターク」の弱々しいときを刻む音が聞こえてくるだけでした。）

新版は"一条"を"一座"にした。なぜなら、"一条钟"の言い方は規範にあっていないからである。

（3）（原句）曾霆又**抑压**自己的欢欣，大人似的走向书斋。

（曹禺《北京人》）

（曾霆は、さらに自分の喜びを押さえて、大人のように振る舞って、書斎に歩いていた。）

（4）（原句）她来自田间，心直口快，待曾家的子女有如自己的**骨血**。

（曹禺《北京人》）

（彼女は田舎から来て、思ったことをそのまま口にする人で、曽家の子供を実の子のように可愛がっていた。）

新版は"抑压"を"压抑"に、"骨血"を"骨肉"にした。最初の言い方は規範にあっていないのである。

（5）（原句）她**寝馈不安**地为着一个未来的小小的生命……

（曹禺《北京人》）

（彼女は未来の小さな命のために、日夜不安になって……）

　　　（改句）她为着一个未来的小小的生命寝馈不安……

"为着一个未来的小小的生命"は目的状況語で、通常は述語動詞の前に置かれなければならないが、修辞効果をあげたいときに限り後ろにおくことができる。この文章の中では、前後の文に特殊な修辞の必要性がないから、やはり前面に置いたほうが適切で、一般の基準に合う。

（6）（原句）这个锐感几乎将梅女士冲击到发狂。（茅盾《虹》151页）

（梅女史のこの感覚の鋭さがつきささり、自分の神経はほとんど狂い

234　说话的情理法

そうになった。)

"锐感"とは，多分"敏锐的感覚"を圧縮したのだろうか。これは新造語である。新版では，"感觉"と改めたが，この方がよい。

しかし，今の一部の作家たちは，言葉に対して，それほど神経を使っていないようである。だから，こんな例もある。

(7) 在你们的**翼翅**下，西安植物园将怎样承担"提高整个中华民族科学水平"一份重任呢？(黄宗英《大雁情》)

(みなさまの翼の庇護の下で，西安植物園はいかにして，「中華民族全体の科学水準を高める」という大任を担うのか)

(8) 他**激赏**地抬起眼睛。(蒋子龙《乔厂长上任记》)

(彼は感激して顔を上げた。)

(9) 突变的气候把个生长在南国的温暖之乡的人，当了感冒病菌的俘虏，我发起烧来了。(《钟山》1979年3期226页)

(突然変わった天気が，暖かい南国生まれの私を，風邪の菌の捕虜にした。私は熱を出してしまった。)

"翼翅"，"激赏"は無理な新造語ではないだろうか。"气候"の使い方も違っていないか。規範に合っていないのではないか？

7. 前後の文脈と用語

茅盾は『触・動揺』の中でこう書いている。

　　胡国光的眼前突然亮起来。"选举两个！"还有希望，但也不无可虑，因为只有两个！朱民生和那女子走离十多步远，胡国光方才从**半喜半忧**的情绪中回复过来。他方才闻到一股甜香。他很后悔，竟不曾招呼朱民生的女伴，请介绍，甚至连面貌服装也没看清。

(人民文学出版社，1981年，114頁)

(胡国光は目の前が突然ぱっと明るくなったように感じた。「二人の人を選び出す！」まだ望みがある。しかし，心配がないわけではない。だって，たったの二人だけだもの。朱民生とあの女性が十数歩も先のほうに歩いてから，胡国光がやっと半喜半憂の状態から，我に返った。彼はさっき，甘い香りを嗅いだ。彼は後悔した。朱民生の連れの女性に挨拶をしなかったし，紹介もしてもらわなかった。顔や服装さえろくに見てなかった。)

不朽の名句　235

この中の"半喜半忧"（半喜半憂）は，初版では"半忧半喜"とした。"半忧半喜"はつまり"半喜半忧"であり，"半喜半忧"は"半忧半喜"である。作者は，なぜ手直しをしたのだろうか。

　これは，前文の，"还有希望"（まだ希望がある）が"喜"で前にあり，"也不无可虑"（心配がないわけではない）が"忧"で後ろにある。後文の，"他方才闻到一股甜香"（彼は甘い香りを嗅いだ）も"喜"で前にあり，"他很后悔……"も"忧"である。この前後の文中では，どれもみな喜が先で憂が後になる。当然"半喜半忧"は"半忧半喜"に勝る。

　語句の鍛練は前後の文の中で進行される。だから前後の文は語句の選択において一定の制約作用を持つ。

　もう一度例を見てみよう。

　　这位王小姐，年纪比静英小，应酬周旋却比静英**到家**。

（茅盾《霜叶红似二月花》初版，159页）

　　（この王さんという女性は，年は静英より若いが，対応や人の付き合いは静英よりすぐれている。）

　"应酬周旋"は書面語である。"到家"は口頭語句。両者の組合せは調和がとれない。そこで，新版の中で作者は"到家"を"周到"に改め，これで前後の文は文体上，調和がとれたのである。

语言随笔精品

语言随笔精品

猿と猴（さる）について
——申年の読者に献ず——

1. モンキーはさるに如かず

　英語の世界におけるさるの地位は，中国語の中におけるそれに遠く及ばない。

　英語の中では，モンキーというのは，本来の意味の他に，さるのような人や，いたずら者，分からず屋，或いは騙されやすい人等をも意味する。モンキーを動詞で表現するならば，馬鹿騒ぎをする，騒ぎ立てる，やたらにしまくるなどの意味になる。モンキーを用いて組み立てられた言葉は概してあまりいい意味ではない。

　　　monkey a monkey of somebody　　人を愚弄する
　　　monkey around　　　　　　　　　暇つぶしをする
　　　monkey meat　　　　　　　　　　品質の劣る牛肉
　　　monkey wrench　　　　　　　　　邪魔だてをする

　一方，中国語の"猴"（さる）の字は，『現代漢語辞典』によると，次のような意味を持つ。

　　機転が利く人の喩え
　　人の受けがいい，機転が利く（多く子供を指す）

　中国では，さるは，機転が利き，人の受けがいい人にもっとも多く用いられる喩えであり，明喩・暗喩・借喩のいずれでも用いられる。民間の諺に言う。

　（1）猴子再精灵，还是不知道解绳索。
　　　（さるはどんなに賢くても，縄の結び目を解くことができない。）
　（2）长了毛，比猴子还鬼。
　　　（毛でも生えだしたら[大きくなったら]さるよりも賢くなる。）
　（3）猴子托生的，满肚子心眼。
　　　（さるの生まれ変わったようなやつだ，機転に富んでいる。）

　上に挙げた例からでも分かるように，さるというものは，中国人の心の

中に在っては，機転が利くものとしての基準であり，物差しである。ちょうど美女が，西施や楊貴妃をもって基準とするのと同じである。

2. 中国のさるの文化的イメージ

中国のさるは機転が利き，賢いほかに，更に四つの文化的な特徴がある。

まず初めに，さるは，極めてせっかちである。人はよく"急猴子"と言って，せっかちな人のことを言う。しかし，罵るような性質では決してないばかりか，人に愛されるような色合いさえも持っている。"歇后語"では，"火烧猴屁股——団団转"（さるの尻に火がつく——ぐるぐる回る）と言い，せっかちの上に，更にせき込んだ状態になったことを意味する。何故なら，もともと「さるの尻＝落ち着かない」という喩えもあるぐらいだからである。

第二に，さるはいたずら者であることである。このため，"皮猴子"（"頑皮的猴子"の略）は，中国のいたずら坊主の通称となっている。

第三に，さるは痩せこけているものである。やせている人を形容して，よく，「まるでさるみたいに痩せている」と口にする。或いは，極端にそのまま"痩猴子"（痩せさる）と言う。更に具体的に言うと，"尖嘴猴腮"（口はとがり，さるのようにこけ頬の人）となる。実際，生物学的にみれば，さるも当然のことながら，肥えたのもいれば，痩せたのもいる。しかし，中国文化の上では，さるは皆痩せていて，肥えてはならないのだ。

最後に，中国のさるは，名前を持っているのである。彼らの名前は「孫」という。これはおそらく，呉承恩の『西遊記』の影響をうけたものであろう。というわけで，笑い話の中では，孫という人なら，男女老若を問わずいずれも，友人達から「さるの孫さん」と呼ばれる。無論，決して悪意はないわけだが……。

これらのことから，中国の一般庶民の間では，さるは愛すべきもの，親しむべきものであって，決して嫌われてはいないのである。

3. 立派でもなければ，賢くもないさる

しかし，中国の伝統文化の中では，さるのイメージは，決して立派でも

なければ，賢くもない。試しに幾つかの四字熟語を見れば分かるだろう。

　　朝三暮四　　沐猴而冠
　　猿猴取月　　杀鸡儆猴

　この"猿猴取月"という熟語を"歇后语"風にしたのが，"猴子捞月亮——空欢喜"（さるが月をすくい取る——がっかりする）である。しかし，李白は「秋浦歌」の中の，"牵引条上儿，饮弄水中月"を見ると，猿を嘲笑する様子はいささかも感じられないようである。むしろ，猿の機転の利くことや，天真爛漫なことに重きを置いて描かれている。

　『荘子・斉物論』中に言う。

　　狙公賦芧，曰："朝三而暮四"。衆狙皆怒，曰："然則朝四而暮三."衆狙皆悦。

　　（猿使い爺さんは，ドングリを分けながら言った。「朝三つで夜四つにしよう」と。猿たちはみな怒った。爺さんは「それならば，朝四つで夜三つならどうじゃ」と。猿はこぞって喜んだ。）

　このような思想は，古代のインド人にもある。『百喩経』の中の「送美水喩」は，概ね中国における「朝三暮四」に類似している。「朝三暮四」の故事の中では，さるは嘲笑の対象となっている。しかし，もし我々が別の角度から見るならば，昼間は働かざるを得ないから，エネルギーの消耗も大きく，晩ご飯が済んだ後はすぐにぐっすり寝入ってしまうのでエネルギーの消耗量はそれほど多くはない。であるならば，"朝三暮四"に反対して，"朝四暮三"を求めたこれらのさる達は，本当は大変賢いのではないか！辞書の上では，この成語はもともとペテンを用いて人を騙す意とされている。しかし，分からないのは，我々は何故いつも他の人を悪い方に考え，何故"狙公"がさるの抗議に応えて，よりよい方法を取り入れたのだとは思わないのか。むろん言葉というものは，世間の習わしとして一般に決められたものであり，成語に含まれる意味は決して一人の人間の意見で変えられる物ではないことは，重々承知している。いずれにしてもこの成語の中では，さる達はきわめて愚かであり，騙され，馬鹿にされる対象であり，道化者とされている。

　韓信はかつて，項羽に対して，都を関中に置くよう提言したが，故郷を恋しく思う気持ちが，項羽にこの賢明な知恵を拒絶させた。そこで，韓信

が罵っていった，"人言楚人沐猴而冠，果然！"（「人は楚人を冠を被ったさると言う。果たしてその通りだ」）と。これは，楚国の人，つまり，項羽について，彼はまるで，帽子を被ったさるのような馬鹿者だと言ったのであって，ここは決して鳥獣に衣冠というほどの激しい意味ではない。この場合は，それほど重大なできごととして取り扱われたのではない。このことから，ある辞書には，この熟語の意味は，「物の本質は良くないが，しかしいかにもそれらしく装っていることの喩え」とある。或いは，「本質は良くないのに，外見だけが立派であることの喩え」と説明している。しかし，いずれにせよ，当時と，その後のさるのイメージは，いずれも立派でもなければ，賢くもないのである。

この"沐猴而冠"は，"歇后语"を用いて言うならば，

猴字穿衣服——假充善人（さるに衣裳——その心は，善人面をする）

猴字戴礼帽——假装文明人

　　　　　　（さるに帽子——その心は，知識人ぶりをする）

中国のさるの立派でも賢くもないイメージを表現しうる最もよく見られる俗語は"树倒猢狲散"（中心人物がたおれば，従っている者は頼れる所を失い散ってしまう）である。例えば，『紅楼夢』第１３回の中に，秦可卿が王烈鳳の夢枕に立ったとき，王烈鳳に対してこう述べた。

　　おばさま，あなたは我ら娘子軍きっての英雄でいらっしゃいます。あの衣冠束帯もいかめしい殿方までが，あなたの前では顔色なしのありさま。そのおかたが，諺の二つや三つご存じないとはなんとしたことでしょう？ ほら"月満つれば欠け，水満つれば溢る"と申します。また，"高く登れば転げ落ち様もひどい"とも申します。ただいまのところは，私どもの家も，このように威勢ありげに百年近く続いてはおりますものの，何時の日にか，"楽しみの絶頂で悲しみ生じ"というわけで，あの"樹が倒れてはさるも散り散り"（树倒猢狲散）という諺通りの目に見舞われぬとも限りません。

　　　　　　　　　　（伊藤漱平訳『紅楼夢』２，平文社，１９９６，より）

4. 人格化したさる（猴）と，神格化した白猿

中国においては，さるは既に人格化され，平凡であると共に，長所も短

所もある。彼らは我々人類の友人とされている。かつて、"有狙公者，爱狙，养之成群，能解狙之意，狙亦得公之心"(《列子・黄帝篇》)
(猿使いの爺さんがいた。猿を愛し、何匹も飼っていた。猿の気持ちを理解することが出来、猿もまた爺さんの気持ちが理解できた。)

　劉琨は『扶風歌』の中で言う。

　　麋鹿游我前，猿猴戏我侧。

　　(鹿は私の前で遊び回り、猿は私のかたわらでたわむれる)

　しかし、白猿は中国においては早くから神格化されてきた。中国の伝統文字の中で、玄女、白猿、天書は一つの組み合わせのモデルとなっている。白猿は多くの文学作品の中に登場しており、例えば『平妖伝』、『帰蓮夢』、『孫龐闘志演義』、『雲谷奇踪』(すなわち例えば万国図書公司が出版している80回本の『英烈伝』等などである。)これらの作品において、白猿は天書の守護者とされている。

　中国の文化において、白猿は天書の守護者であるほかに、なおかつ、仙人と、剣術の祖ともされている。

　晋の葛洪著『抱朴子』に曰く、

　　猿寿五百岁则变为玃，千岁则变为老人。

　　(猿は五百歳になると玃になり、千歳になると老人となる)

と。三国時代の曹植は『弁道論』の中で、ある疑問を提出した。

　　仙人者，倪猱猿之属，与世人得道为仙人乎？

　　(仙人というのはあるいは猱猿の属で、世人と共に道を得て仙人となることができるのか。)

と。古代の中国人の中には、白猿が仙人になるのではないかと思っていた人がいたようである。

　唐・杜牧は「永崇西平王宅太尉訴院に題す六韻」(《題永崇西平王宅太尉诉院六韵》) の中で記している。

　　授符黄石老，学剑白猿翁。

　　(道術を黄石公から受け、剣術を白猿翁から学んだ。)

　大詩人である李白は「張中丞に贈る」の詩の中で言う。

　　白猿授剑术，黄石借兵符。

　　(白猿から剣術を学び、黄石公から操兵術を借り受けた。)

唐の趙白勵が「出師賦」の中で言う。

　　梗梗大将，黄石老之兵符。赳赳武夫，白猿公之剣術。
　　（あたかも，猛々しい大将には黄石公の操兵術が与えられ，勇ましい武人
　　には白猿公の剣術が授けられるよう。）

古代の中国の人々の心の中では，白猿は剣術の祖であったと言ってよいだろう。

5. 猿の"臂"と心

猿の腕は長くて器用である。中国においては，しばしば武将をもって形容される。例えば，『漢書』は名将について述べている。"李广猿臂善射"（李広は猿の如き腕をしており，弓矢を得意としていた）
と。また，"猿臂熊腰"は章回小説，武侠小説の中で，武人を形容する一種の常套語となっている。

中国語の中では，猿の心理を以て人間の心理を形容する方法がしばしば用いられた。例えば，漢代の魏借陽の『参同契』の注に，"心猿不定，意駟馳"とある。"心猿"というのは即ち，猿の心と同じような人の心ということである。元代の関漢卿は「望江亭」の中で述べている。

　　俺从今把心猿意马紧牢栓，将繁华不住眼。
　　（俺は今から心猿意馬，つまり散漫な心を引き締め，繁華には目もくれまい）

と。中国人の見るところ，飛んだり跳ねたりすることを好む猿の心というものは，極めて不安定なものなのである。

6. "猿"は君子，"猴"は小人

『太平御覧』九一六巻の中で，『抱朴子』を引いて言う。

　　周穆王南征，一军尽化，君子为猿为鹤，小人为虫为沙。
　　（周の穆王が南に遠征したところ，軍隊はすべて人の姿を変え，君子は猿
　　や鶴になり，小人は虫や砂に変わった。）

これが成語"猿鶴虫沙"の由来であり，初めは戦死した将兵を指していたが，その後は，戦乱で亡くなった人を広く指すようになった。だがこの記述は，二つの文化的な記号を形成した。すなわち，

猿、鶴——君子
　　虫、沙——小人
　故に，李白は「古風五十九首」の中の第28首でのべている。"君子変猿鶴，小人为沙虫"と。庾信が「哀江南賦」で言う。
　　小人则将及水火，君子则方成猿鶴。
　　（小人はいましも水や火になり，君子は猿や鶴になろうとする）
と。曹雪芹の『紅楼夢』第15回のなかで，鳳姐が賈宝玉に向かって言う。
　　好兄弟，你是个尊贵人，和女孩儿似的人品，别学他们猴在马上。
　　（ねえ，宝玉さん，あなたは身分あるお人，人品からしても女の子の仲間に入れても良いくらいだわ。何もあの人達の真似をして，お猿さんよろしく馬の背にしがみついていることはないでしょ。）
　この"猴"という字は動詞であり，さるのようにちょこんとうずくまっている様子をさしている。王熙鳳から見れば，"猴"というこの動作は小人のすることであり，身分の高い人のすることではない。君子の気風と威厳を損なう動作である。実際，一般人もまたさるのように振る舞うのは，威厳を欠き，優雅さがないと見るだろう。

7. 悲哀感を生ずる猿の声

　中国の伝統文化の中で，猿の声は悲しみと憂いのイメージをもつものである。『宜都山記』の中では，
　　峡中猿鸣至清，诸山谷传其响，泠泠不绝。行人歌之曰："巴东三峡猿鸣悲，猿鸣三声泪沾衣。"
　　（三峡では猿の鳴き声が極めて高く清く，あちらこちらの山や谷ではその声が響き，冴え冴えとして絶えることがない。旅人はこう詠った。「四川の東，三峡では猿が哀しげに鳴き，猿が三声鳴くと，涙が流れて衣を濡らす。」）
唐の張説が詩「密州別子均」で述べている。
　　津亭拔心草，江路断肠猿。
　　（渡し場では心を奪う植物が茂り，川辺の道では断腸の思いで鳴く猿の声が響く。）
と。李白の詩「贈武十七諤」にも，

> 爱子隔东鲁，空悲断肠猿。
>
> (いとしいわが子が東魯に隔てられ，断腸の猿のように私はただただ悲しんでいる。)

と歌っている。杜甫の詩「登高」に

> 风急天高猿啸哀，渚清沙白鸟飞回。
>
> (風はせかすように吹き，天は高く，猿の声は哀しく響く。川辺は清らかで，砂は白く，鳥は飛んで巡る。)

とある。李商隠の詩「即日」には，

> 几时逢雁足，著处断猿肠。
>
> (いつになったら手紙を受け取れるのか，どこもかしこも猿の鳴き声が響くばかり。)

とある。王昌齢の詩「送魏二」には，

> 忆君遥在潇湘月，愁听清猿梦里长。
>
> (君がはるか彼方を旅し，瀟湘のほとりに月が上っているのを思う。清らかに鳴く猿の声が夢の中で長く響いているのを悲しい気持ちで聞く。)

とある。劉長卿の詩「重ねて斐郎の吉州に貶るを送る」には，

> 猿啼客散暮江头，人自伤心水自流。
>
> (猿が鳴き，客が去っていく暮れの川辺，人は人で心を痛め，川は川で流れていく。)

とある。

8．"驴年马月"と"猴年马月"

"驴年马月"（驢年馬月）の意味する所は，何年何月か分からないということであり，或いはある筈のない年月のことである。これは何故かというと，十二支の中に驢はないからである。このことから，驢年はある筈がない年を言う。我々の話し言葉の中では，"驴年马月"また"猴年马月"（猴年馬月）と言ったりする。しかし，この場合は，理屈に合わない。十二支の中にさる（猴）は確かにある。このため，さる年の人が居るだけでなく，まちがいなく「猴年」もある。羊年の後，鶏年の前にある。現に，1992年はさる年（猴年）であったのだ。"猴年马月"という言葉は，もともと理屈には合わない表現であるが，しかし，このように言う人は多くなって来

た。皆がこのように言い，このように理解している以上，それを承認するしかない。

　十二支は，ただ年を記す時だけで，月を記すには用いない。このため，馬年はあっても決して馬月はない。従って"马月"というのは途方もない，遠い未来，本来存在しない日を表すだけのものなのだ。

　十二支を分ける際"猴"（さる）は「申」に属す，従って，「辰龍」，「午馬」，「申猴」などと言うのである。多分「申」と「孫」は音が近いから，中国ではさるは，姓を「孫」というのであろう。中国人はまた，一日を十二の時に分けるが，これは十二支の配分と同じである。（図表参照）

	子	丑	寅	卯	辰	巳	午	未	申	酉	戌	亥
初	23	1	3	5	7	9	11	13	15	17	19	21
正	24	2	4	6	8	10	12	14	16	18	20	22

　従って，「申時」というのは，15時から17時迄であり，即ち午後3時から5時迄である。

　十二支もまた，十二ヶ月に分けることができる。この際，周暦にあっては，申月は9月のことであり，殷暦の中においては8月，そして夏暦にあっては7月のことである。馬は午に属し，午は周暦の中では7月であり，夏歴では5月である。このように考えてくると，「馬月」もまたあるのかもしれない。ただ一般の人は知らないだけなのだろう。しかし，正に知らないからこそ，"驴年马月"とか"猴年马月"とかいうことができるのかもしれない。

图书评论选

图书评论选

中国語観と中国語の諸相
——試みに王希傑著『これが漢語だ』を評す

施　関淦

　王希傑著の『これが漢語だ（原題《这就是汉语》）』は，科学性，知識性，実用性，趣味性がいずれも優れた著作であり，国語教師，言語学者，文学愛好家や，言語文学研究者にとって，大いに参考できる著作である。
　著者のこの書は，四十章からなっており，各篇の題名は魅力に富み，内容はいずれも日常の中国語現象を論述したものである。文章は難しい事象を分かり易く説明し，生き生きとしており，決して退屈させない。これは，重箱の隅をつついたり，難解で人を寄せ付けないような文章をちらつかせるものとは，明らかな対称をなしている。
　著者の述べる内容は，いずれも中国語の具体的な事実であるが，しかしその重点は，漢語の整った構造を書いたり，中国語の知識を数多く紹介することではないようである。
　それよりも，著者自身の中国語観，中国語の諸相，中国語研究の方法を述べると同時に，特に日常よく見受けられる中国語の現象を考察し，より合理的な解釈を下す重要性を強調している。私はここで「ようである」という曖昧な言葉を用いたが，これは，著者自身がはっきりと，このような意図で書いた，とは述べていないからである。上に述べたことは，私が本の中から感じ取っただけのことであって，多少の誤りはあるかもしれない。
　本書は，現代中国語である「普通話」（標準語）について語ったものである。その中で見られる明らかな特徴は，常に普通話を方言と比較したり，また，近代中国語あるいは，古代中国語と比較したり，更に，英語，ロシア語などと比較しており，その上に，外国人の話す中国語との比較や，少数民族のはなす中国語との比較をも行なっている。このほかに，更に，規範に則った語句を，規範に反した語句と比較しており，これらのことから，我々は，以下の二つの点に気づくのである。

(1) 王先生の見るところでは，中国語とは必ずしも「普通話」だけでなく，さらに，八大方言がある。中国語は必ずしも中国大陸だけでなく，更に，台湾，香港，マカオなどにも存在する。中国語は中国においてだけでなく，短期間居留や外国在住の中国人，華僑もまた，中国語を話す。漢族が中国語を話すだけでなく，多くの他の民族の人々もまた，中国語を話す。また，中国語は，現代中国語だけでなく，更に，近代中国語と古代中国語とがある。使用する中国語にも，規範を有するものと，規範に反するものとがある。中国語は，漢民族の言語であり，他の民族の言語とは区別がある。……これらのすべてが，直視しなければならず，いずれも研究すべきものである。

(2) 方言，近代中国語，古代中国語などとの比較を通してのみ，現代中国語の普通話の特徴は明らかとなる。他の民族の言語との比較を通してのみ，中国語の特徴は明らかとなる。正誤の比較を通してのみ，文法，語義，語用，修辞などの規律を効果的に探し出すことができる。比較は言語研究の基本的方法の一つであり，きわめて重要なものである。

以上のことに着目し，注意を払いつつ研究することは，必要なことではあるが，まだ十分とは言えない。なぜならば，言語現象は，複雑なものだからであり，このことは，以下の三つの角度から見て取ることができる。

(1) 言語は社会，文化，生物，物理，精神，認識，心理，論理的思考などの各分野と関係があるので，言語問題を明らかにしようとするならば，言語とこれらの分野との関連，または相違を明らかにすることが必要であろう。

(2) 言語自体の構成から見るならば，更に，語音（音素，音位，音節構造，構造重音，語調など），語義（語彙意義，文法意義，論理意義など），文法（文法単位，文法構造，文法機能，詞法と句法の区別並びに関係など）などに分けることができ，それらの構成要素間の関係のありようを，更に詳しく研究する必要がある。

(3) 言語，および，言語の使用，これは明らかに二つの異なる概念であり，この両者の間には，関連性もあれば，性質の相違もある。こ

の両者の関係を明らかにするには，まず，「言語とは何か？」という問題に答えねばならない。それで初めて，言語の使用問題に言及することができるのである。しかし，言語の使用はまた，表現と理解，言語の符号と符号の解読，表現とその内容，文句と言語環境との関係などの問題に関連していく。

　以上の，三つの問題を明らかにするには，極めて困難であることは想像に難くない。しかし，これはいずれも必ず明らかにすべき問題である。これらの問題を確実に明らかにするには，数人を当てにしているだけでは駄目であり，数年の期間を用いるだけでもいけない。中国語教育に携わる多くの人々と，研究に携わる様々な人々の長期にわたる努力に頼るしかないのである。

　幸い，心強いことは，著者が多くの人々とともに，この問題に対して，弛まぬ努力をされていることである。著者はこの本の中で，以上の三つの問題すべてに言及されており，特に中国語と社会，中国語と文化の関係を，また，文法，語義，語用，修辞，語音間の関係をも非常に重視している。その上，「言語」と「語言」の区分，「一般」と「個」の区分などに非常に注意を払っているのである。

　著者の思考は正確であると思う。彼は言語の複雑性を見抜き，また，言語現象の様々な様相，およびその様々な様相の間に存在する弁証法的な全体の関係をも見抜いている。このように，著者の立脚点は高いばかりでなく，これらの言語現象を見るにも，その見方はかなり正確である。これは恐らく，著者が，いつも問題を発見し，新しい表現法を示すことができるという能力の源泉となっているだろう。

　「新しい問題」あるいは，「新しい表現法」に関して，以下の五例を取り上げて，参考や検討に供したいと思う。

（1）著者はその著作の中に言う，「現代中国語には，おかしな現象が見られる。接尾辞が言葉や文とくっついて，超大構文となりうる」と。例を挙げるならば，"好医生、好妻子、好母亲型"（「良い医者，良い妻，良い母」型），"张大千和刘海粟式"（「張大千と劉海粟」式），"失重心、失平衡、失落感"（「アンバランスや喪失」感）などである。王先生はこう分析する，即ち「"感"は接尾辞なので，他の言葉とくっ

つけて使うものであり，単独使用は不可能であって，他の語と組み合わされて初めて一つの語となる。」しかし，一つの語がこのように長いと，中国語としては大変受け入れ難いものである。中国語の一番よい形は，二音節の単語であると思われているからである。したがって，上の例は，単語と語群の間の一つの過渡期のものであると見てよかろう。これを仮に"超词词"（「超詞」的な語）と呼ぼう。このような「超詞的な存在こそ，中国語の造語力の旺盛なさまを証明するものである」と著者は指摘する。（20頁）

（2）著者はその著作の中に言う，「接尾辞の"风"は，もとは単音節語と組み合わせ，二音節語を構成しているのである。」「80年代は，反対に，主に二音節語と組み合わせて，三音節語の単語を形成していた。」「また，三音節語と組み合わせることもできるようになった」と。例を挙げるならば，"涨价风"（値上げばやり），"抢购风"（買い占めばやり），"进口风"（輸入品ばやり），"桌球賭博风"（卓球賭博ばやり），"吃青蛙风"（カエルばやり）などである。更に指摘して，「接尾辞と結合した言葉は，本来中性であり，良いと悪いの両方の意味を含んでいたのである。80年代に，"风"（風）により構成された三音節や四音節以上の言葉は，みな悪いほうに傾いていた。表現されているものは，みな人々が賛成しかねる社会現象であり，批判される対象である。」（23頁）

（3）著者はその著作の中に言う，「80年代の中国では，一方では，少年，児童は早熟になり，早く青年という行列に入り込みたくなり，もはやおとなしく少年の本分を守りたくなくなった。」，「他方……青年の行列に向かって入り込んでいく少年がいると同時に，青年の行列の中に割ってはいていく中年の人もいる。こうすると，青年は広い範囲の年齢を包括する。17歳からまさに47，48歳までは，すべて"青年"なのだ！ ゆえに，"青年"が分化されたのである："小青年、大青年、老青年"，"男青年、女青年"，"大龄青年、大龄男青年、大龄女青年"，"大龄未婚女青年、大龄未婚男青年"，"大男、大女"。著者はこう指摘された，「"青年"という言葉の意味の拡大と，"青年"と言う言葉の分化は，青年が中国社会における地位が向上

したことを証明していると言えるだろう」と。(68～69頁)
(4) 著者はその著作の中に言う,「中国語や,中国文化の中では,肉＝豚肉,馬肉・牛肉・羊肉・鶏肉・魚肉≠肉。我々の口語の中で,大小様々な料理店のメニューの上で,"回鍋肉""木犀肉""醬爆肉"……とあるが,これらはすべて「豚肉」であり,決して「羊肉」,「犬肉」,「鶏肉」,「魚肉」などではない。」,「豚以外の動物は,必ずこれらの動物の名前を添えなければならない。例えば,"何とか肉"というように……。もはや,"肉"という一字だけに言い換えることもできないし,単に動物の名を言うだけでは駄目である。」,「しかし,鳥や魚類に対しては,"肉"の字を加えない。そして,じかにそれらの動物の名前を付ける,例えば,『鳥を食う,あひるを食う,魚を食う,えびを食う,カエルを食う(これは食べてはいけない,食べると法に触れる),フグを食う(これは危ないぞ！)』などのように……」,「よって,我々の文化の中では,動物は食料として,三種類に分けられている,即ちN肉——肉——N」と。(85頁)
(5) 著者はその著作の中に言う,「80年代から,中国大陸においてもいわゆる"ダイエット"が流行り出した。"減肥操"(減肥体操),"減肥茶"(減肥茶),"減肥薬"(減肥薬品),"減肥膏"(減肥クリーム)などは大ブームとなり,たちまち全国に普及していた。」「まったく奇妙なことだ！明らかに人間のためなのに,あるいは,美を求め,美しくなろうとする文明人の人々のために奉仕するはずのものが,あろうことか,本来,動物にしか用いないはずの"肥"の字が用いられており,人間にふさわしい"胖"の字とか,"富态","福态"が用いられていないのである。理に適った言い方をするならば,このように言うべきである,"減胖操、減胖茶、減胖薬、減胖膏","減富泰操、減福态茶"と。」「現代人は,まことに賢明である。つい先ほど,ある会社で,常識に反し慣例を破って,新種の薬品を発表したが,その名がなんと"減胖灵(減肥特効薬)"。まことに結構,感服次第である」と。(162頁)

以上の五例は,私が本を読んだおりに,順次書き記したもので,似たような説明が少なからずある。これらの論述は必ずしも完璧なものではな

く，一部の表現は必ずしも穏当適切であるとは限らない。しかし，それでも我々は，著者が指摘されたところの言語現象は，客観的に存在し，彼のなした分析は独自の風格を備えており，信頼すべきものと言ってもよいだろう。

　著者にも欠点は有る。所々緻密さが足りない部分が見られる。例えば，112頁から113頁に引用した話が，後で説明されているが，説明の中で，「皇帝」が言った話ではないのに，「皇帝」が言ったとしてしまった点などである。

（原載,《池州師専学報》1994年第1期）

図书评论选

新たな世界 科学的な足跡

鄭　栄馨

　王希傑氏の『修辞学新論』が出版されてから，修辞学の世界では非常に大きな反響が巻き起こり，多くの学者が高い評価をしている。胡裕樹氏はその本の序言の中で，

　　王希傑の『漢語修辞学』は文革時代に書かれ，1983年に出版された。もし『漢語修辞学』が80年代中国の修辞学における新しい体系の最初の段階を打ち立てた代表的著作とするならば，この『修辞学新論』はまったく新しい体系を描き出しており，これより以前の著作よりも探索性，理論的色彩，思弁性に富んでいる。彼の『修辞学新論』は，『漢語修辞学』と比較してみた場合，きっと更に大きな影響を及ぼすものであると確信する。

と指摘し，

　　我が国の修辞学は80年代の大きな発展，繁栄を経て，今，90年代の中国修辞学はどこへ向かうのか，21世紀に向かいどのように進んでいくのかという正念場を迎えている。王希傑の『修辞学新論』がこの時期に出版されたことは，極めて意義のあるいい出来事である。

と言っている。このような評価はまさに事の本質を突いている。

　『修辞学新論』のまったく新しい修辞学体系では，広い視野，きらめく観点，深い論述が目を引く。私はこの本を読んだすべての人々が必ずやそれぞれ違った角度から，そして異なった深さで啓発され，その教えが役立つことを信ずるが，私たちがこの本を正確に評価しようとする場合，一つ非常に重要なことは，王氏が修辞学を研究する上での思考様式を，詳細に研究，検討することである。王氏はまったく新しい修辞学の世界を切り開き，至る所で科学的な足跡を残している。この『修辞学新論』において，目ざましい成果を上げたのは，まさに王氏が科学的な思考様式に基づいて研究を修めたことである。広い視野に立ってみると，王氏は弁証法と言う

鋭い武器を見事にとらえ，修辞学の広い領域で存分に腕を振るい，あるいは偽り物を取り去って本物を残し，あるいは古いもののよさを新しいものに生かし，あるいは新しい主張を唱え，異なった意見を表明し，筆の及ぶ範囲で優れた理論と機知に富んだ言葉で，次から次へと研究を進めていったのである。従って，『修辞学新論』の弁証的思考様式を重視して研究することは，理論成果の源を探ることができ，しかも私たちがどのように修辞学研究を続けていくかを啓示するものである。本文はこのテーマについて探索，論述していくつもりである。

1. 矛盾した観点から問題を発見する

修辞学界の人々が，90年代では修辞学を広範囲に，また質的に深めさせなければならないと，声を大にして叫びたてるのを私たちはしばしば目にし耳にする。しかしどのように取り組めばいいのかは，諸説紛紛である。人によっては，はやりの術語をひけらかし，修辞学を飾り立て，意表を突いた学説で新しい修辞学の印象を売り出そうとした。結局のところは，かえって人に，わざとらしく不自然な印象を与えてしまった。修辞学を広め，深く掘り下げるために最も重要なことは，いかに「問題」，即ち研究課題を掘り起こすかである。研究課題を発見して，初めて明確な目標を持つことができ，成功への糸口を持つことができる。『修辞学新論』では，矛盾した観点を「鋤」や「鍬」とし，修辞学の土壌を耕すことで，多くの人がいまだ足を踏み入れたことのない，あるいは，気が付いていても問題として意識しなかった分野を発見したのである。王氏は"一分为二"（一つの事物が二つに分裂するという主張。もとは宋・邵雍『皇極経世緒言』に見える）の観点を用いて修辞の矛盾を暴くことに極めて優れている。両極端のことがらが入り交じり，混乱して処理できない修辞現象を，まず二つの対立した側面に分析すると，俄かに，事の本質が見えてくる。"正、负偏离"（プラス，マイナスの価値変動）の概念は王氏の独創的な見解で，修辞学の研究を進める上で重大な影響を及ぼすはずである。この概念は『修辞学新論』が出版される以前に，すでに王氏は関連著作の中に提出しているが，この『修辞学新論』のなかでは更に明確にまとめあげ，徹底させている。王氏は修辞規範の"偏离"に対して目を向けただけでなく，更に一歩踏み

込んで，次のことをこのようにはっきりさせている。即ち，

> 修辞規範を超え，表現効果を大きく変化させるこのような"偏离"（価値変動）は，更に，二種類に分けることができる。一つは言語の表現効果を大きく高めた"正偏离"（プラスへの価値変動）であり，もう一つは，言語の表現効果を大きく低めた"负偏离"（マイナスへの価値変動）である。
>
> もし，なるべく術語を少なくする方針に沿い，通俗的な言い方をすれば，"负偏离"を「反規範」と呼び，"正偏离"を「超規範」と呼ぶこともできる。そして，「修辞規範」，「超規範」，「反規範」をあわせて「修辞規則」と呼び，更にこの三者間の関係を研究することで，修辞学の重要任務として，何らかの模式を作り上げるのである。

正値の"偏离"に対しては，通常，表現効果があると評され，负値の"偏离"に対しては，修辞上の欠点であると言われる。しかし，このことを，単に表現する術語が違うだけに過ぎないとみなしてはならない。両者には本質的な相違が存在しているのである。王氏は，そういった見方を一つの統一体と見なし，その上で，"一分为二"の手法を用いて，相対立する二つの矛盾に分ける。通常の論述では，自覚のない段階にとどまるのみで，互いの関係の緊密度をうまく突いておらず，高度の論理的な統括を行っていない。"辞格"（修辞技法）の論述中，最も重要な二つの概念は，"零度"と"偏离"であると王氏は指摘している。王氏が指摘する内容は，即ち，

> この"正"と"負"の二つの概念は，我々に，"辞格"とは，言語応用の中での一つの"偏离現象"であると教えてくれている。しかし，"正偏离"（プラス的な価値変動）として形成された固有形式の「辞格」は，ひとたび形成されれば，すぐ中性化され，中性的な特徴を持つようになる。それをコミュニケーションの広い海に投げ込まれると，再び「二度の"正偏离"や"负偏离"」の二つの可能性が現れる。仮に辞格それ自体がはじめの偏离の産物ならば，辞格の実際の効果は二次的な偏離の結果である。一次"偏离"と二次"正偏离"は異なる事柄であり，混同してはならない。この二つの偏離の間に，一致するところもあれば，一致しないところもあるというものである。

王氏は"偏离"の理論を使って修辞技法を説明し，しかもそれを更に深い段階まで拡大させている。"二度偏离概念"の提唱は，修辞学の中にある多くの術語を減少させただけでなく，更に重要なのは，科学的な弁証法を以って，辞格の中にある規則を系統化し，明瞭化し，簡約化したことである。

　王氏は古今東西の修辞学の研究成果を吸収することをかなり重視したが，それは新しいものを作るためである。彼はすでに存在する結論の対立面から問題を思考したり探索するのに優れており，修辞学研究の新しい領域を切り開いたのである。辞格の研究は確かに修辞学のなかで極めて重要な位置にある。これまでどれだけ多くの専門学者が心血を注いだことか。その彼らの主な活動は大量の言語修辞材料の中からその規則を総括することである。時間が経つと，それは伝統となり，当たり前となってしまい，この範囲の中にしか物事を解釈することができなくなった。しかし『修辞学新論』は挑戦したのである。王氏はこういった伝統の研究方法を「帰納法」であるという見解を示し，そして，

　　修辞学は単に経験の科学に過ぎないのだろうか。
　　修辞法は帰納法でしか研究することができないのだろうか。
と，深く考えさせる問題を掲げた。王氏の観点は，

　　修辞学は経験の科学だけに止まらず，演繹の科学でもなければならない。辞格を主に帰納法で研究するのもいいし，またそうでなければならないが，他にも演繹法を用いて研究することもできるし，しかも"主に"演繹法で研究することもできる。
というものである。

　このようなことから，『修辞学新論』では，帰納法を用いて導き出した辞格を「帰納修辞法」と呼び，演繹法を用いて導き出した辞格を「演繹修辞法」と呼んでいる。実のところ，帰納法，演繹法といった言い方は，少しでも科学的な知識を持っている人なら，誰でも非常になじみ深いものであるが，しかし王氏にこの方法を修辞学の研究に使用されると，実に見事に鮮やかな理論が展開され，さまざまな角度から，挙げきれないくらいに多くの課題が掘り起こされた。王氏は掛詞を演繹修辞法の突破口として選んだ。『修辞学新論』のなかでは，掛詞の研究はすでに伝統の研究様式の

束縛から大きく脱却しており，様々な方位，角度，段階から探求している。王氏は，

> すべてのあらゆる多義的な言語には，みな掛詞が存在している。多義的な言語の数だけの掛詞が存在しているといっても過言ではない。

という一つの重要な仮説を示した。王氏は，語音においては6種，語彙においても6種，文法においては8種の計20種類の類型を推論して導き出した。その間には広範な分野を包括している。もう一つ例を挙げてみよう。今まで，多義語を研究したとき，いつも自分の民族からの視点で，自分の民族の言葉をのみ見てきた。昔と現代の，共通語と方言の，雅か俗の，自国語か外来語かの多義性だけを重視してきた。そのために，王氏は"语际多义词"（語際多義詞）という概念を提起した。即ち，

> いわゆる"语际多义词"は，つまり自分の母国語から出発して，自分の母国語を骨組みにし，他の言語を観察するときに得た結果である。

というものである。この概念に対して，王氏はいまだ緻密な論述を展開していないが，しかし論者の立脚点が全体像を見下ろせるほど高く，またこの論法は，類推に長ける方法論であることが分かる。

2. 連係的な観点で問題を観察

言語修辞現象は極めて複雑なネットワークであり，言語の内外に様々な矛盾が交錯している。正確で，奥深いその規則を明らかにするためには，これらの繁雑な関係を正視し，いかなる修辞現象をもネットワークの中に置き，それを観察しなければならない。その後にやっと科学的な解釈が可能になるのである。

王氏の視野は大変広く，常に大局に立ち，全体のなかの相矛盾する各種の複雑な関係を把握し，多方面より観察する。そのため，その結論は立体感に富み，納得の行くものになる。『修辞学新論』のなかの，「語と語との組み合わせ時の規則と偏離」についての論述が，最も典型的な例としてあげられよう。王氏はその中に，こう指摘している。

> コミュニケーションを行う時，語句と語句との組み合わせを，仮

にAとBの二つのレベルに分けるとする。Aレベルは平面上のミクロ的な観察であり、それを更に三つに分けることができる。即ち語音、語義及び文法の三つの組み合わせである。仮にこれらの組み合わせはそれぞれ一つの"場"を形成したとすれば、Aレベルには三つの"語の組み合わせの場"が存在することになる、即ち、語音場、語義場、文法場である。これに対し、Bレベルはマクロ的な組み合わせと見なすことができ、やはり三つの要素により形成される。即ち、情景、文化、心理である。BレベルもAレベルと同様、三つの"語の組み合わせの場"が存在している。即ち、情景場、文化場、心理場である。

と。

陳望道氏の『修辞学発凡』のなかでは、語と語の組み合わせ問題を専門に取り上げておらず、ただ文字について言及したに過ぎない。それも文字と文の内容の関連について触れただけであった。例えば、『修辞学発凡』第四章のなかに、

> 上述したように、語句の均衡を注意するだけではなく、更には、語句の配置が内容と一致しているか否かを注意しなければならない。
> 語句と内容の関係は、細心なる配置と適切な緊密度が必要である。

と述べている。このような観点は、当時にとっても、今日にあっても、極めて積極的な意義を有することは言うまでもない。ただ、現代のこの90年代の角度から改めて観察するならば、このままでは、極めて不十分である。今日にもむろん語句の組み合わせ問題に注目する人がいる。しかし、筆者の見た限りでは、王氏の見解がもっとも全面的で、最も本質に迫っている。王氏は、ミクロ的な面のみならず、マクロ的な面をも観察している。つまり表面的な要素に重視すると同時に、深層的な要素をも重視している。王氏はたびたび"場"という術語を用いて説明しているが、"場"という語自身は、すでに"双方の"と"多方面の"相互作用の意味を持つ。王氏の最も肝要な理論は、次の言葉から伺い知ることができるのではないかと思う。即ち、

> この六つの語句の組み合わせ形態のなかに、更にそれぞれの語句の組み合わせ規則がある。それぞれの段階での語句の組み合わせは

一致性もあれば，対立し相矛盾するところもある。コミュニケーション中では，語句の組み合わせはおのおのの段階での語句の組み合わせ規則を満たすように要求される。が，これはもちろん可能なことではあるが，しかし難しいうえ，そう多くはない。たいていの場合，ある段階での規則の要求は満たすものの，他の規則には背くか，または"偏離"している。その場合，もし特に重要な違反や偏離でもないし，最も重要な，そしてより高い原則においても合理的な解釈ができるものであれば，換言すれば，最上段階の語句の組み合わせ原則にかなっているものであれば，もはやこれは言語上の間違いではなくなり，"正値の偏離"として考えられ，場合によっては，言語芸術でさえなり得るのである。

　コミュニケーション中には，ある段階での"偏離"を時として避けられない場合もあるので，我々はコミュニケーション中において，語句の組み合わせ規則のすべての偏離を排除することを求めない。ただ語句の組み合わせの高い段階での統一と，全体の協和性の保持（これを"得当性（得体性）"と呼んでもいい）を求めるのみである。……語句の組み合わせの高い段階での統一性を求めることは，まさにコミュニケーション中の規則であり，言語芸術の目標でもある。

仮に六つの「制約場」が語句の組み合わせに対する影響を「経」と呼ぶならば，これら六つの「制約場」間の相互関係を総合的に考察することを「緯」と呼ぶことができる。このようにして，王氏は「経」と「緯」を互いに交差させながら，かつ各段階の規則をもはっきり弁別できるようにした。この大局に立って，全体の事物間の複雑な関係を解説する力量は，見事と言うほかない。

また，主要なる矛盾点を的確に，そしてしっかりと把握することもまた，大局に立って客観事物間の関係を把握するこ̇つ̇でもある。コミュニケーション中の矛盾はいろいろあり，王氏は「修辞学と弁証法」のなかに，八種類の矛盾を提起した事がある。

　　思想と言語の矛盾，「言語」と「語言」の矛盾，語音と語義の矛盾，"语流义"（文章の流れ，即ちコンテクスト上の意味）と情景義の矛盾，自我と対象の矛盾，精確と模糊の矛盾，模倣と創造の矛盾，個人と

社会時代の矛盾。
の八種類であるという。
　『修辞学新論』では，更に選択をして，最も重要な矛盾を四種類だけ絞り出している。
　　　1.有限と無限の矛盾
　　　2.話者著者と聴衆読者の矛盾
　　　3.言語の内と外，音と義の矛盾
　　　4.語句と言語環境の矛盾。
　この四種類の矛盾のほうが前の八種類より概括的，より明確そしてコミュニケーション全体を貫いている。修辞の原則に関しては，王氏は『漢語修辞学』という本の中に，
　　　修辞原則の対象，自我，言語環境，前提，視点
の五項目を提起している。この五項目は，すでに80年代の多くの修辞関係の著書や論文に受け入れられていた。『修辞学新論』のなかでは，更に最も重要な三項目を提起している。
　　　1.言語材料の規範と変異の適性
　　　2.情報の真実性，則題性，適量制
　　　3.言語環境の得当性（"得体性"）
　後者の三項目は，前者の五項目よりも，分類上，更に修正され，補充されているし，観察角度と論述の点から言えば，更に矛盾の関連性を重んじている。「適性」，「適量性」，「得当性」などの術語もたいへん重みのある言葉である。簡明化は，ある意味では科学化である。鋭い一言は，時としては長篇大作に匹敵するからだ。
　王氏は内と外の両方から修辞現象を観察し，分析することに長じている。王氏は非言語要素が修辞学に与える影響を非常に重視している。例えば，
　　　修辞学は言語の表現効果研究を目的とする。もし言語と言うものが言語活動中において自給自足できず，そのうえ常にすべての非言語の要素を排除しつつ，自分を言語の象牙の塔の中に閉じ込めてしまうものであることを忘れているならば，言語の表現効果の研究において満足のいく成果を上げることができようか。

と述べている。

しかし，他方，このようにも見解を示している。

> これらの非言語のために，非言語を研究しているわけではない。言語の表現効果の問題を解決するために，非言語を研究するのである。
>
> 研究しているのは，非言語そのものではない。換言すれば，実体としての非言語そのものを研究するのでなく，非言語の模式，類型，抽象物を研究するのであって，そして，この模式，類型，抽象物と言語の間の相互関係を研究するのである。これらの相互関係は，言語表現効果を考察するときの座標，指標を成してくれている。我々は，この座標の上にある言語の表現効果を研究しなければならないのである。

このように，王氏の研究は全面的であり，言語内部の要素に立って研究することは正しい。特に，言語の内外の要素を抽象化，形式化，科学化させ，雑然としているもろもろの現象の束縛を払拭したのが特筆すべきことであろう。

『修辞学新論』のなかで，言語は非系統的な特徴が備わっていると論述した部分は，大変説得力を有し，素晴らしい内容である。人は，修辞学の精密化，公式化，科学化の道を邁進するときに，常に多くの困難に遭遇したり，艱難さに嘆き，あるいは強引に応用しようとする。このような場合は，往々にして，言語の非系統性に対する認識不足からくるものである。この点について，王氏は内と外の両面から考察し，敬服できる分析をしている。彼は五つの原因を挙げ，前の三つは内的な原因であり，後ろの二つは外的な原因であるとした。例えば，王氏は次のように指摘している。

> 言語というものは複雑で，いくつもの段階の層があるため，段階と層ごとに更に相対的に厳密な階級構造を持っている。したがって，同一言語事実を，異なる"子系統"から観察すれば，矛盾した非系統的な現象を呈することになるわけである。

と。しかし一部の研究者は，局部的な相対性にのみ重視し，異なるレベルでの矛盾現象を軽視したため，非科学的な結論を出す結果となってしまう。王氏は更にこう述べている。

人類社会自身，社会の政治，経済，文化，社会心理，民族文化などのもつ非系統性が，言語の非系統性特徴を導いてしまっているのである。理論上から言えば，ロジカルに推論すれば，七百二十もの職業，どの職業にもその業界の"覇（ボス）"がいるはずだが，しかし現実的には，わずかの職業だけに"覇"がいる。そのため，言語の中にも"水覇，电覇，路覇，学覇，文覇，房覇"が有るだけで……。
　しかし大多数の職業にはその職業の"覇"はいないのである，例えば現に"影覇，影視覇"などのような言い方はない。この"影覇，影視覇"が即ち語彙の「空部屋」，「空符号」である。語彙系統はそのため非対称性，非系統性を生じることになる。
　これなどは外的要素からの考察例である。このように王氏は理論的な分析と適切な例をほどよくかみ合わせ，弁証的な手法で見事に論述する。言語の非系統性から，王氏は重要な結論を得る。即ち，
　　一方では，理想化から，そして理想的な言語，話し手，聞き手および情景と効果から出発し，「零度言語」と「規範言語」および「零度修辞」と「規範修辞」を打ち立てる。
　　他方では，現実から，そして現実的な言語，話し手，聞き手，および情景と効果から出発し，「現実の言語」と「偏離し変異した言語」および「現実の修辞」と「偏離し変異した修辞」を打ち立てる。
　　それから後に，両者の差異を考察する。この差異を生み，かつ存在させる原因を，言語の非言語的社会文化の原因を研究する。
　この結論は実に明確であり，内的要素と外的要素が一体となった科学的な分析である。修辞上の多くの疑問もこの方法で合理的な説明を得ることができるであろう。

3. 運動するときの観点で問題を論述する

　言語の修辞は大変活力を有するものであり，恒久的な発展，変化を見せるものである。ゆえに修辞学もこの「動的」な現象を描写する場合，「静的」で形而上学的な観点を排除しなければならない。『修辞学新論』のなかに使用されている言葉は，非常に「動的」で魅力的である。これは王氏が言語の修辞運動の軌道に対する描写を大変重視するからである。

王氏は，言語上の修辞は絶対的均衡がなく，「動的」均衡のみ存在すると述べている。『修辞学新論』では冒頭から，はっきりと作者自身の言語観が表明されている。例えば，

> 文法だけでなく，言語そのものすべてが，また，現代漢語のみならず，人類すべての自然言語が，すべて開放的で動的な均衡の符号系統である。
>
> 我々が採るべき正しい態度は，言語系統内の矛盾や，多種多様な現象を正視することである。言語の開放的な面から解釈し，いろいろの段階や異なったレベルから，これらの矛盾や多様な言語現象間の対立，関連および相互転化の関係を処理するべきである。より高いレベルで，これら下位矛盾や多様な現象を統一させ，適用範囲が更に広く，解釈力が更に強く，予測能力が更に高まる言語学説を打ち立てなければならない。

これは，全書を貫く基本的な観点である。具体的な論述をいくつか見ることにしよう。王氏はこのように指摘している，

> 修辞の最高なる境地は，自然に任せることである。修辞の何たるかを知りつつ，しかし決して修辞をひけらかさない，修辞を追求しながら，しかしそれを相手に悟らせない。言語の社会的規範を維持しながら，その規範を突破しなければならない。個々の人の創意工夫と変異を追求しながら，両者を動的均衡に保持させる——つまり修辞のない修辞の境地に到達することである。

これと類似する内容を言った人はすでにいると言うべきかもしれないが，しかし王氏の論述のほうがはるかに緻密である。修辞のない修辞を"動的"均衡と見なしつつ，各種レベルでの制約や影響をも視野に入れる，一見平凡な考えのように見えるが，しかし哲学的な濾過工程を経ているため，奥深いものがある。

王氏は明の曹臣編集の『舌華録』の「慧語第一」の第一条を引用している。

> 王元泽数岁时，客有以一獐一鹿同笼以献，客问元泽："何者是獐？何者是鹿？"未识，良久对曰："獐边者是鹿，鹿边者是獐。"客大奇之。

王氏はこの文を次のように解説した。

　　これは成功した修辞の例である。これは詭弁の芸術化されたものであり，"ファジー言語"の巧妙な応用である。しかし絶対化してはならない。もし，王元沢がその時正直に"分かりません，おじさん教えてください"と白状したとしても，失敗した修辞とはいえないであろう。

　王氏のこの意味は，同一言語環境下での同一修辞現象の優劣は，絶対化することができないこと，異なるレベルから，異なる角度から，異なる審美観念からは，当然異なる評価を下すものであると言っているのではないだろうか。

　王氏は更に次の二首の詩を引用して説明をする。一つは曹植の「七歩の詩」。

　　煮豆燃豆萁，漉鼓以为汁。萁在釜下燃，豆在釜中泣。本是同根生，相煎何太急。

　もう一つは崔巨倫の詩。

　　五月五日时，天气已大热。狗便呀欲死，牛复吐出舌。

　王氏はこう論述している。

　　もちろん曹植の詩のほうが崔巨倫の詩より優れている。しかし，修辞学は伝達効果を研究する学問という観点に立って言えば，曹植の兄曹丕——文皇帝が曹植の才能を妬み，そのため無理難題でわざと詩を作らせたわけであるから，曹植はここで十分に自分の才能を示す詩を作れば，ますます兄曹丕の彼に対する謀反の猜疑と更なる攻撃を仕掛けさせる結果を招くだけである。果たして，曹植はそのため失意の内に早逝したのであった。このことからも分かるように，曹植はけっして伝達効果に長じていないのである。それに対して，崔巨倫の詩は自分の予期した効果——"凡俗"を演出することに成功した。結果として残酷な仕打ちを逃れることができたのである。このように見れば，崔巨倫のほうがはるかによい伝達効果を収めたことになる。もし伝達効果を言語表現の優劣を決める標準とするならば，崔巨倫の詩のほうが，曹植の詩より優れていると認めざるを得ない。しかし，現実は，曹植の詩のほうがとこしえに名声を留め

ており，人口に膾炙する作品となっている。反対に崔巨倫の詩のほうは，このような栄光をたどることは決してなかった。千秋万古の長い目で見れば，曹植の詩のほうがやはり効果が甚大である。こうなれば，修辞効果は，言語の短期効果と長期効果の矛盾の問題に関わるばかりでなく，審美の社会性と時代性にも関わることになってくるのである。

　ここで，王氏は，簡単に前人のこの二つの詩に対する評価を覆してはいないし，他人の見解をも鵜呑みせずに，別の視野を探ったのである。審美の社会性と時代性などの大前提において作品を考察し，短期効果と長期効果という独自の見解を展開した。これなどは，まさしく修辞矛盾の動的均衡をついた好例といえよう。

　矛盾の対立面の「転化」は矛盾の「動き」の重要形式である。王氏は転化の観点で以って，修辞現象を研究し，修辞矛盾の変化の規則を生き生きと描き出している。

　言語修辞中の矛盾転化現象を，人々は完全に注意を払わなかったわけではない。実際，『修辞学発凡』の「テーマ情景説」なる篇のなかにも，矛盾転化の観点が示されている。しかし，王氏は，この矛盾転化という手法を，彼が発見したまったく新しい分野に応用したことが特色である。例えば，修辞方法の転化を論ずるとき，王氏は三つの転化の法則が存在することを指摘した。即ち，「潜在的修辞方法」と「顕在的修辞方法」の「相互転化」，"正辞格"（正値修辞法）と"負辞格"（負値修辞法）の相互転化，「零度」と「偏離」（即ち"辞格"と"非辞格"）の相互転化。これらの独創的な基本概念をもとに，王氏は更にこれらの間の"運動規則"を押し進んで研究している。正，負辞格について，王氏は，次のように述べている。

　　正値，負値辞格の間にも，転化関係が見られる。正，負辞格自身は，"正、负偏离"の結果であるが，しかし，実際の言語活動中では，正，負辞格とも再び正値や負値方向に偏離する可能性があるのである。これは話し手と聞き手との間の，言語教養および言語活動を制約影響するもろもろの，消長，強弱の度合いなどの要素によるのである。我々は，硬直的に，静止的に，孤立的に"正、负偏离"を扱ってはいけない。ある意味では，辞格そのものは，修辞世界の一つの

中性的現象と見なしてもよい。辞格はある種の，ある方面の伝達効果のみを潜在的に有し，かつ変化しやすいものであり，型にはめてはならず，絶対化してもいけないものである。他方，正，負値偏離については，言語の基準のみならず，非言語の，社会の，時代的の，民族の，心理の，審美の基準にも準拠しなければならない。そのため，社会，時代，民族，心理，審美の要素の変化も，正，負値偏離間の均衡と境界を変化させるのである。

　このように，王氏は正，負値偏離を言語の内外からその原因を分析するので，まさに的を射た論述と言えよう。

　もう一つ特筆すべきことは，王氏は転化の観点から，マクロ的に言語修辞現象を観察するのに長じていることである。『修辞学新論』には，「簡単から複雑へ，更に複雑から簡単へ，また模糊から正確へ，更に正確から模糊へ」を論述する部分がある。王氏はこう指摘している。

　　簡単から複雑へは発展の方向である。そして複雑を極めると滅亡に繋がる。簡単のものほど，生命力は強い。そして複雑のものほど，局限性が大きく，滅びる可能性も大きいのである。「簡単から複雑へ」は，科学の発展と進歩を意味する。しかし宇宙の発展のもう一つの路線は「複雑から簡単へ」である。言語もまた同様である。

　これを辞格の研究に応用すると，

　　「漢語辞格学」の発展も同じように，簡単から複雑へと，複雑から簡単への，二つの道を同時に行うべきである。

　　辞格が80年代に大々的に発展し，分化を遂げた状況は，現代の世界に新しい国家が日に日に生まれてくる状況とよく似ている。我々は，この90年代において，複雑から簡単へ進むことが主要任務であると認識すべきことを指摘しておきたい。アインシュタインがかつて言われた"最も簡単な科学法則"を求め，一日も早く少数で，有限で，簡明にして生成能力のある漢語辞格系統を建立することが当面の課題であることを認識すべきである。

　まさにこの考えの下で，王氏は掛詞，反語，誇張，婉曲などの修辞技法を一つの広義的な相関の"基本辞格"として帰納させた。簡単から複雑への転化，複雑から簡単への転化，これらはみな，科学のレベルや科学の品

位を高めることである。これはまた，人々に修辞学研究の道程に明白な指標を示してくれたことでもある。

翻訳後記

　南京大学の王希傑先生が総世話人を務める，蘇州大学で開催された「第一回中国語修辞と中国文化」の国際シンポジウムに出席した際，王先生の長年のご友人である上野恵司先生のお力添えで『「中国語修辞と中国文化」——第一回"汉语修辞和汉文化"国際シンポジウム（1994年11月蘇州大学——参加報告書』を出版した後に，上野先生から今度は王先生の言語学随筆集を翻訳したらどうかとのお話を頂戴した。ありがたくお受けしてから，早いもので，もう数年が過ぎようとしている。その間に何台ものパソコンを順次にグレード・アップさせていき，入力スピードを加速させるとともに，日本語も少しずつ書き慣れてきた"ような気"がした。しかし，翻訳するたびに文体も違えば，"語り口"も年々違ってきたりして，その時々の気分次第で，説教する口調になったり，おどけてみせたり，論文調になったり，文体が実にバラバラであった。また，日本語の仮名を一つ少なく入力しても，多く入力しても，コンピュータは気を利かせてくれず，馬鹿な文章になってしまう。例えば，「水滸伝」など，読み方をいつも適当に自己流に読んでいたために，入力して変換キーを叩くと，「酸い古典」になったり，「水耕田」になったり，「推古殿」になったりして，日本のパソコンは，これほどの中国の名著も「辞書」のなかに入れていないのかと，その「お粗末さ」を一人で憤慨したものでした。また，「づ」と「ず」が違っただけなのにとか，「い」が抜けただけなのに，融通の利かないコンピュータはどうしても正しく漢字に変換してくれない。例えば，「恥ずかしい」を「はづかし」と打って変換すると，「羽津歌詞」になったり，「幡豆化恣意」になったりした。こういう悪戦苦闘を重ねたのである。

　無論翻訳に際して，コンピュータによる日本語入力だけが問題になったのではない。最も時間を費やしたのは，言うまでもなく，王希傑先生のあの饒舌過ぎるとも思えるほどの「駄洒落」の山である。その面白味を出すためには，結局は逐一原文を付けて，読者自身に王希傑先生の中

国語の絶妙な修辞感覚を味わってもらうしかない。また，王希傑先生は，「書斎の中に泳いでいる人間」と自称しているごとく，実に適切で絶妙な例文をあらゆる書物から拾い上げ，使っている。しかし，訳者は恥ずかしながらその膨大な引用書籍のいくつかを所持しておらず，前後文脈が皆目分からないものも少なくなかったので，「断章取義」にして訳すしかなかった。また，中国語の量詞の素晴らしさを紹介する文章を翻訳しているとき，「一串串清浄」「一瓣瓣歓楽」「一梳半月」などのような誰かの詩の使用例が出されていた。はっきりとその量詞の使われ方が分かるような翻訳の仕方では詩的な雰囲気が損なわれるし，しかしながら「連なる房房の花に静けさが」「伸びやかに開く花びらに楽しい日々が」「半輪の月」などのように意訳してしまうと，本来の中国語の量詞の芸術的な使われ方が感じられなくなるのではないかと，色々と悩んだ。結局，原文を全部（つまり，量詞の部分だけで無しに）つけるしかなかった。しかしそれでは，引用文があまりに多いため，ほとんど日中対訳を敢行しているようにも見えて，白日の下に，自分の無力さを晒し出しているような無残な形となった。

　王希傑先生の博識を覗かせる一例として，その古典文の引用文の多さが挙げられよう。これについては，共訳者の許山が主に担当した。

　王先生が序文の中に触れた「清和大学学生による集団翻訳」に付いて，第一期生でもあるので，その粘り強い努力に報いるべく，それぞれの担当文章及び学生名を付す。「家本位と家庭本位」は小林正直君，「"大"の字と"小"の字」は大崎美範さん，「やっかいな嫌われたイヌ，怠けたブタ，間抜けなロバ」は水野洋一君「"肥"や"痩"のよもやま話」は半田華織さん，「"慢"の話」は中原正昭君が，それぞれ担当した。

　最後にこのような語学翻訳の醍醐味に出会える機会を下さった上野恵司先生に，心から感謝のことばを述べたい。翻訳に関して，いろいろな形でご助力を仰いだ多くの方々に感謝の言葉を述べさせていただきたい。又，出版や校正に際し，術語の統一等細部にわたって，懇切かつ，適切なご指摘をしていただいた白帝社の佐藤多賀子様に御礼申し上げます。

2001年10月　訳者代表

加　藤　阿　幸

本書収録文章初出書籍一覧

《这就是汉语》(北京语言学院出版社，1992年)
《语林漫步》(上海教育出版社，1993年)
《说话的情理法》(湖南师范大学出版社，1989年)
《语言随笔精品》(暨南大学出版社，1996年)
《图书评论选》(北京语言学院出版社，1995年)

著者紹介

王希傑（おうきけつ）

中国の著名言語学者。1940年生まれ。江蘇省淮安出身。1963年南京大学中国文学部卒業。南京大学教授，博士課程指導教授。
主要著書：『漢語修辞学』（北京出版社，1983），『言語の美と美的言語』（山東教育出版社，1983），『修辞学新論』（北京語言学院出版社，1993），『修辞学通論』（南京大学出版社，1996），『王希傑修辞学集』（広東高教出版社，2000），『修辞学導論』（浙江教育出版社，2000）など数十冊。および論文百数十編。

訳者紹介

加藤阿幸（かとうあこう）

1945年台湾生まれ。現在清和大学法学部教授。
『徐志摩詩歌の浪漫性と音楽性』（中国・遼寧大学出版社，1993）などの著書，松浦友久『節奏的美学』（共訳，中国・遼寧大学出版社，1995）などの訳書がある。

許山秀樹（のみやまひでき）

1964年生まれ。現在静岡大学情報学部助教授。
中国古典文学・文献学を専攻。論文多数。

●カバーデザイン　加藤弥生

これが漢語だ──王希傑言語文化随筆集

2003年5月20日　初版印刷
2003年5月31日　初版発行

著　者　王　希　傑
訳　者　加藤阿幸
　　　　許山秀樹
発行者　佐藤康夫
発行所　白　帝　社

〒171-0014　東京都豊島区池袋2-65-1
TEL 03-3986-3271
FAX 03-3986-3272（営）／03-3986-8892（編）
http://www.hakuteisha.co.jp/

印刷　平河工業社　　製本　若林製本所

Printed in Japan　　　　　　　　ISBN4-89174-615-7　C 3087